普通高等教育系列教材

智慧物流概论

魏学将　王　猛　张庆英　等编著

机械工业出版社

本书是智慧物流的入门教材,全书包括智慧物流概述、智慧物流技术、智慧物流系统、智慧物流信息平台、智慧物流运输、智慧仓储、智慧物流包装、智慧物流装卸搬运、智慧物流配送、智慧物流园区、智慧港口和智慧供应链共 12 章内容。其中第 1~3 章侧重于对智慧物流的整体介绍;第 4~9 章侧重于对智慧物流具体业务环节的介绍;第 10~12 章侧重于对智慧物流节点或供应链的介绍。本书内容体系较为完整,章节组织比较合理,基本覆盖了智慧物流理论体系的各个方面。

本书针对智慧物流人才培养的知识需求,紧贴智慧物流行业发展实际,构建了智慧物流的基本理论框架,能够增强读者对智慧物流的行业认知与认同。

本书适合物流管理、物流工程、电子商务管理、管理科学与工程等相关专业的本科生或研究生作为教材使用,也可供智慧物流相关领域的学者、从业者及科技人员参考。

本书配有授课电子课件、教学大纲、授课计划、教学视频和课后练习等教学资源,有需要的老师可登录www.cmpedu.com免费注册,审核通过后下载,或联系编辑索取(QQ:2966938356,电话:010-88379739)。

图书在版编目(CIP)数据

智慧物流概论 / 魏学将,王猛,张庆英编著. —北京:机械工业出版社,2020.1
(2025.2 重印)

普通高等教育系列教材

ISBN 978-7-111-65151-2

Ⅰ. ①智… Ⅱ. ①魏… ②王… ③张… Ⅲ. ①互联网络-应用-物流管理-高等学校-教材 ②智能技术-应用-物流管理-高等学校-教材 Ⅳ. ①F252.1-39

中国版本图书馆 CIP 数据核字(2020)第 046905 号

机械工业出版社(北京市百万庄大街 22 号　邮政编码 100037)
策划编辑:王　斌　　责任编辑:王　斌
责任校对:张艳霞　　责任印制:张　博
北京中科印刷有限公司印刷

2025 年 2 月第 1 版 • 第 13 次印刷
184mm×260mm • 15.5 印张 • 382 千字
标准书号:ISBN 978-7-111-65151-2
定价:59.00 元

电话服务　　　　　　　　　　　　网络服务
客服电话:010-88361066　　　　　机 工 官 网:www.cmpbook.com
　　　　　010-88379833　　　　　机 工 官 博:weibo.com/cmp1952
　　　　　010-68326294　　　　　金 书 网:www.golden-book.com
封底无防伪标均为盗版　　　　　　机工教育服务网:www.cmpedu.com

前　言

党的二十大报告明确提出："加快发展物联网，建设高效顺畅的流通体系，降低物流成本。"随着智慧物流的快速发展，物流企业对智慧物流相关人才的需求呈快速上升趋势，智慧物流人才供给严重不足。同时，智慧物流的发展也对智慧物流人才在知识结构、能力素质等方面均提出了新的要求。为了增强从业人员对智慧物流的认知，构建智慧物流的基本理论框架，培养智慧物流系统思维，增强对智慧物流行业的认知与认同，我们编写了本书。

本书着眼于应用型人才培养，采用了引例、理论知识和实践案例等多种方式以提高学生的应用能力和学习兴趣。全书包括：智慧物流概述、智慧物流技术、智慧物流系统、智慧物流信息平台、智慧物流运输、智慧仓储、智慧物流包装、智慧装卸搬运、智慧物流配送、智慧物流园区、智慧港口和智慧供应链12章内容，并辅以大量的案例和实例介绍了智慧物流的发展与应用情况。

本书的特色主要包括：注重内容的系统性，基本上覆盖了智慧物流的各个方面，介绍了智慧物流的相关环节和主要节点；注重内容的权威性，重视对行业内知名专家的观点、文章和论著的借鉴与参考；注重理论与实践的结合，在介绍理论知识的基础上，引入了大量的案例和实例。

本书由武汉理工大学张庆英（教授）和武汉工商学院魏学将（副教授）、王猛（副教授）、周小芬联合编著。具体分工如下：张庆英编写第1章和第12章，魏学将编写第2章、第3章、第4章和第11章，王猛编写第7章、第8章、第9章和第10章，周小芬编写第5章和第6章。全书大纲由张庆英和魏学将共同拟定，由魏学将统稿。

本书从大纲拟定、初稿完成到最终定稿无不凝聚着机械工业出版社编辑的鼓励和支持，同时在编写过程中参考了业内多名专家的成果，在此一并表示深切的谢意。

本书配备了免费的教学PPT、教学大纲、授课计划、教学视频和课后练习等教学资源，读者可通过以下方式免费获取资料：

1. 访问www.cmpedu.com下载本书配套资源；
2. 扫描关注机械工业出版社计算机分社官方微信订阅号——IT有得聊，回复即可获取本书配套资源下载链接。

由于作者水平及时间有限，加上智慧物流发展迅速，相关技术和管理理念不断更新，书中难免有疏漏和不足之处，敬请专家和读者批评指正。

编　者

目 录

前言
第1章 智慧物流概述 ················· 1
1.1 智慧物流的概念与特征 ············ 1
1.1.1 智慧物流的起源 ················ 1
1.1.2 智慧物流的概念 ················ 4
1.1.3 智慧物流的特征 ················ 6
1.2 智慧物流的功能与作用 ············ 6
1.2.1 智慧物流的基本功能 ············ 6
1.2.2 智慧物流的主要作用 ············ 7
1.3 智慧物流的应用与发展 ············ 8
1.3.1 智慧物流的发展动因 ············ 8
1.3.2 智慧物流的应用现状 ··········· 10
1.3.3 智慧物流的服务需求 ··········· 11
1.3.4 智慧物流的发展趋势 ··········· 13
本章小结 ···························· 13
本章练习 ···························· 14
第2章 智慧物流技术 ················ 15
2.1 智慧物流技术架构 ··············· 15
2.1.1 智慧物流感知层 ··············· 15
2.1.2 智慧物流网络层 ··············· 17
2.1.3 智慧物流应用层 ··············· 17
2.2 智慧物流感知与识别技术 ········· 18
2.2.1 条码技术 ····················· 18
2.2.2 EPC 及 RFID ·················· 18
2.2.3 传感器技术与无线传感网 ······· 19
2.2.4 跟踪定位技术 ················· 20
2.2.5 区块链技术 ··················· 22
2.3 智慧物流通信与网络技术 ········· 23
2.3.1 近距离通信 ··················· 23
2.3.2 移动互联网 ··················· 25
2.3.3 无线局域网 ··················· 26
2.3.4 全 IP 方式（IPv6） ··········· 26
2.3.5 车联网 ······················· 28

2.4 智慧物流数据处理与计算技术 ····· 28
2.4.1 大数据技术 ··················· 28
2.4.2 云计算技术 ··················· 29
2.4.3 智能控制技术 ················· 30
2.4.4 数据挖掘技术 ················· 31
2.4.5 视频分析技术 ················· 31
本章小结 ···························· 32
本章练习 ···························· 32
第3章 智慧物流系统 ················ 33
3.1 智慧物流系统概述 ··············· 33
3.1.1 物流系统及其功能 ············· 33
3.1.2 智慧物流系统及组成 ··········· 34
3.1.3 智慧物流系统的目标 ··········· 35
3.1.4 智慧物流系统的特征 ··········· 38
3.2 智慧物流系统结构 ··············· 40
3.2.1 智慧物流信息系统 ············· 41
3.2.2 智慧运输系统 ················· 41
3.2.3 智慧配送系统 ················· 42
3.2.4 智慧仓储系统 ················· 43
3.2.5 智慧流通加工系统 ············· 43
3.2.6 智慧包装系统 ················· 43
3.2.7 智慧装卸搬运系统 ············· 43
3.3 智慧物流系统的应用 ············· 44
3.3.1 海尔智慧物流系统 ············· 44
3.3.2 海澜之家智慧物流系统 ········· 46
3.3.3 京东智慧物流系统 ············· 47
本章小结 ···························· 50
本章练习 ···························· 50
第4章 智慧物流信息平台 ············ 52
4.1 智慧物流信息平台概述 ··········· 52
4.1.1 智慧物流信息平台的内涵 ······· 52
4.1.2 智慧物流信息平台的主要功能 ··· 53

4.1.3 智慧物流信息平台的运营模式 ……… 54
　　4.1.4 智慧物流信息平台的主要类型 ……… 55
4.2 智慧物流信息平台体系结构 ……… 58
　　4.2.1 运输管理系统 ……… 58
　　4.2.2 仓储监管系统 ……… 61
　　4.2.3 配送管理系统 ……… 63
　　4.2.4 物流金融服务系统 ……… 65
　　4.2.5 安全管理与应急保障系统 ……… 67
　　4.2.6 大数据应用服务系统 ……… 68
4.3 智慧物流信息平台发展与应用 ……… 70
　　4.3.1 国家交通运输物流公共信息平台 ……… 70
　　4.3.2 韩国综合物流信息系统 ……… 73
　　4.3.3 湖南交通物流信息共享平台 ……… 74
　　4.3.4 林安物流信息化平台 ……… 76
本章小结 ……… 78
本章练习 ……… 78

第5章 智慧物流运输 ……… 80
5.1 智慧物流运输的概念与特点 ……… 80
　　5.1.1 物流运输概述 ……… 80
　　5.1.2 智慧物流运输的概念 ……… 82
　　5.1.3 智慧物流运输的特点 ……… 82
5.2 智慧物流运输的体系构成 ……… 83
　　5.2.1 体系框架 ……… 83
　　5.2.2 层次架构 ……… 87
5.3 智慧物流运输的应用与发展 ……… 91
　　5.3.1 我国智慧物流运输发展现状 ……… 91
　　5.3.2 智慧物流运输的典型应用模式 ……… 92
　　5.3.3 智慧物流运输的发展趋势 ……… 96
本章小结 ……… 99
本章习题 ……… 100

第6章 智慧仓储 ……… 102
6.1 智慧仓储的概念与特点 ……… 102
　　6.1.1 仓储概述 ……… 102
　　6.1.2 传统仓储向智慧仓储的发展 ……… 104
　　6.1.3 智慧仓储的概念 ……… 105
　　6.1.4 智慧仓储的特点 ……… 106
6.2 智慧仓储的体系构成 ……… 107
　　6.2.1 智慧仓储信息系统 ……… 107
　　6.2.2 智慧仓储技术 ……… 108

　　6.2.3 智慧仓储管理 ……… 109
6.3 智慧仓储的应用与发展 ……… 111
　　6.3.1 国内外智慧仓储的发展现状 ……… 111
　　6.3.2 智慧仓储的典型应用——
　　　　　无人仓 ……… 112
　　6.3.3 智慧仓储的典型应用——
　　　　　智慧云仓 ……… 115
本章小结 ……… 119
本章习题 ……… 119

第7章 智慧物流包装 ……… 122
7.1 智慧物流包装的概念与特点 ……… 122
　　7.1.1 包装概述 ……… 122
　　7.1.2 智慧物流包装的概念 ……… 123
　　7.1.3 智慧物流包装的功能特点 ……… 124
7.2 智慧物流包装的体系构成 ……… 125
　　7.2.1 信息型智能包装 ……… 125
　　7.2.2 功能材料型智能包装 ……… 128
　　7.2.3 功能结构型智能包装 ……… 130
7.3 物流包装作业智能化 ……… 131
　　7.3.1 智能包装机械 ……… 131
　　7.3.2 包装箱型智能推荐 ……… 132
　　7.3.3 可循环使用的智能包装系统 ……… 133
7.4 智慧物流包装的应用与发展 ……… 135
　　7.4.1 国内外智慧物流包装发展现状 ……… 135
　　7.4.2 智慧物流包装的典型应用 ……… 138
本章小结 ……… 140
本章习题 ……… 140

第8章 智慧装卸搬运 ……… 142
8.1 智慧装卸搬运的概念与特点 ……… 142
　　8.1.1 装卸搬运概述 ……… 142
　　8.1.2 智慧装卸搬运的概念 ……… 144
　　8.1.3 智慧装卸搬运的功能特点 ……… 145
　　8.1.4 智慧装卸搬运的作用 ……… 145
8.2 智慧装卸搬运的体系构成 ……… 146
　　8.2.1 智慧装卸作业系统 ……… 146
　　8.2.2 智慧搬运作业系统 ……… 149
　　8.2.3 智慧拣选作业系统 ……… 152
8.3 智慧装卸搬运的应用与发展 ……… 157
　　8.3.1 国内外智慧装卸搬运的发展现状 ……… 157

8.3.2 智慧装卸搬运的典型应用·················158
本章小结·····························162
本章习题·····························162

第9章 智慧物流配送·····················165
9.1 智慧物流配送的概念与特点···············165
9.1.1 配送概述···························165
9.1.2 智慧物流配送的概念·················167
9.1.3 智慧物流配送的特点·················167
9.2 智慧物流配送的体系构成···············169
9.2.1 智慧物流配送节点···················169
9.2.2 智慧物流配送设备···················170
9.2.3 智慧物流配送信息平台···············175
9.2.4 智慧物流配送管理优化···············175
9.3 智慧物流配送的应用与发展···············177
9.3.1 国外智慧物流配送的发展·············177
9.3.2 我国智慧物流配送的发展现状·········179
9.3.3 智慧物流配送的典型应用·············180
本章小结·····························187
本章习题·····························187

第10章 智慧物流园区·····················189
10.1 智慧物流园区的概念与特点·············189
10.1.1 物流园区概述·····················189
10.1.2 智慧物流园区的概念···············191
10.1.3 智慧物流园区的特点···············192
10.2 智慧物流园区体系结构···············193
10.2.1 智慧物流园区的总体架构···········193
10.2.2 智慧物流园区的功能结构···········195
10.3 智慧物流园区的建设与发展·············196
10.3.1 智慧物流园区建设现状·············196
10.3.2 典型智慧物流园区介绍·············198
10.3.3 智慧物流园区发展趋势·············203
本章小结·····························205
本章习题·····························205

第11章 智慧港口·························207
11.1 智慧港口概述·························207
11.1.1 港口及其功能·····················207
11.1.2 智慧港口的概念···················208
11.1.3 智慧港口的发展背景···············209
11.1.4 智慧港口的特征···················210
11.2 智慧港口的功能与结构·················211
11.2.1 智慧港口的功能模块···············211
11.2.2 智慧港口的系统结构···············212
11.3 智慧港口的建设与发展·················215
11.3.1 智慧港口的探索与实践·············215
11.3.2 智慧港口中的典型应用·············216
11.3.3 智慧港口发展趋势·················219
本章小结·····························220
本章练习·····························220

第12章 智慧供应链·······················222
12.1 智慧供应链概述·······················222
12.1.1 智慧供应链的概念及特点···········222
12.1.2 智慧供应链的核心要素·············223
12.1.3 智慧供应链的核心能力·············226
12.2 智慧供应链的构建·····················228
12.2.1 供应链管理的挑战·················228
12.2.2 构建智慧供应链的意义·············228
12.2.3 构建智慧供应链的途径·············229
12.3 智慧供应链图谱·······················230
12.3.1 预测与计划类产品·················230
12.3.2 供应链协同产品···················231
12.3.3 供应链控制塔·····················233
12.3.4 算法与优化产品···················234
12.3.5 大数据产品·······················235
12.3.6 供应链中台·······················236
本章小结·····························237
本章练习·····························237

参考文献·································239

第1章 智慧物流概述

学习目标
- 了解智慧物流的概念、特征与发展历程；
- 明确智慧物流的基本功能与主要作用；
- 理解智慧物流的发展动因；
- 掌握我国智慧物流发展的应用现状、服务需求以及发展趋势。

引例

日均包裹量将超10亿，物流业如何破题？

在2017年5月22日的"2017全球智慧物流峰会"上，阿里巴巴创始人预测不久之后我国日均包裹量将达到10亿量级，认为未来的物流公司的成长，要靠数据、技术和人才，物流企业也应该告别对抗和竞争，以联合作战的方式来满足10亿只包裹的配送。（资料来源：搜狐科技，2017年5月）

扫描二维码阅读全文

物流业是支撑国民经济和社会发展的基础性、战略性产业。随着新技术、新模式、新业态的不断涌现，物流业与互联网深度融合，智慧物流逐步成为推进物流业发展的新动力、新路径，也为经济结构优化升级和提质增效注入了强大动力。

1.1 智慧物流的概念与特征

1.1.1 智慧物流的起源

智慧物流是物流发展的高级阶段，是现代信息技术发展到一定阶段的必然产物，是多项现代信息技术的聚合体。智慧物流的起源经历了粗放型物流、系统化物流、电子化物流、智能物流和智慧物流5个阶段，如图1-1所示。粗放型物流属于现代物流的雏形，系统化物流是现代物流的发展阶段，电子化物流是现代物流的成熟阶段，而现代物流的未来发展趋势是由智能物流向智慧物流发展。

1. 粗放型物流

粗放型物流的黄金时期是20世纪50至70年代。第二次世界大战后，世界经济迅速复苏，以美国为代表的发达资本主义国家进入了经济发展的黄金时期。以制造业为核心的经济发展模式给西方等发达资本主义国家带来大量的财富，刺激消费大规模增长，大量生产、大量消费成为这个时代的标志。随着大量产品进入市场，大型百货商店和超级市场如雨后春笋一般出现。在大规模生产和消费的初始阶段，由于经济的快速增长，市场需求旺盛，企业的重心放在生产上，对流通领域中的物流关注度不高，普遍认为产量最大化会导致每日利润最大化，因此产生了大量库存。

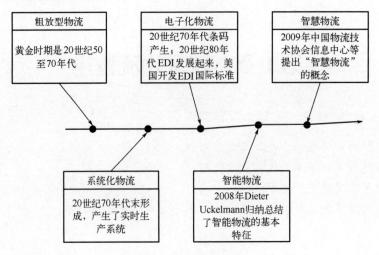

图1-1 智慧物流的起源

粗放型物流时期的特点是专业型的物流企业很少，大部分企业都是自成体系，没有行业协作和大物流的意识，盲目扩张生产很快不能维持下去，迫使企业放弃原来的大规模生产消费型经营模式，寻找更适合的物流经营模式，以降低成本。

2．系统化物流

从20世纪70年代末到80年代初，世界经济出现国际化趋势，物流行业也逐渐从分散、粗放式的管理阶段进入了系统管理的阶段。系统化物流得益于企业对物流行业重要性的认识，以及新技术和新模式的出现。这一时期，企业已经把物流作为一门综合性的学科来看待，同时企业的经营决策和发展战略也开始注重物流的成本和效益。这一时期的物流行业关注消减库存以降低运营成本，并提出了物流总成本的概念。新型物流技术的应用也迎合这股潮流，如实时生产系统（Just In Time，JIT）和集装箱运输等。另外，新兴物流业务的出现也丰富了物流行业的服务模式。这些新兴的思想、技术、服务成为物流行业变革的契机和动力。值得一提的是，尽管这个时候信息技术革命尚在襁褓之中，但计算机辅助管理、模拟仿真系统、线性规划技术等开始大量运用到物流系统中。

系统化物流时期的特点是新技术和新模式的出现，企业对物流的理解从简单分散的运输、保管、库存管理等具体功能，上升到原料采购到产品销售整个过程的统一管理，开始在物流成本和效益方面做文章。

3．电子化物流

从20世纪90年代中后期以来，以互联网在经济活动中的应用为主要表现形式的电子商务取得了快速的发展。在客户需求的拉动、技术进步的推动及物流产业自身发展需要的驱动等多方面力量的作用下，现代物流业迎来一个新的发展阶段——电子化物流阶段。在这个阶段，信息技术开始为物流行业助力，并成为持续推动物流行业飞速发展的关键动力，最为典型的两项信息化技术是20世纪70年代诞生的条码技术和80年代诞生的EDI（Electronic Data Interchange，电子数据交换）技术。EDI可以提供一套统一的标准进行数据交互和处理，减少了纸张票据的使用。EDI的应用范围可以覆盖物流各主要环节，如在线订货、库存管理、发送货管理、报关、支付等。

电子化物流时期的特点主要包括三点：第一，电子化物流需要借助互联网来开展业务运作；第二，电子化物流体系以满足客户对物流服务的需求为导向，让客户通过互联网参与物流运作过程，以更好地实现以客户为中心的物流服务发展目标；第三，电子化物流注重追求供应链整体的物流效果，供应链合作伙伴之间通过互联网建立起密切的业务联系，共同为提高供应链物流的效率和效益及降低物流运作的总体成本和时间占用而努力，强调共存共荣、互惠互利、同舟共济。

4. 智能物流

21 世纪是智能化的世纪，随着智能技术的发展，物流也自然朝着智能化方向发展，特别是随着智能标签、无线射频识别技术、电子数据交换技术、全球定位技术、地理信息系统、智能交通系统等应用的日益成熟，基于这些技术的各类智能物流应用相继出现，包括智能仓储物流管理、智能冷链物流管理、智能集装箱运输管理、智能危险品物流管理、智能电子商务物流等，智能物流日益被人们所了解。基于以上背景，结合现代物流的发展过程，考虑到物流业是实现作业智能化、网络化和自动化的行业，2008 年，德国不来梅大学 LogDynamics 实验室的 Dieter Uckelman 归纳总结了智能物流的基本特征：智能物流时期的物流运营呈现精确化、智能化、协同化的特点。精确化物流要求成本最小化和零浪费；物流系统需要智能化地采集实时信息，并利用物联网进行系统处理，为最终用户提供优质的信息和咨询服务，为物流企业提供最佳策略支持；协同化，是利用物联网平台协助，实现物流企业上下游之间的无缝连接。

5. 智慧物流

"智慧物流"的概念源于"智慧地球"。2008 年 11 月，IBM 提出了"智慧地球"的概念，2009 年 1 月，美国总统奥巴马公开肯定了 IBM "智慧地球"的思路，并提出将"智慧地球"作为美国国家战略。在我国，2009 年 8 月 7 日，温家宝总理在无锡提出了"感知中国"的理念，物联网被正式列为国家五大新兴战略性产业之一，此后被写入"政府工作报告"。11 月 3 日，温家宝总理再次指示要着力突破传感网、物联网关键技术。同年，国务院《物流业调整和振兴规划》提出：积极推进企业物流管理信息化，促进信息技术的广泛应用；积极开发和利用全球导航卫星系统（Global Navigation Satellite System，GNSS）、地理信息系统（Geographic Information System，GIS）、道路交通信息通信系统（Vehicle Information and Communication System，VICS）、不停车自动交费系统（Electronic Toll Collection，ETC）、智能交通系统（Intelligent Transportation System，ITS）等运输领域新技术，加强物流信息系统安全体系研究。在物流行业内部，很多先进的现代物流系统已经具备了信息化、网络化、集成化、智能化、柔性化、敏捷化、可视化、自动化等高技术特征；很多物流系统和网络也采用了最新的红外、激光、无线、编码、认址、自动识别、定位、无接触供电、光纤、数据库、传感器、RFID（Radio Frequency Identification，射频识别技术）、卫星定位等高新技术，这种集光、机、电、信息等技术于一体的新技术在物流系统的集成应用就是物联网技术在物流业应用的体现。

基于以上背景，结合物流行业信息化发展现状，2009 年 12 月，中国物流技术协会信息中心、华夏物联网和《物流技术与应用》编辑部率先提出"智慧物流"的概念。智慧物流概念的提出，顺应历史潮流，也符合现代物流业发展的自动化、网络化、可视化、实时化、跟踪与智能控制的发展新趋势，对企业、整个物流行业乃至整个国民经济的发展具有至关重要的意义。智慧物流时代已经到来并且还在继续，随着技术的不断进步和应用的不断成熟，智慧物流将更加完善。

1.1.2 智慧物流的概念

1. 关于智慧

智慧物流的本质是智慧，物流是智慧的应用客体。"智慧"本身的含义处在不断的变化和扩展之中，具有很强的动态性，乃至今天也没有形成一个能够被广泛接受和认同的定义。

狭义的智慧是指生命体所具有的、基于生理和心理器官的一种高级创造思维能力，包含对自然与人文的感知、记忆、理解、分析、判断、升华等各种能力。智慧是由智力系统、知识系统、方法与技能系统、非智力系统、观念与思想系统、审美与评价系统等多个子系统构成的复杂体系孕育出的一种能力。

随着现代科技的不断发展与应用，没有生命的物理世界开始有了生命的觉醒，人类逐渐迈入智慧时代。最初的看法是，将感应器嵌入和装备到某些群体中，进一步互相连接，成为"物联网"，再进一步连接与整合"物联网"和互联网，从而实现"智慧"。现在已经发展为用最先进的电子信息技术和管理方式"武装"整个系统，从而形成一种类似于人类智慧的、有"智慧"的全新系统。智慧执行系统、智慧传导系统和智慧思维系统已经延伸至物理世界。

智慧执行系统是与我们人类直接接触的系统，如智能机器人、无人机、自动驾驶汽车等。目前，机器学习能力大幅提升，机器人开始在很多行业取代人工，但是智慧执行系统主要还是自动化技术的应用。

智慧传导系统的核心是互联网、移动互联网、物联网的技术与应用。智慧传导系统由状态感知与即时信息传导两大功能组成，是实现信息世界与物理世界融合的关键，是智慧时代的基础设施。

智慧思维系统是智慧系统的大脑，是主宰智慧系统的控制核心，是让物理世界产生智慧生命觉醒的关键。智慧思维系统的信息资源是大数据，思考的引擎是人工智能，进行实时分析和科学决策的是软件。

2. 智慧物流

"智慧物流"的概念自提出以来，受到了专家和学者的高度关注，智慧物流也入选2010年物流十大关键词，但目前企业界与学术界对智慧物流的概念并未达成共识。

国内较早关于"智慧物流"的说法是由王继祥教授于2009年在《物联网技术及其在现代物流行业应用》研究报告中提出的，他认为，智慧物流是利用集成智能化技术，使物流系统能模仿人的智能，具有思维、感知、学习、推理判断和自行解决物流中的某些问题的能力，它包含了智能运输、智能仓储、智能配送、智能包装、智能装卸及智能信息的获取、加工和处理等多项基本活动。

2010年，在物联网的时代背景下，北京邮电大学李书芳教授指出，智慧物流是在物联网的广泛应用基础上，利用先进的信息采集、信息处理、信息流通和信息管理技术，完成包括运输、仓储、配送、包装、装卸等多项基本活动的货物从供应者向需求者移动的整个过程。为供方提供最大化的利润，为需方提供最佳的服务，同时也应消耗最少的自然资源和社会资源，最大限度地保护好生态环境，从而形成完备的智慧社会物流管理体系。

2011年，国家发展和改革委员会综合运输研究所所长汪鸣认为，智慧物流是指在物流业领域广泛应用信息化技术、物联网技术和智能技术，在匹配的管理和服务技术的支撑下，使物流业具有整体智能特征、服务对象之间具有紧密智能联系的发展状态。贺盛瑜等学者从管理视角出发，认为智慧物流是物流企业通过运用现代信息技术，实现对货物流程的控制，从而降低成本、提高效益的管理活动。宁波大学应琳芝认为，智慧物流是一种以信息技术为支撑，在物流的运输、仓储、包装、装卸搬运、流通加工、配送、信息服务等各个环节实现系统感知、全面分析、及时处理及自我调整功能，实现物流规整智慧、发现智慧、创新智慧和系统智慧的现代综合性物流系统。IBM中国区副总裁王阳则从资源和成本视角指出，智慧物流是把所有物流企业的物流信息汇总到一个平台上，进行集中分析，对运输设备进行科学排序，合理调度使用，从而减少空载率，降低物流成本，提高物流效益的管理活动。

2012年，邵广利在综述相关研究的基础上指出，智慧物流是将物联网、传感网与互联网整合，运用于物流领域，实现物流与物理系统的整合网络。在这个整合网络中，存在能力超级强大的中心计算集群，能够对整合网络内的人员、机器、设备和基础设施实施实时的管理和控制。在此基础上，人类可以以更加精细和动态的方式管理物流活动，使得物流系统智能化、网络化和自动化，从而提高资源利用率，使生产力水平达到"智慧"状态。

李芏巍教授认为，智慧物流是将互联网与新一代信息技术应用于物流业中，实现物流的自动化、可视化、可控化、智能化、信息化、网络化，从而提高资源利用率的服务模式和提高生产力水平的创新形态。

北京物资学院王之泰在李芏巍教授的基础上，为智慧物流的概念增加了管理的内涵，认为"智慧"的获得并不完全是技术方面的问题，要防止把技术问题绝对化，他将智慧物流定义为："将互联网与新一代信息技术和现代管理理念应用于物流业，实现物流的自动化、可视化、可控化、智能化、信息化、网络化的创新形态。"

中国物联网校企联盟认为，智慧物流是利用集成智能化技术，使物流系统能模仿人的智能，具有思维、感知、学习、推理判断和自行解决物流中某些问题的能力。即在流通过程中获取信息，再通过分析信息做出决策，使货物从源头开始被实时跟踪与管理，实现信息流快于实物流。即可通过RFID、传感器、移动通信技术等让配送货物自动化、信息化和网络化。

北京交通大学王喜富教授认为，智慧物流是以"互联网+"为核心，以物联网、云计算、大数据及"三网融合"（传感网、物联网与互联网）等为技术支撑，以物流产业自动化基础设施、智能化业务运营、信息系统辅助决策和关键配套资源为基础，通过物流各环节、各企业的信息系统无缝集成，实现物流全过程可自动感知识别、可跟踪溯源、可实时应对、可智能优化决策的物流业务形态。

《中国智慧物流2025应用展望》中将智慧物流定义为：通过大数据、云计算、智能硬件等智慧化技术与手段，提高物流系统思维、感知、学习、分析决策和智能执行的能力，提升整个物流系统的智能化、自动化水平，从而推动中国物流的发展，降低社会物流成本，提高效率。

中国物流学会何黎明会长认为，智慧物流是以物流互联网和物流大数据为依托，通过协同共享创新模式和人工智能先进技术，重塑产业分工，再造产业结构，转变产业发展方式的新生态。并提出：当前，物流企业对智慧物流的需求主要包括物流大数据、物流云、物流模式和物流技术四大领域。

综合而言，智慧物流就是能迅速、灵活、正确地理解物流问题，运用科学的思路、方法和先进技术解决物流问题，创造更好的社会效益和经济效益的物流模式。智慧物流的核心和灵魂是提供科学的物流解决方案，为客户和社会创造更好的综合效益。智慧是活的东西，不仅要认识物流，还要解决物流问题，这决定了它是发展智慧物流的关键所在。当然，智慧物流的应用范围、成效有大有小，智慧涉及的物流系统和技术有难有易。

1.1.3 智慧物流的特征

与传统物流相比，柔性化、社会化、一体化和智能化是智慧物流的典型特征。

1．柔性化

柔性化本来是为实现"以顾客为中心"的理念而在生产领域提出的，即真正地根据消费者需求的变化来灵活调节生产工艺。物流的发展也是如此，必须按照客户的需要提供高度可靠的、特殊的、额外的服务，"以顾客为中心"服务的内容将不断增多，其重要性也将不断增强，如果没有智慧物流系统，柔性化的目的是不可能达到的。

2．社会化

随着物流设施的国际化、物流技术的全球化和物流服务的全面化，物流活动并不仅仅局限于一个企业、一个地区或一个国家。为实现货物国际性的流动和交换，以促进区域经济的发展和世界资源优化配置，一个社会化的智慧物流体系正在逐渐形成。构建智慧物流体系对于降低商品流通成本将起到决定性的作用，并成为智能型社会发展的基础。

3．一体化

智慧物流活动既包括企业内部生产过程中的全部物流活动，也包括企业与企业、企业与个人之间的全部物流活动。智慧物流的一体化是指智慧物流活动的整体化和系统化，它是以智慧物流管理为核心，将物流过程中运输、存储、包装、装卸等诸环节集合成一体化系统，以最低的成本向客户提供最满意的物流服务。

4．智能化

智能化是物流发展的必然趋势，是智慧物流的典型特征，它贯穿于物流活动的全过程，随着人工智能技术、自动化技术、通信技术的发展，智慧物流的智能化程度将不断提高。智慧物流不仅仅限于处理库存水平的确定、运输道路的选择、自动跟踪的控制、自动分拣的运行、物流配送中心的管理等问题，随着时代的发展，它将不断地被赋予新的内容。

1.2 智慧物流的功能与作用

1.2.1 智慧物流的基本功能

1．感知功能

感知功能是指运用各种先进技术能够获取运输、仓储、包装、装卸搬运、流通加工、配送、信息服务等各个环节的大量信息，实现实时数据收集，使各方能准确掌握货物、车辆和仓库等信息，初步实现感知智慧。

2. 规整功能

规整功能，是把感知之后采集的信息通过网络传输到数据中心，进行数据归档，建立强大的数据库，并对各类数据按要求进行规整，实现数据的联系性、开放性及动态性，并通过对数据和流程的标准化，推进跨网络的系统整合，实现规整智慧。

3. 智能分析功能

智能分析功能是指运用智能模拟器模型等手段分析物流问题。根据问题提出假设，并在实践过程中不断验证问题，发现新问题，做到理论实践相结合。在运行中，系统会自行调用原有的经验数据，随时发现物流作业活动中的漏洞或者薄弱环节，从而实现发现智慧。

4. 优化决策功能

优化决策功能是指结合特定需要，根据不同的情况评估成本、时间、质量、服务、碳排放和其他标准，评估基于概率的风险，进行预测分析，协同制订决策，提出最合理有效的解决方案，使做出的决策更加的准确、科学，从而实现创新智慧。

5. 系统支持功能

系统支持功能体现在：智慧物流并不是各个环节各自独立，毫不相关的物流系统，而是每个环节都能相互联系、互通有无、共享数据、优化资源配置的系统，能够为物流各个环节提供最强大的系统支持，使得各环节协作、协调、协同。

6. 自动修正功能

自动修正功能是指在前面各个功能的基础上，按照最有效的解决方案，系统自动遵循最快捷有效的路线运行。并在发现问题后自动修正，并且备用在案，方便日后查询。

7. 及时反馈功能

物流系统是一个实时更新的系统。反馈是实现系统修正、系统完善必不可少的环节。反馈贯穿于智慧物流系统的每一个环节，为物流相关作业者了解物流运行情况，及时解决系统问题提供强大的保障。

1.2.2 智慧物流的主要作用

1. 降低物流成本，提高企业利润

智慧物流能大大降低制造业、物流业等各行业的成本，显著提升企业的利润。智慧物流的关键技术，诸如物体标识及标识追踪、无线定位等新型信息技术应用，能够有效实现物流的智能调度管理、整合物流核心业务流程，加强物流管理的合理化，降低物流消耗，从而降低物流成本，减少流通费用，增加利润。

2. 加速物流产业的发展，成为物流业的信息技术支撑

智慧物流的建设，将加速当地物流产业的发展，集仓储、运输、配送、信息服务等多功能于一体，打破行业限制，协调部门利益，实现集约化高效经营，优化社会物流资源配置。同时，将物流企业整合在一起，将过去分散于多处的物流资源进行集中处理，可以发挥整体优势和规模优势，实现传统物流企业的现代化、专业化和互补性。此外，物流企业还可以共享基础设施、配套服务和信息，降低运营成本和费用支出，获得规模效益。

3. 为企业生产、采购和销售系统的智能融合打下基础

随着 RFID 技术与传感器网络的普及，物与物的互联互通将给企业的物流系统、生产系统、采购系统与销售系统的智能融合打下基础，而网络的融合必将产生智慧生产与智慧供应链的融合，企业物流完全智慧地融入企业经营之中，打破工序、流程界限，打造智慧企业。

4. 使消费者节约成本，轻松、放心地购物

智慧物流通过提供货物源头自助查询和跟踪等多种服务，尤其是对食品类货物的源头查询，能够让消费者买得放心，吃得放心，从而增强消费者的购买信心，促进消费。

5. 提高政府部门工作效率

智慧物流可全方位、全程监管商品的生产、运输、销售，在大大节省相关政府部门的工作压力的同时，使监管更彻底、更透明。通过计算机和网络的应用，政府部门的工作效率将大大提高。

1.3 智慧物流的应用与发展

当前，我国正处于新一轮科技革命和产业变革的关键时期。智慧物流通过连接升级、数据升级、模式升级、体验升级、智能升级和绿色升级全面助推供应链升级，这将深刻影响社会生产和流通方式，促进产业结构调整和动能转换，推进供给侧结构性改革，为物流业发展带来新机遇。

1.3.1 智慧物流的发展动因

中国经济正在转变为依靠优化经济结构和产业创新为核心驱动力来保持经济可持续发展，突出表现在以提质增效为特征的"新常态"。在经济新常态中，政府从政策层面大力推动智慧物流，消费升级、市场变革倒逼智慧物流创新发展，工业 4.0、中国智造、"互联网+"等为传统生产与物流产业注入"智慧"基因，新技术的发展为智慧物流创造了条件。

1. 国家政策

在工业 4.0 时代，客户需求高度个性化，产品生命周期缩短，智能工厂需要对生产要素进行灵活配置和调整，并能够实现多批次的定制化生产。智慧物流在智能制造工艺中有承上启下的作用，是连接供应、制造和客户的重要环节。同时，随着企业用工成本不断攀升，经济发展放缓，中国经济"高成本时代"逐渐来临，将给企业带来前所未有的巨大压力。

国家高度重视智慧物流发展，如表 1-1 所示相关政策密集出台。2016 年 4 月，国务院办公厅发布《关于深入实施"互联网+流通"行动计划的意见》，鼓励发展共享经济，利用互联网平台统筹优化社会闲散资源。2016 年 7 月，国务院常务会议决定把"互联网+"高效物流纳入"互联网+"行动计划。随后，经国务院同意，国家发展改革委会同有关部门研究制定了《"互联网+"高效物流实施意见》，推进"互联网+"高效物流与大众创业、万众创新紧密结合，创新物流资源配置方式，大力发展商业新模式、经营新业态。2016 年 7 月，商务部发布《关于确定智慧物流配送示范单位的通知》，开展智慧物流配送体系建设示范工作。

表 1-1 智慧物流相关政策汇总表

发文机构	文件名称	发文时间
国务院办公厅	关于深入实施"互联网+流通"行动计划的意见	2016年4月
	营造良好市场环境推动交通物流融合发展实施方案	2016年6月
	物流业降本增效专项行动方案（2016-2018）	2016年9月
发展改革委	"互联网+"高效物流的实施意见	2016年7月
交通运输部	交通运输信息化"十三五"发展规划	2016年5月
	综合运输服务"十三五"发展规划	2016年7月
	关于推进供给侧结构性改革，促进物流业"降本增效"的若干意见	2016年8月
	关于推进改革试点加快无车承运物流创新发展的意见	2016年9月
商务部	关于确定商贸物流标准化专项行动第二批重点推进企业（协会）的通知	2016年2月
	全国电子商务物流发展专项规划（2016-2020）	2016年3月
	关于确定智慧物流配送示范单位的通知	2016年7月
	商贸物流发展"十三五"规划	2016年2月
邮政局	推进快递业绿色包装工作实施方案	2016年8月
	邮政业发展"十三五"规划	2016年12月
	快递业发展"十三五"规划	2016年2月

2．技术进步

如图 1-2 所示，从 2015 年开始，大数据、物联网、云计算、机器人、AR/VR、区块链等新技术驱动物流技术在模块化、自动化、信息化等方向持续、快速变化。

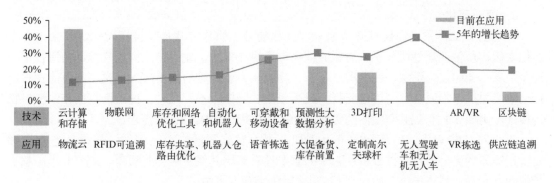

图 1-2 新技术及应用趋势

这些新技术驱动物流变化的结果，主要体现在 3 个方面：一是感应，使物流整个场景数字化；二是互联，使整个供应链内的所有元素相互连接；三是智能，供应链相关的决策将更加自主、智能。各类技术对物流变化的影响如图 1-3 所示。

如图 1-4 所示，云计算和存储、预测性大数据分析等绝大多数新技术将逐渐进入生产成熟期，预计会广泛应用于仓储、运输、配送等各个物流环节，为推动中国智慧物流的全面实现和迭代提升奠定基础。

技术的影响结果	云计算和存储	物联网	库存和网络优化工具	自动化和机器人	可穿戴和移动设备	预测性大数据分析	3D打印	无人驾驶车和无人机	AR/VR	区块链
感应	✓	✓	✓	✓				✓	✓	
互联	✓	✓								✓
智能	✓			✓		✓	✓	✓		

图 1-3 新技术对物流变化的影响

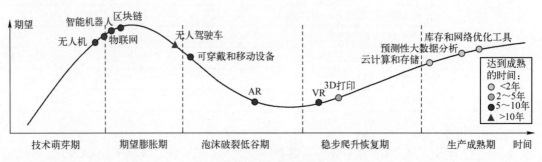

图 1-4 新技术成熟期预测

3. 商业变化

传统的分工体系已经被打破，原来专业化的分工协作方式逐步被实时化、社会化、个性化取代。众包、众筹、分享成为新的社会分工协作方式，使得物流信息资源、物流技术与设备资源、仓储设施资源、终端配送资源、物流人力资源等的共享成为现实，从而能在整个社会的层面进行物流资源的优化配置，提高效率、降低成本。同时，技术进步也在改变着物流模式，例如 3D 打印技术的推广应用将会催生出更多的 B2C 物流需求。

为应对这些变化，物流行业高度重视并大力发展智慧物流。例如，根据普华永道调研，运输和物流公司将数据分析在未来的重要性看得比其他任何行业都高。未来五年，整个运输和物流行业拟将年收入的 5%投入到数字化运营方案中。

1.3.2 智慧物流的应用现状

1. 物流逐步实现在线化

近年来，随着移动互联网的快速发展，大量物流设施通过传感器接入互联网。目前，我国已经有超过 400 万辆重载货车安装北斗定位装置，还有大量托盘、集装箱、仓库和货物接入互联网。物流连接呈快速增长趋势，以信息互联、设施互联带动物流互联，"物流在线化"奠定了智慧物流的前提条件。

2．物流大数据得到应用

物流在线化产生大量的业务数据，使得物流大数据从理念变为现实，数据驱动的商业模式推动产业智能化变革，大幅度提高生产效率。如菜鸟网络推出智能路由分单，实现包裹跟网点的精准匹配，准确率达 98%以上，分拣效率提高 50%以上，大大缓解了仓库爆仓的压力。通过对物流大数据进行处理与分析，挖掘对企业运营管理有价值信息，从而科学合理地进行管理决策，是物流企业的普遍需求。

3．物流云服务强化保障

依托大数据和云计算能力，通过物流云来高效地整合、管理和调度资源，并为各个参与方按需提供信息系统及算法应用服务，是智慧物流的核心需求。近年来，京东、菜鸟和百度等纷纷推出物流云服务应用，为物流大数据提供了重要保障，"业务数据化"正成为智慧物流的重要基础。

4．协同共享助推模式创新

智慧物流的核心是"协同共享"，协同共享理念通过分享使用权而不占有所有权，打破了传统企业边界，深化了企业分工协作，实现了存量资源的社会化转变和闲置资源的最大化利用。如菜鸟驿站整合高校、社区、便利店和物业等社会资源，有效地解决了末端配送的效率和成本问题。近年来，"互联网+"物流服务成为贯彻协同共享理念的典型代表。利用互联网技术和互联网思维，推动互联网与物流业深度融合，重塑产业发展方式和分工体系，为物流企业转型提供了方向指引，其典型场景包括互联网+高效运输、互联网+智能仓储、互联网+便捷配送及互联网+智能终端等。

5．人工智能正在起步

以人工智能为代表的物流技术服务是应用物流信息化、自动化和智能化技术实现物流作业高效率、低成本的物流企业较为迫切的现实需求。其中，人工智能通过赋能物流各环节、各领域，实现智能配置物流资源、智能优化物流环节及智能提升物流效率。特别是在无人驾驶、无人仓储、无人配送和物流机器人等人工智能的前沿领域，菜鸟、京东和苏宁等一批领先企业已经开始开展试验应用。

案例 1-1　物流大数据哪家强？顺丰？菜鸟？京东？

行业内"三大巨头"顺丰速运、菜鸟网络、京东物流都推出了物流大数据的相关产品。顺丰数据灯塔，充分运用大数据计算与分析技术，为客户提供物流仓储、市场开发、精准营销、电商运营管理等方面的决策支持；菜鸟网络的物流数据平台，通过对信息的深度挖掘，实现物流过程的数字化和可视化，并且能够进行运输预测和运输预警；京东物流云以仓储管理为重点，同时提供车辆众包和物流大数据等服务。（资料来源：中国大数据产业观察网，2016 年 12 月）

扫描二维码
阅读全文

1.3.3　智慧物流的服务需求

随着物流业的转型升级，物流企业对智慧物流的需求越来越强烈、越来越多样化，主要包括物流数据、物流云和物流技术三大领域的服务需求。综合国家经济增长及物流行业发展趋势等众多因素，预计到 2025 年，智慧物流服务的市场规模将超过万亿元。物流数据是"智慧"形成的基础，物流云是"智慧"运转的载体，物流技术是"智慧"执行的途径，三个部分是有机结合的整体。

1. 物流数据服务

在采购、供应、生产、销售的供应链全过程中，会产生海量的物流数据。如何对这些数据进行处理与分析，挖掘出运营特点、规律、风险点等信息，从而更科学合理地进行管理决策与资源配置，是物流企业的普遍需求。物流数据服务的典型场景包括以下内容。

- 数据共享：消除物流企业的信息孤岛，实现物流基础数据互联互通，减少物流信息的重复采集，降低物流成本，提高服务水平和效率。
- 销售预测：利用用户消费特征、商家历史销售等海量数据，通过大数据预测分析模型，对大订单、促销、清仓等多种场景下的销量进行精准预测，为仓库商品备货及运营策略制定提供依据。
- 网络规划：利用历史大数据、销量预测，构建成本、时效、覆盖范围等多维度的运筹模型，对仓储、运输、配送网络进行优化布局。
- 库存部署：在多级物流网络中科学部署库存，智能预测补货，实现库存协同，加快库存周转，提高现货率，提升整个供应链的效率。
- 行业洞察：利用大数据技术，挖掘分析3C、家电、鞋服等不同行业以及仓配、快递、城配等不同环节的物流运作特点及规律，为物流企业提供完整的解决方案。

2. 物流云服务

伴随共享经济、无车承运、云仓、众包等新型市场关系、物流模式的发展，如何通过物流云来高效地整合、管理和调度资源，并为各个参与方按需提供信息系统及算法应用服务，是智慧物流发展过程中的核心需求之一。物流云服务的典型场景包括以下内容。

- 统筹资源：集聚社会闲散的仓库、车辆及配送人员等物流资源，通过仓库租赁需求分析、人力资源需求分析、融资需求趋势分析和设备使用状态分析等，合理配置，实现资源效益最大化。
- 软件 SaaS 化服务：将 WMS/TMS/OMS 等信息系统进行 SaaS 化，为更多的物流企业提供更快、更多样化的系统服务以及迭代升级。
- 算法组件化服务：将路径优化、装箱、耗材推荐、车辆调度等算法组件化，为更多的物流企业提供单个或组合式的算法应用服务。

3. 物流技术服务

智慧物流的出发点之一是降本增效，如何应用物流自动化及智能化技术来实现物流作业高效率、低成本，是非常迫切的需求。物流技术服务的典型场景包括以下内容。

- 自动化设备：通过自动化立体库、自动分拣机、传输带等设备，实现存取、拣选、搬运、分拣等环节的机械化、自动化。
- 智能设备：通过自主控制技术，进行智能抓取、码放、搬运及自主导航等，使整个物流作业系统具有高度的柔性和扩展性，例如拣选机器人、码垛机器人、AGV（Automated Guided Vehicle，自动引导运输车）、无人机、无人车等。
- 智能终端：使用高速联网的移动智能终端设备，物流人员操作将更加高效便捷，人机交互协同作业将更加人性化。

案例 1-2　京东智慧物流黑科技

2018 年"双十一",京东物流对外公布了其从容应对海量订单背后的秘密武器,通过无人仓、无人车、无人机、外骨骼机器人、智能打包机、智能运筹系统等不同黑科技的组合投用,用高效运转的智能物流机器人和高度默契的人机 CP 配合,为消费者畅享"双十一"全球好物节提供强力支撑。

扫描二维码
阅读全文

1.3.4　智慧物流的发展趋势

1. 连接升级

预计未来 5 至 10 年,物联网、云计算和大数据等新一代信息技术将进入成熟期,物流人员、装备设施以及货物将全面接入互联网,呈现指数级增长趋势,形成全覆盖、广连接的物流互联网,"万物互联"助推智慧物流发展。

2. 数据升级

随着信息系统建设、数据对接协同和手持终端普及,物流数据将全面做到可采集、可录入、可传输及可分析,预计未来 5 至 10 年,物流数字化程度将显著提升,清除行业信息不对称和信息孤岛现象,"全程透明"强化智慧物流基础。

3. 模式升级

预计未来 5 至 10 年,众包、众筹及共享等新的分工协作方式将得到广泛应用,打破传统的分工体系,重构企业业务流程和经营模式,"创新驱动"成为智慧物流动力。

4. 体验升级

预计未来分布式的物流互联网将更加接近消费者,全面替代集中化运作方式,依托开放共享的物流服务网络,满足每个客户个性化的服务需求,"体验经济"创造智慧物流价值。

5. 智能升级

随着人工智能技术的快速迭代,机器在很多方面将替代人工,预计未来 5 至 10 年,物流机器人使用密度将达到每万人 5 台左右,物流赋能将改造传统物流基因,"智能革命"改变智慧物流格局。

6. 绿色升级

智慧物流充分利用社会闲置资源,积极减少能源耗费,以符合全球绿色和可持续发展的要求,预计未来 5 年,绿色包装、绿色运输及绿色仓储将加快推广应用,"绿色低碳"将提升智慧物流影响力。

7. 供应链升级

智慧物流将引领智慧供应链变革。凭借靠近用户的优势,智慧物流将带动用户深入产业链上下游,以用户需求倒逼产业链各环节强化联动和深化融合,助推"协同共享"生态体系加快形成。

本章小结

技术进步与行业需求推动着传统物流向智慧物流发展。智慧物流是现代信息技术发展的必然结果,是现代物流的高级形态和发展趋势。与传统物流相比,智慧物流具有柔性化、社会化、一体化和智能化等显著特点，其功能是感知、规整、智能分析、优化决策、系统支持、自动修正和及时反馈。

在社会发展过程中，智慧物流扮演着越来越重要的角色，物流企业对智慧物流的需求也越来越强烈、越来越多样化，主要需求包括物流数据、物流云和物流技术三方面。这三者是有机结合的整体，物流数据是"智慧"形成的基础，物流云是"智慧"运转的载体，物流技术是"智慧"执行的途径。

未来的5至10年，智慧物流将在连接、数据、模式、体验、智能、绿色环保和供应链等多个方面进行全面升级。

本章练习

一、思考题

1. 什么是智慧物流？如何理解智慧物流？
2. 与传统物流相比，智慧物流具有哪些特征？
3. 智慧物流的基本功能有哪些？
4. 智慧物流的主要作用是什么？
5. 智慧物流的发展动因有哪些？
6. 当前，智慧物流的应用现状是怎样的？
7. 智慧物流的发展趋势是什么？

二、讨论题

1. 针对引例，你认为物流业应该如何破题？
2. 如何理解智慧物流中的"智慧"？
3. 智慧物流是技术应用与管理创新共同作用的结果，你认为二者在作用发挥上谁轻谁重？请说明理由。

三、案例分析

伴随着我国经济的飞速增长，物流业经历了10多年的高速发展，取得了不少成就，物流基础设施保障充分，物流信息化运用和技术创新取得实效。但我国物流产业发展仍存在不少问题。

从与经济相关性上看，物流业增加值增幅一直低于物流业总额增幅，而且物流业增加值占GDP的比重有所下降，从20世纪90年代的8.9%下落到6%左右。从成本结构看，物流总费用占GDP比重高，过去20多年虽然从24%下降至目前的17%左右，但仍然高于发达国家的8%；管理费用占物流总费用比重高，虽然管理费用占比从2000年的16%的高位下降至目前的12.2%，但仍然高于发达国家的3%~4%。从发展程度看，B2C物流伴随电商的发展，获得了爆发式增长的机会，目前形成了几家具备完善网络的大公司；B2B物流发展较慢，渗透率很低，中国的原材料运输仅有19%委托给第三方物流（其余50%和31%由制造商和供应商运输），而产成品运输的比例仅有18%（其余由制造商或制造商和第三方物流联合运输），美国和日本的比例分别为57%和80%。

问题：

1. 结合案例，试分析问题产生的原因。
2. 针对案例中提到的问题，你认为应该如何解决？

第 2 章 智慧物流技术

学习目标
- 了解智慧物流的技术架构；
- 了解典型的智慧物流感知与识别技术；
- 了解典型的智慧物流通信与网络技术；
- 了解典型的智慧物流数据处理与计算技术；
- 掌握典型智慧物流技术的应用场景。

引例

菜鸟"物流天眼"计划有多牛？

通过应用边缘计算技术，菜鸟使普通摄像头智能化，成为重要的 IoT 设备，通过智能算法分析采集感知到的视频数据，实时分析车、货、人的状态，辅助管理者做出决策。经过改造的分拨中心，效率提高 15%，一年节省上千万元。（资料来源：搜狐科技，2018 年 9 月）

扫描二维码阅读全文

智慧物流技术是智慧物流发展的基础，为智慧物流发展注入了强大动力，包括三个基本要点：一是如何部署更加广泛、及时、准确的信息采集技术；二是如何把这些信息实现互联互通，既满足专用的要求，也能方便地实现开放和共享；三是如何管理、加工、应用这些信息，解决各类现实问题。

2.1 智慧物流技术架构

智慧物流是基于物联网技术在物流业的应用而提出的。物联网技术架构一般分为感知层、网络层和应用层三个层次。感知层负责信息的采集和初步处理；网络层负责信息的可靠传输；应用层负责数据的统计分析与应用。从智慧物流领域应用的角度来看，智慧物流的技术架构遵循物联网的三层技术架构，如图 2-1 所示。

2.1.1 智慧物流感知层

感知层是智慧物流系统实现对货物、运行环境、物流设施设备感知的基础，是智慧物流的起点。具体而言，又可划分为物流识别、追溯感知层，物流定位、跟踪感知层和物流监控、控制感知层三个层次。

物流识别、追溯感知层主要解决货物信息的数字化管理问题。传统方式下多采用单据、凭证等为载体，手工记录、电话沟通、人工计算、邮寄或传真等方法，对物流信息进行采集、记录、处理、传递和反馈，极易出现差错、信息滞后，使得管理者对物资在流动过程中的各个环节难以统筹协调，不能系统控制，更无法实现系统优化和实时控制，从而造成效率低下和人力、运力、资金、场地的大量浪费。智慧物流环境下，借助条码、RFID、区块链等技术可以快速对货物进行识别和追溯。

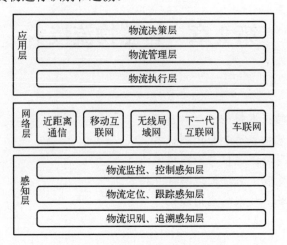

图 2-1　智慧物流的技术框架图

物流定位、跟踪感知层主要解决货物运输过程的透明化问题。现代物流对货物的位置感知需求越来越迫切，只有知道了货物的确切位置才能进行更加有效的物流调度。目前，定位感知技术根据定位需求和应用场景，划分为室外定位和室内定位。GPS 是室外定位技术的典型代表，已经在物流领域得到了有效应用；我国目前也在积极发展自己的卫星定位系统，随着北斗二代卫星的不断升空，北斗定位的精度也在不断提高，应用的领域也在不断拓宽，必将成为我国物流室外定位首选技术。室内定位技术是指以 Wi-Fi 无线定位系统为代表的无线定位技术，卫星定位技术由于受建筑物对其信号的干扰甚至阻断，无法对室内物品进行准确定位，因此，Wi-Fi 室内定位、UWB 室内定位、RFID 定位等室内定位技术已经成为目前弥补卫星定位技术功能缺陷的有效手段。几种定位技术的对比分析如表 2-1 所示。

表 2-1　定位跟踪技术对比

项目	卫星定位	RFID 精确定位	Wi-Fi RTLS	Wi-Fi-RFID	UWB
抗干扰/阻挡能力	强	标签必须封装	强	强	强
通信频率/GHz	卫星信号	有线通信	2.4 802.11	2.4 802.15.4a	2.4 802.15.4a
定位精度/m	15	3～5	3～5 与 AP 密度有关	1～3	0.6
测量距离/m	无限	0.8	200	5～60	5～60
定位时长/s	3～10	<1	1	1	1
覆盖范围	室外、全球	局部	局部	局部	局部

物流监控、控制感知层为智慧物流过程中的安全提供了有效的支撑手段，是物流监控信息化的重要组成部分，通过获取物流过程的实时视频、实时数据交换，及时、有效地采集

信息，并通过与物流视频监控、报警设备有机结合，实时掌握物流环节的运行状况，分析物流过程状况，及时发现问题、解决问题，从而实现对物流过程的无缝监管。

2.1.2 智慧物流网络层

智慧物流网络层是智慧物流的神经网络，连接着感知层和应用层，其功能为"传送"，即通过通信网络进行信息传输。通信层由各种私有网络、互联网、有线和无线通信网等组成，负责将感知层获取的信息安全可靠地传输到应用层，然后根据不同的应用需求进行信息处理。

智慧物流网络层包含接入网和传输网，分别实现接入功能和传输功能。传输网由公网与专网组成，典型传输网络包括电信网（固网、移动通信网）、广电网、互联网、专用网（数字集群）。接入网包括光纤接入、无线接入、以太网接入、卫星接入等各类接入方式，实现底层的传感器网络、RFID 网络最后一公里的接入。

在智慧物流作业过程中，既有大范围的物流运输与调度，也有以仓储系统与拣选系统为主的智慧物流中心的物流系统作业与运筹。面对复杂的、流动的"物"，要实现在"物流"过程中的联网，智慧物流的网络层基本上综合了已有的全部网络形式，来构建更加广泛的"互联"。每种网络都有自己的特点和应用场景，互相组合才能发挥出最大的作用，因此在实际应用中，信息往往经由任何一种网络或几种网络组合的形式进行传输。

同时，随着智慧物流的不断发展，网络层承担着巨大的数据量，并且面临更高的服务质量要求，因此还需要对现有网络进行融合和扩展，利用新技术以实现更加广泛和高效的互联功能。目前，在智慧物流中使用比较广泛的通信和网络技术主要有 5G 移动通信网络、IPv6、车联网、Wi-Fi 和 WiMAX、蓝牙、ZigBee 等。

2.1.3 智慧物流应用层

应用层是智慧物流的应用系统，借助物联网感知技术，感知到前端的物流运行状态，在应用层执行物流操作或产生决策指令。根据物流作业层次，应用层可划分为决策层、管理层和执行层三个层次。

决策层面向物流高层决策人员，主要是以物流系统为应用背景，对物流系统进行智能化整合，为物流决策者提供有力支持。

管理层由物流管理信息系统组成，主要是针对具体的物流活动进行管理和控制，如仓储管理系统、分拣管理系统、运输管理系统等，管理层具有承上启下的作用。该层通过应用流程集成平台与上层决策管理系统进行集成，通过数据集成平台与各种物流设备控制器进行数据交换，从而对具体的物流活动进行了管理和控制。

执行层由物流执行系统组成，主要是通过传输层与物流感知设备进行数据接收和控制。该层通过数据集成平台接受来自物流管理层调度控制指令，并及时反馈物流设备的指令执行情况和设备故障信息；在物流设备支持下，通过控制总线连接各种物流设备控制器，提供与物流设备集成的基础界面。一些物流设备可以通过专有的或标准的设备总线同设备控制器进行连接。

综合来看，智慧物流过程中常用的智能技术有智能分析与控制技术、云计算技术、移动计算技术和数据挖掘技术等。

2.2 智慧物流感知与识别技术

智慧物流领域常用的感知技术主要包括条码技术、RFID 技术、传感技术、卫星定位技术、视频识别与监控技术和智能嵌入式技术等。

2.2.1 条码技术

条形码（条码）是一组黑白相间、粗细不同的条状符号，它隐含着数字信息、字母信息、标志信息、符号信息等，并能够用特定的设备识读，转换成计算机能够识别的二进制和十进制信息。条码可分为一维条码和二维条码，一维条码仅在横向上包含信息，而二维条码除了横向上左右条（条宽）的精细及黑白条线条有意义外，上下的条高也有意义。与一维条码相比，由于左右上下的线条皆有意义，故可存储的信息量就比较大。

条形码起源于 20 世纪 40 年代，应用于 70 年代，普及于 80 年代。条码技术是在计算机应用和实践中产生并发展起来的，广泛应用于商业、邮政、图书管理、仓储、工业生产过程控制、交通等领域的一种自动识别技术，具有输入速度快、准确度高、成本低、可靠性强等优点，在当今的自动识别技术中占有重要的地位。条码技术的主要特点是快速、准确、成本低，可靠性高，误码率小，首读率可达 98%，并且适应性强，应用领域广，推广普及方便。条码技术打破了计算机应用中数据信息采集的"瓶颈"，提高了数据信息获取和传输的速度及准确性，是信息管理系统和管理自动化系统的基础。条码技术有机地联系了各行各业的信息系统，使信息流可以同步于实物流，有效地提高了供应链管理的效率，是实现电子商务、物流管理现代化等的必要前提。

目前条码自动识别技术已被广泛应用于物流领域，物流条码已被人们广泛使用。如生产企业内部物流通常采用条码进行管理，运输企业也通常使用条码自动识别技术进行车辆调度、仓储、装卸、搬运、包装、加工、配送等环节都在广泛使用条码识别系统，组织形成物流节点信息。

2.2.2 EPC 及 RFID

EPC 即电子产品码，是国际条码组织推出的新一代产品编码体系。目前，我们使用的产品条码仅是对产品分类的编码，不能对物品进行唯一标识，而 EPC 码可对每个单品都赋予全球唯一编码。EPC 编码采用 96 位（二进制）方式的编码体系，96 位的 EPC 码，可以为 2.68 亿个公司赋码，每个公司可以有 1600 万种产品分类，每类产品有 680 亿条的独立产品编码，形象地说，EPC 可以为地球上的每一粒大米赋予一个唯一的编码。

RFID 技术是利用射频信号及空间耦合和传输特性进行的非接触双向通信，实现对静止或移动物体的自动识别，并进行数据交换的一项自动识别技术。20 世纪 90 年代，RFID 技术开始应用于物品跟踪等民用领域。RFID 具有识读距离远、识读速度快、不受环境限制、可读写性好、可同时识读多个物品等优点，随着 RFID 技术的不断进步和成本的不断降低，RFID 技术开始进入物流、供应链管理领域。目前，RFID 在汽车/火车等交通监控、高速公路自动收费系统、仓储管理、安全检查、车辆防盗等方面得到广泛应用。

RFID 系统的数据存储在射频标签中，其能量供应以及读写器之间的数据交换不是通过电流而是通过磁场或电磁场进行的。RFID 系统通常由电子标签和阅读器等组成。电子标签内存有一定格式的标识物体信息的数据。该技术能够轻易嵌入或附着于物体，并对所附着的物体进行追踪定位；可读取距离远，存取数据时间短；标签的数据存取有密码保护，安全性更高。RFID 目前有很多频段，集中在 13.56MHz 频段和 900MHz 频段的无源 RFID 标签的应用最为常见。

RFID 在短距离应用方面通常采用 13.56MHz 频段；而 900MHz 频段多用于远距离识别，如车辆管理、产品防伪等领域。射频读写器与电子标签可按通信协议互传信息，即读写器向电子标签发送命令，电子标签根据命令将内在的标识性数据回传给射频读写器。最后射频读写器通过天线向计算机系统发送射频信号，由计算机接收信号进行信息处理。

RFID 可以用来追踪和管理几乎所有物理对象。采用 RFID 最大的好处是可以对物流进行高效管理，以有效降低成本。因此对于物流管理应用而言，RFID 技术是一项非常适合的技术。

EPC 产品电子码及 EPC 系统的出现，使 RFID 技术向跨区域、跨国界物品识别与跟踪领域的应用迈出了划时代的一步。EPC 与 RFID 之间既有共同点，也有不同之处。从技术上来讲，EPC 系统包括物品编码技术、RFID 技术、无线通信技术、互联网技术等多种技术，而 RFID 技术只是 EPC 系统的一部分，主要用于 EPC 系统数据存储与数据读写，是实现系统其他技术的必要条件；对 RFID 技术来说，EPC 系统应用只是 RFID 技术的应用领域之一，EPC 的应用特点，决定了射频标签的价格必须降低到市场可以接受的程度，而且某些标签必须具备一些特殊的功能（如保密功能等）。所以，并不是所有的 RFID 射频标签都适合做 EPC 射频标签，只有符合特定频段的低成本 RFID 射频标签才能应用到 EPC 系统。

RFID 技术与互联网、通信等技术相结合，可实现全球范围内物品跟踪与信息共享。但其技术发展过程中也遇到了一些问题，主要是芯片成本，其他的如 RFID 反碰撞防冲突、工作频率的选择及安全隐私等问题，都在一定程度上制约了该技术的发展。

智慧物流可以通过 RFID 技术实现物资从仓储到使用者的全程管理。任何商品在生产后，都存在着商品的自身信息，这些信息可以以条码和 RFID 电子标签的方式存储。在商品的流通过程中，可以通过扫描枪或 RFID 读卡器等方式读取这些信息，通过商品流通中的信息的获取，可以完全跟踪物资的位置，直接使物资流通到最终使用者手中。

随着 RFID 技术的不断成熟及其使用成本日益降低，它必将代替条码技术，真正让万物都具有唯一的身份标识，让万物真正可以联网，使现代物流真正成为智慧物流。

2.2.3 传感器技术与无线传感网

1. 传感器技术

传感器是人类五官的延长，又被称为"电五官"。传感器是获取信息的主要途径与手段。在工业领域和国防领域，高度自动化装置、控制系统、工厂和设备都离不开传感器。从工业自动化中的柔性制造系统、计算机集成制造系统、几十万千瓦的大型发电机组、连续生产的轧钢生产线、无人驾驶汽车、多功能武器指挥系统，直至宇宙飞船或星际、海洋探测器等，无不装置着数以千计的传感器。传感器昼夜发出各种各样的工况参数，以达到监控运行的目的，成为运行精度、生产速度、产品质量和设备安全的重要保障。

根据输入量类型，传感器分为物理传感器和化学传感器两类。按传感器用途分类，可分为压敏传感器、位置传感器、液面传感器、能耗传感器、速度传感器、热敏传感器、加速度传感器、射线辐射传感器、振动传感器、湿敏传感器、磁敏传感器、气敏传感器、真空度传感器、生物传感器和视频传感器等。

现在使用的传感器一般是无线传感器，如图 2-2 所示。和传统传感器不同，无线传感器节点不仅包括了传感器部件，还集成了微型处理器和无线通信芯片等，能够对感知的信息进行分析处理和网络传输。

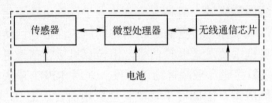

图 2-2　无线传感器节点构成

传感器技术是智慧物流发展的基础技术之一，是实现智能化管理的关键。如今，传感器技术已经在物流的各个环节实现广泛应用。就仓储作业来说，自动化仓储系统应用正不断增加，而其依靠的核心技术之一便是传感器技术；除此之外，传感器技术在输送分拣环节的应用更是不可或缺，例如，采用光电传感技术或者光幕传感技术对输送线上的物品扫描进行信息读取、检测及复核已得到了广泛应用。

2．无线传感网

无线传感网是基于无线通信、数字电子学、微机电系统等的综合技术。无线传感网由大量分布的无线传感器节点组成。节点装有嵌入式传感器，彼此间互相合作，其位置不必预先确定，协议和算法支持自组织。无线传感网的关键技术首先是功能部件，包括处理单元、电源、通信单元。其次是核心问题的解决方案，包括能源及其管理、定位、仿真等。无线传感网的结构包括应用层、传输层、网络层、数据链路层、物理层。应用层是根据任务构建的应用软件；传输层维护数据流；网络层关注数据路由；数据链路层的 MAC 协议用于了解能量消耗，并减小与邻点广播的冲突；物理层包括简单可靠的调制、发射、接收技术。

无线传感网的通信系统可以按照功能划分为三个平面：能量管理平面、移动管理平面、任务管理平面。能量管理平面管理节点如何利用能量，如节点收到消息后可断开接收器。当节点能量较低时，节点对邻点广播，报告不能路由信息。剩余能量保留作传感用；移动管理平面监测和注册节点的移动，维持到用户的路由，节点可跟踪它的邻节点；任务管理平面平衡和调度在给定区域的传感任务，根据能量水平决定哪些节点执行传感任务。

物流领域是无线传感网技术发展最快的应用领域。在智慧物流系统中，无线传感网技术已经在仓储管理、仓库安防、库存管理和运输监控等领域得到广泛应用。例如，大粒度商品物流管理，集装箱和集卡车的智能化管理，封闭仓库中的货物定位等。

2.2.4　跟踪定位技术

跟踪定位技术是对物品进行准确定位并实现对其位置状况进行监控的技术。随着科技的进步，现代物流对定位服务的要求越来越高。提到定位技术，我们首先想到的是卫星定位技术，这种技术已经在户外环境的定位中得到广泛应用。然而，由于混凝土等障碍物对电磁波的阻挡，它在室内环境中完全失效。随着无线通信技术的发展，新兴的无线定位技术逐渐填补了这一空白。

1. 卫星定位技术

卫星定位技术的典型代表是美国的 GPS。GPS 是 20 世纪 70 年代由美国陆海空三军联合研制的新一代空间卫星导航定位系统。其主要目的是为陆、海、空三大领域提供实时、全天候的导航服务，并用于情报收集、核爆监测和应急通信等一些军用目的。经过 20 余年的发展，到 1994 年，耗资达 300 亿美元、全球覆盖率高达 98%的 24 颗 GPS 卫星已布设完成。

1994 年，我国启动了北斗卫星导航试验系统的建设，在 2000 年形成了区域有源定位服务能力；2004 年启动了北斗卫星导航系统建设，在 2012 年形成了区域无源定位服务能力；截至 2018 年年底，北斗三号基本系统建成并提供全球服务，包括"一带一路"国家和地区在内的世界各地均可享受到北斗系统服务；在 2020 年，北斗卫星导航系统将形成全球无源定位服务能力。

卫星定位技术特性能够与物流特性有机结合，并有效实现 4 个方面的物流功能：物流实时监控、双向通信功能、动态调度功能、数据存储和分析功能。

2. 红外线室内定位技术

红外线室内定位技术的定位原理是，红外线 IR 标识发射调制的红外射线，通过安装在室内的光学传感器接收后对携带标识的物体进行定位。虽然红外线具有相对较高的室内定位精度，但是由于光线不能穿过障碍物，使红外射线仅能视距传播，直线视距和传输距离较短这两大主要缺点使其室内定位的效果很差。当标识放在口袋里或者有墙壁或其他遮挡时就不能正常工作，需要在每个房间、走廊安装接收天线，造价较高。因此，红外线只适合短距离传播，而且容易被荧光灯或者房间内的灯光干扰，在精确定位上有局限性。

3. 超声波定位技术

超声波定位技术主要采用反射式测距法，通过三角定位等算法确定物体的位置，即发射超声波并接收由被测物产生的回波，根据回波与发射波的时间差计算出待测距离。超声波定位系统可由若干个应答器和一个主测距器组成，主测距器放置在被测物体上，在微机指令信号的作用下向位置固定的应答器发射同频率的无线电信号，应答器收到无线电信号后同时向主测距器发射超声波信号，得到主测距器与各个应答器之间的距离。当同时有 3 个或 3 个以上不在同一直线上的应答器做出回应时，可以根据相关计算确定出被测物体所在的二维坐标下的位置。超声波定位整体定位精度较高，结构简单，但超声波受多径效应和非视距传输影响很大，同时需要大量的底层硬件设施投资，成本很高。

4. RFID 定位技术

RFID 定位技术利用射频方式进行非接触式双向通信交换数据以达到识别和定位目的。这种技术作用距离短，一般最长为几十米，但它可在几毫秒内得到厘米级定位精度的信息，且传输范围很大，成本较低。同时由于其非接触和非视距等优点，可望成为优选的室内定位技术。RFID 标识的体积比较小，造价比较低，但是作用距离近，不具有通信能力，而且不便于整合到其他系统中。

5. 超宽带定位技术

超宽带定位技术是一种全新的、与传统通信技术有极大差异的通信新技术。它不需要使用传统通信体制中的载波，而是通过发送和接收具有纳秒级以下的极窄脉冲来传输数据，从而具有 GHz 量级的带宽。超宽带定位技术可用于室内精确定位，如战场上士兵的位置发现、机器人的运动跟踪等。

超宽带系统与传统的窄宽带系统相比，具有穿透能力强、功耗低、抗多径效果好、安全性高、系统复杂度低、能提供精确定位精度等优点。因此，超宽带定位技术可以用于室内静止或者移动物体及人的定位跟踪与导航，且能提供十分精确的定位精度。

6．Wi-Fi 定位技术

无线局域网络（WLAN）是一种全新的信息获取平台，可以在广泛的应用领域内实现复杂的大范围定位、监测和追踪任务，而网络节点自身定位是大多数应用的基础和前提。当前比较流行的 Wi-Fi 定位是基于无线局域网络系列标准的 IEEE 802.11 的一种定位解决方案。该系统采用经验测试和信号传播模型相结合的方式，易于安装，需要的基站很少，能采用相同的底层无线网络结构，系统总精度高。

不管是卫星定位技术，还是利用无线传感网或其他定位手段进行的定位都有其局限性。未来室内定位技术的趋势是将卫星定位技术与无线定位技术相结合，发挥各自的优点，既可以提供较好的精度和响应速度，又可以覆盖较广的范围，实现无缝、精确定位。

2.2.5 区块链技术

从本质上讲，区块链是一个共享数据库，存储于其中的数据或信息，具有不可伪造、全程留痕、可以追溯、公开透明和集体维护等特征。基于这些特征，区块链技术奠定了坚实的"信任"基础，创造了可靠的"合作"机制。

区块链技术是比特币最基本的技术，虽然各个国家对比特币持有不同的看法与态度，但区块链技术得到了普遍认可。

目前，金融、医疗、公证、通信、供应链等多个领域都开始意识到区块链的重要价值，并尝试开发相应的落地应用。

区块链技术在物流领域的应用也越来越广泛。在物流过程中，利用数字签名和公私钥加解密机制，可杜绝快递员通过伪造签名来逃避考核的行为，防止货物的冒领，可充分保证信息安全以及寄、收件人的隐私。利用区域链不可篡改、数据可完整追溯以及时间戳功能，可有效解决物品的溯源防伪问题，可用于食品、药品、艺术品、收藏品、奢侈品等的溯源防伪。在供应链管理方面，区块链作为一种分布式账本技术，能够将传统供应链上原料采购、生产加工、仓储物流、分销零售等独立节点有效连接，形成完整的链条，促进供应链健康发展。

案例 2-1　揭秘京东区块链开源项目——JD Chain

2019 年 4 月 9 日，京东发布《京东区块链技术实践白皮书（2019）》，总结了京东区块链在五大类应用场景中的技术实践，介绍了京东区块链的技术优势、体系架构与未来规划。同时，京东区块链底层引擎 JD Chain 正式对外开源并同步上线开源社区，聚焦解决区块链底层的关键技术问题，旨在为企业级用户和开发者提供开源服务，帮助他们提高研发效率，加速技术创新。（资料来源：segmentfault，2019 年 4 月）

扫描二维码
阅读全文

2.3 智慧物流通信与网络技术

智慧物流感知技术实现了信息的自动采集，要实现信息的互联互通就需要通信与网络技术。如果说感知识别技术是人体五官，那么通信与网络技术就是人体的神经，将这些信息及时地反馈和传递，为做出正确的决策提供快速的通信路径。智慧物流通信与网络技术根据应用场景不同，主要有以下几种类型。

2.3.1 近距离通信

随着信息技术的发展，人们对网络通信的要求不断提高，传统数字化设备的有线连接已不能满足需求，发展无线通信技术，将人们从有线连接的束缚中解放出来，已经成为一种必然趋势。诸多新技术得到了广泛的应用，如红外线数据通信 IrDA、蓝牙、Wi-Fi（IEEE 802.11）、无线城域网 WiMax、超宽带通信 UWB、近场通信 NFC、无线 RFID、短距离无线技术 ZigBee 等。

由于近距离无线通信的应用非常多样化，且要求各不相同，所以，多种标准和技术并存现象会长期存在。例如，需要宽带传输的视频、高速数据可以采用 UWB 技术；对速率要求不高的，但对功耗、成本等有较高要求的无线传感网可以采用 ZigBee、Z-Wave 及与其相似的技术；对于非常近距离的标签无线识别应用，则可采用 NFC、RFID 等技术。

从使用的频率上来看，多数近距离无线通信使用的是 ISM（工业、科学、医疗）频段，在限制功率的前提下，对频率的使用不需要特别的许可。遗憾的是，除了 2.4GHz 这个频段以外，其他频段各国的规定各不相同，因此，有些标准会给出多个频段。UWB 和 NFC、RFID 使用频段的情况有所不同，前者由于近似白噪声通信，平均功率密度很低，使用高频率（如 3.1~10.6GHz）的频段和非常宽带宽（4~7GHz）；后二者由于通信距离非常短，发射功率极低，所以使用的频段限制相对较为宽泛。例如，RFID 就有使用低频（125kHz、134kHz）、高频（13MHz）、超高频（868~956MHz）和微波（2.4GHz）等不同频率的产品。

1. ZigBee 通信技术

ZigBee，也称紫蜂，是一种低速短距离传输的无线网络协议，其底层是采用 IEEE 802.15.4 标准规范的媒体访问层与物理层。ZigBee 的主要特色有低速、低耗电、低成本、支持大量网上节点、支持多种网上拓扑、低复杂度、快速、可靠、安全。

ZigBee 的工作频段有 3 个，分别是 868MHz、915MHz 和 2.4GHz。868MHz 频段主要用于欧洲，有一个信道，传输速率为 20Kbit/s；915MHz（902~928MHz）频段用于美国，有 10 个信道，每信道传输速率为 40Kbit/s；2.4GHz 有 40 个信道，每个信道传输速率可达 250Kbit/s。

ZigBee 网络的拓扑结构主要有 3 种类型：星形网络结构、网状结构和簇形结构，图 2-3 中所示为混搭型网络结构。从网络配置上，ZigBee 网络中的节点可以分为 3 种类型：ZigBee 协作节点、ZigBee 路由节点和 ZigBee 终端节点。一个 ZigBee 网络中只有一个 ZigBee 协作节点，主要负责发起建立新的网络、设定网络参数、发送网络信标、管理网络中的节点以及存储网络中节点信息等。ZigBee 路由节点可以参与路由发现、消息转发、允许其他节点通过它来扩展网络的覆盖范围等。ZigBee 终端节点通过 ZigBee 协调点或者 ZigBee 路由节点连接到网络,但不允许其他任何节点通过它加入到网络。

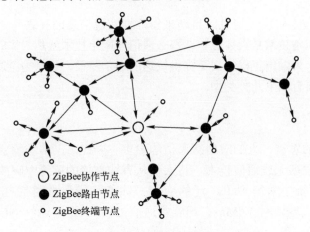

图 2-3　ZigBee 的混搭型网络结构

ZigBee 可以广泛应用于各种传感器网络和监控系统,近几年来发展十分迅速。已经生产的芯片主要是集成无线收发器和用于协议栈的应用处理的微处理器片上系统(SoC)。芯片成本较低,目前为 2~3 美元/个,据称可达到 1 美元/个以下。

ZigBee 的一个有力竞争对手是 Z-Wave,由丹麦 Zensys 公司开发,后来成立的 Z-Wave 联盟,在 2007 年以后得到了 Microsoft、Cisco 等 IT 企业的支持。和 ZigBee 不同,Z-Wave 从开发伊始就紧盯家庭自动化应用,从技术的角度来看,它没有特别的优势,其工作速率低于 ZigBee,组网方式和网络规模也不如 ZigBee,但由于其针对性强,协议更加简单,便于实现,成本更低,更易于普及,所以近年来,Z-Wave 在家庭自动化方面得到广泛的应用。

2. UWB 超宽带无线通信技术

和 ZigBee 不同,UWB(超宽带无线通信技术)的主要应用是短距离的宽带传输。UWB 的概念出现得很早,过去主要用于军事通信,2002 年,美国联邦通信委员会批准将 UWB 作为个域网技术开放使用,从那以后,UWB 技术在民用领域得到很快的发展。根据美国 FCC 的要求,用于无线个域网的 UWB 技术应当具有以下特性。

1)使用 FCC 开放的 3.1~106GHz 频段。
2)功率密度低于 41.3dBm/MHz。
3)传输速率为:10m 距离上 110Mbit/s;4m 距离上 200Mbit/s;1m 距离上 480Mbit/s。
4)同一空间支持 4 个微微网同时工作。
5)占用频带极宽,达 4~7.5GHz,而移动通信不过几百 kHz 至几十 MHz。
6)传输速率高,可达到千兆比特每秒的速率。
7)空间容量大,可达 $1Mbit/s/m^2$,相比之下,IEEE 802.11b 仅为 $1Kbit/s/m^2$;蓝牙设备仅为 $30Kbit/s/m^2$。
8)穿透能力强,极宽的带宽有助于微波信号的穿透。
9)抗干扰能力好,因为信号的频谱类似白噪声,对其他类型的无线通信来说,容易滤除，又由于有极宽的带宽，也不易受其他信号的干扰。

当前 UWB 技术主要有两大阵营，即 DS-UWB 和 MB-OFDM。

DS-UWB 方案使用的是脉冲无线电技术，提交给 IEEE 802.15 工作组的是一些掌握大量脉冲无线电专利的小公司。DS-UWB 是一种无载波技术，发送的是极窄的脉冲信号，由于没有载波，不需要调制解调，所以实现简单，平均功率低，成本也相对较低。

MB-OFDM 方案则用多波段 OFDM 复用实现数据的传输，其频谱特性也符合对 UWB 的要求。提交这一方案的是一些大企业，如 IBM、微软、惠普、诺基亚、索尼等。

两种方案各有千秋，DS-UWB 商用较早，但 MB-OFDM 有后来者居上之势。特别是 MB-OFDM 已经被 USB 联盟采纳，作为无线 USB 底层的传输手段，使其前景更加光明。

2.3.2 移动互联网

移动互联网（Mobile Internet，MI）是一种通过智能移动终端，采用移动无线通信方式获取业务和服务的新兴业务，是指互联网的技术、平台、商业模式和应用与移动通信技术结合并实践的活动的总称。移动互联网将移动通信和互联网二者融合为一体，包含终端、软件和应用 3 个层面。终端层包括智能手机、平板计算机、电子书、MID 等；软件包括操作系统、中间件、数据库和安全软件等；应用层包括休闲娱乐类、工具媒体类、商务财经类等不同应用与服务。4G 的广泛应用和 5G 时代的开启以及移动终端设备的快速发展为移动互联网的发展注入巨大的能量。

所谓 4G 通信技术就是指第四代移动通信信息系统，是基于 3G 通信技术基础上不断优化升级、创新发展而来，融合了 3G 通信技术的优势，并衍生出了一系列自身固有的特征，以 WLAN 技术为发展重点。4G 通信技术的创新使其与 3G 通信技术相比具有更大的竞争优势。首先，4G 通信在图片、视频传输上能够实现原图、原视频高清传输，其传输质量与计算机画质不相上下；其次，利用 4G 通信技术，在软件、文件、图片、音视频下载上其速度最高可达到最高每秒几十 MB，这是 3G 通信技术无法实现的，同时这也是 4G 通信技术一个显著优势；这种快捷的下载模式能够为我们带来更佳的通信体验，也便于我们日常学习中资料的下载；同时，在网络高速便捷的发展背景下，用户对流量成本也提出了更高的要求，从当前 4G 网络通信收费来看，价格比较合理，同时各大运营商针对不同的群体也推出了对应的流量优惠政策，能够满足不同消费群体的需求。

5G 的发展也来自于对移动数据日益增长的需求。随着移动互联网的发展，越来越多的设备接入到移动网络中，新的服务和应用层出不穷，移动数据流量的暴涨将给移动网络带来严峻的挑战。首先，如果按照当前移动通信网络发展，现有容量难以支持千倍流量的增长，网络能耗和比特成本难以承受；其次，流量增长必然带来对频谱的进一步需求，而移动通信频谱稀缺，可用频谱呈大跨度、碎片化分布，难以实现频谱的高效使用；此外，要提升网络容量，必须智能高效利用网络资源，例如针对业务和用户的个性进行智能优化，但现有移动网络这方面的能力不足；最后，未来网络必然是一个多网并存的异构移动网络，要提升网络容量，必须解决高效管理各个网络、简化互操作、增强用户体验的问题。为了解决上述挑战，满足日益增长的移动流量需求，急需发展新一代 5G 移动通信网络。

5G 网络的主要优势在于，数据传输速率远远高于以前的蜂窝网络，最高可达 10Gbit/s，比当前的有线互联网还要快，比先前的 4G LTE 蜂窝网络快 100 倍。另一个优点是较低的网络延迟（更快的响应时间），低于 1ms，而 4G 为 30～70ms。由于数据传输更快，5G 网络将不仅仅为手机提供服务，而且还将成为一般性的家庭和办公网络，与有线网络竞争。2019 年 6 月 6 日，工信部正式向中国电信、中国移动、中国联通、中国广电发放 5G 商用牌照，我国正式进入 5G 商用元年。

移动互联网的发展催生出许多新的生活或商务模式，包括移动社交、移动广告、手机游戏、手机电视、移动电子阅读、移动定位服务、手机搜索、手机内容共享、移动支付和移动电子商务等。

移动互联网对移动性的支持非常符合物流中"物"的移动性的特点，对于推动物流信息化发挥着重要作用。移动互联网在智慧物流中已经得到广泛应用，主要包括掌上配货、车辆和货物跟踪监控、呼叫中心调度以及危险品运输、贵重物品运输的视频监控等。

2.3.3 无线局域网

在无线局域网（Wireless Local Area Networks，WLAN）发明之前，人们要想通过网络进行联络和通信，必须先用物理线缆——铜绞线组建一个网络通路，为了提高效率和速度，后来又产生了基于光纤的网络。当网络发展到一定规模后，人们又发现，这种有线网络无论组建、拆装还是在原有基础上进行重新布局和改建都非常困难，且成本和代价也非常高，于是 WLAN 的组网方式应运而生。

WLAN 是相当便利的数据传输系统，它利用射频（Radio Frequency，RF）的技术，使用电磁波取代物理介质构建局域网络，在空中进行通信连接。用户通过 WLAN 可以实现"信息随身化、便利走天下"的目标。

WLAN 的实现协议有很多，其中最为著名也是应用最为广泛的当属无线保真技术——Wi-Fi。Wi-Fi 可以简单地理解为无线上网，几乎所有智能手机、平板计算机和笔记本计算机都支持 Wi-Fi 上网，是当今使用最广的一种无线网络传输技术。WLAN 实际上就是把有线网络信号转换成无线信号，使用无线路由器供支持其技术的相关计算机、手机、平板计算机等接收信息。

在实际应用中，WLAN 的接入方式很简单，以家庭 WLAN 为例，只需一个无线接入设备——路由器，一个具备无线功能的计算机或终端（手机或 PAD），没有无线功能的计算机只需外插一个无线网卡即可。有了以上设备后，使用路由器将热点（其他已组建好且在接收范围内的无线网络）或有线网络接入家庭，按照网络服务商提供的说明书进行路由配置，配置好后在家中覆盖范围内（WLAN 稳定的覆盖范围大概在 20m～50m）放置接收终端，打开终端的无线功能，输入相应的用户名和密码即可接入 WLAN。

与有线网络相比，无线局域网具有更强的灵活性和移动性，安装便捷，易于进行网络规划和调整，易于扩展，同时故障定位容易。因此无线局域网的发展十分迅速，已经在企业、医院、商店、工厂和学校等场合得到了广泛的应用。在智慧物流领域的应用场景主要包括仓储管理、货柜集散场、监控系统等。

2.3.4 全 IP 方式（IPv6）

目前的全球因特网所采用的协议族是 TCP/IP 协议族中网络层的协议，是 TCP/IP 协议族的核心协议。IPv6（Internet Protocol Version 6）是 IETF 设计的用于替代现行版本 IP 协议

（IPv4）的下一代 IP 协议。

IPv6 正处在不断发展和完善的过程中，它在不久的将来将取代目前被广泛使用的 IPv4。IPv6 是下一代互联网（NGI）中的重要协议。经过多年的发展，IPv6 基本标准日益成熟，各种不同类型的支持 IPv6 的网络设备相继问世，并逐渐进入商业应用。在运营领域，国外部分电商运营商已经建立 IPv6 网络，并开始提供接入服务及一些基于 IPv6 增值业务。我国也在 2003 年年底启动了中国的下一代互联网（CNGI）工程，以促进 NGI 在中国的普及与发展。

IPv6 协议要在电信网络上获得广泛应用，必须具有支持新型业务的能力，或者至少能使已有的 IPv4 业务得到改善和增强，否则，运营商就缺乏使用 IPv6 协议的动力。目前来看，IPv6 在支持业务方面主要有以下技术优势。

1. 巨大的 IP 地址空间方便了多样化业务的部署和开展

在 IPv4 网络中，公有 IP 地址的不足导致了用户广泛采用私有 IP 地址。为了实现用户私网中发出的 IP 包在公网上可路由，在用户网络与公网交界处需要 NAT 设备实现 IP 报头公有地址和私有地址等信息的翻译。当终端进行音/视频通信时，仅仅进行 IP 报头中的地址转换是不够的，还需要对于 IP 包净负荷中的信令数据进行转换，这些都需要复杂的 NAT 穿越解决方案。总之，私有 IP 地址及 NAT 的采用限制了多媒体业务的开展，特别是当通信双方位于不同的私网中时，即使媒体流穿越 NAT 设备，还需要经过中间服务器的中转，降低了媒体流传送的效率，也增加了系统的复杂度。而在 IPv6 网络环境中，充足的 IP 地址量保证了任何通信终端都可以获得公有 IP 地址，避免了 IPv4 网络中私有 IP 地址带来的 NAT 穿越问题，能更好地支持多样化的多媒体业务。

2. 内置 IPSec 协议栈提供了方便的安全保证

在 IPv4 网络中，NAT 设备修改 IP 报头的方法和 IPSec 基于摘要的数据完整性保护是矛盾的，影响了 IPSec 的部署。由于 IPSec 已经成为 IPv6 协议的一个基本组成部分，而且 IPv6 网络的终端可以普遍得到公有 IP 地址，因此能很方便地利用 IPSec 协议保护业务应用层面的数据通信。如日本 NTT 公司目前的 M2M-X 平台就充分利用了 IPv6 的 IPSec 机制，当用户终端之间要进行通信时，可根据运营商或用户自己设定的策略实现数据的私密性保护、源认证和完整性保护。

3. 移动 IPv6 提供了 IP 网络层面终端的移动性

IPv6 协议集成了移动 IPv6，因此移动性是 IPv6 的重要特色之一。有了移动 IPv6 后，移动节点可以跨越不同的网段实现网络层面的移动，即使移动节点漫游到一个新的网段上，其他终端仍可以利用移动终端原来 IP 地址找到它并与之通信。IPv4 协议中也有移动 IPv4 协议，但 IPv4 基本协议和移动 IPv4 协议是两个相对分离的部分。移动 IPv6 在设计时采取了许多改进措施，如取消了移动 IPv4 中采用的外地代理，这些措施方便了移动 IPv6 的部署。

总之，IPv6 协议的引入提供了一种新的网络平台，它使得大量、多样化的终端更容易接入 IP 网，并在安全和终端移动性方面比 IPv4 协议有了很大的增强。地址空间巨大、内置 IPSec 和移动 IPv6 只是 IPv6 在支持新业务方面的几个特征，在这些特征之上会衍生出许多新的特性，从而进一步增强业务方面的能力。

2.3.5 车联网

车联网（Internet of Vehicles，IoV）的概念引申自物联网（Internet of Things，IoT），是以车内网、车际网和车载移动互联网为基础，按照约定的通信协议和数据交互标准，在车-X（X：车、路、行人及互联网等）之间进行无线通信和信息交换的网络，是能够实现智能化交通管理、智能动态信息服务和车辆智能化控制的一体化网络，是物联网技术在交通系统领域的典型应用。

从网络结构上看，IoV 系统是一个"端管云"三层体系。第一层为终端系统，主要包括汽车的智能传感器，负责采集与获取车辆的智能信息，感知行车状态与环境；具有车内通信、车间通信、车网通信功能的泛在通信终端；让汽车具备 IoV 寻址和网络可信标识等能力的设备。第二层为管理系统，负责解决车与车（V2V）、车与路（V2R）、车与网（V2I）、车与人（V2H）等的互联互通，实现车辆自组网及多种异构网络之间的通信与漫游，在功能和性能上保障实时性、可服务性与网络泛在性，同时它是公网与专网的统一体。第三层为云系统，表现为云架构的车辆运行信息平台，包含了 ITS、物流、客货运、危特车辆、汽修汽配、汽车租赁、企事业车辆管理、汽车制造商、4S 店、车管、保险、紧急救援等的信息，是多源海量信息的汇聚，因此需要具备虚拟化、安全认证、实时交互、海量存储等云计算功能，其应用系统也是围绕车辆的数据汇聚、计算、调度、监控、管理与应用的复合体系。

车联网技术包括汽车感知技术、汽车无线通信技术、汽车导航技术、电子地图定位技术、车载互联网终端技术、智能控制技术、海量数据处理技术、数据整合技术、智能交通技术、视频监控技术。

车联网技术在物流领域具有广阔的应用前景。例如导航技术和温度传感器技术结合，可以实现冷链联网，对特殊物品的配送实现温度控制和智能保障；车联网和货运车辆的配货结合，可以实现货物追踪与在线智能配货；车联网驾驶管理系统，可以对车辆的行驶行为、驾驶行为、车速控制、车辆状况、油耗状况进行全面监控，协助司机提升驾驶技术。

2.4 智慧物流数据处理与计算技术

没有数据处理与计算技术，智慧物流将不能称为智慧物流，在智慧物流领域应用的数据处理与计算技术主要包括大数据、云计算等。

2.4.1 大数据技术

大数据（Big Data），指无法在一定时间范围内用常规软件工具进行捕捉、管理和处理的数据集合，是具有更强的决策力、洞察发现力和流程优化能力的新模式才能处理的海量、高增长率和多样化的信息资产，具有体量大、种类多、产生速度快和低价值密度等特征。

大数据技术的战略意义不在于掌握庞大的数据信息，而在于对这些含有意义的数据进行专业化处理。换而言之，如果把大数据比作一种产业，那么这种产业实现盈利的关键，在于提高对数据的"加工能力"，通过"加工"实现数据的"增值"。

大数据在物流企业中的应用贯穿了整个物流企业的各个环节。主要表现在物流决策、物流企业行政管理、物流客户管理及物流智能预警等过程中。

在物流决策中，大数据技术应用涉及竞争环境的分析与决策、物流供给与需求匹配、物流资源优化与配置等。在竞争环境分析中，为了达到利益的最大化，需要与适合的物流或电商等企业合作，对竞争对手进行全面的分析，预测其行为和动向，从而了解在某个区域或是在某个特殊时期，应该选择的合作伙伴。在物流的供给与需求匹配方面，需要分析特定时期、特定区域的物流供给与需求情况，从而进行合理的配送管理。在物流资源的配置与优化方面，主要涉及运输资源、存储资源等。物流市场有很强的动态性和随机性，需要实时分析市场变化情况，从海量的数据中提取当前的物流需求信息，同时对已配置和将要配置的资源进行优化，从而实现对物流资源的合理利用。

在企业行政管理中也同样可以应用大数据相关技术。例如，在人力资源方面，在招聘人才时，通过大数据技术，对人才进行个性分析、行为分析、岗位匹配度分析，从而选择合适的人才；对在职人员同样也可通过大数据技术进行忠诚度、工作满意度等的分析。

大数据技术在物流客户管理中的应用主要表现在客户对物流服务的满意度分析、老客户的忠诚度分析、客户的需求分析、潜在客户分析、客户的评价与反馈分析等方面。

物流业务具有突发性、随机性、不均衡性等特点，通过大数据技术，可以有效了解消费者偏好，预判消费者的消费可能，提前做好货品调配，合理规划物流路线方案等，从而提高物流高峰期间物流的运送效率。

2.4.2 云计算技术

在互联网时代，随着信息与数据的快速增长，有大规模、海量的数据需要处理。为了节省成本和实现系统的可扩展性，云计算（Cloud Computing）的概念应运而生。

云计算最基本的概念是，通过网络将庞大的计算处理程序自动分拆成无数个较小的子程序，再交由多个服务器组成的庞大系统，经搜索、计算分析之后将处理结果回传给用户。云计算服务可以在数秒之内处理数以千万计的数据。

云计算是分布式计算技术的一种，可以从狭义和广义两个角度理解。狭义云计算是指IT基础设施的交付和使用模式，指通过网络需要、易扩展的方式获得所需要的资源；广义云计算是指服务的交付和使用模式，指用户可以通过网络以按需、易扩展的方式获得所需的计算服务。云计算具有超大规模、虚拟化、可靠安全等特点，云计算的核心是服务。例如，Microsoft 提供的云计算有 3 个典型特点：软件+服务、平台战略和自由选择。未来的互联网世界将会是"云+端"的组合，用户可以便捷地使用各种终端设备访问云端的数据和应用，这些设备可以是便携式计算机和手机，甚至是电视机等各种电子产品；同时，用户在使用各种设备访问云服务时，得到的是完全相同的体验。

可以说，云计算是智慧物流应用发展的基石。原因有两个：一是云计算具有超强的数据处理和存储能力；二是由于智慧物流系统中无处不在的数据采集，需要大范围的支撑平台以满足其规模需要。

基于云计算的物流信息平台主要用于满足政府、工商企业、物流企业和普通用户对物流信息的需求。围绕从生产要素到消费者之间时间和空间上的需求，能够处理从制造、运输、装卸、包装、仓储、加工、拆并、配送等各个环节中产生的各种信息，使信息能够通过物流信息平台快速、准确传递到现代物流供应链上所有相关的企业、物流公司、政府部门及客户或代理公司，成为各个现代物流企业所依赖的信息化工作平台，云计算平台的建立，大大加快了各中、小型物流企业的信息化平台的开发效率，吸引物流企业及其合作伙伴将其应用系统建立在云计算平台之上，同时将其日常数据存储在云存储中心。

案例 2-2　深度揭秘菜鸟物流云

菜鸟物流云是一个云平台，其底层借助阿里云稳定和强大的部署，向物流合作伙伴和物流生态提供一个非常稳定和强大的公有云的 IASS 层的平台；中间层提供电子面单、地址和数据池等服务；应用层提供仓储物流、快递行业等一系列的行业解决方案。在这个云平台上，菜鸟实现了产品市场、服务产品接入标准化，产品模型定义标准化的工作，推动物流生态向数据化和智慧化迈进。（资料来源：搜狐科技，2017 年 1 月）

扫描二维码
阅读全文

2.4.3　智能控制技术

随着科技进步，人们对大规模、不确定、复杂的系统控制要求不断提高，智能控制在这种背景下孕育而生。智能控制是自动控制发展的最高阶段。

智能控制主要包含模糊控制、专家控制、人工神经网络和遗传算法等内容。模糊控制是应用模糊集合理论，从行为上模拟人的模糊推理和决策过程的一种实用方法，其核心为模糊推理，主要依赖模糊规则和模糊变量的隶属度函数。专家控制（Expert Control）是智能控制的一个重要分支，又称为智能专家控制。专家控制是专家系统的理论和技术同控制理论、方法与技术的结合，在未知环境下，仿效专家的经验实现对系统的控制。专家控制试图在传统控制的基础上"加入"一个富有经验的控制工程师，实现控制功能，它由知识库和推理结构构成主体框架，通过对控制领域知识（先验经验、动态信息、目标等）的获取与组织，按某种策略及时地选用恰当的规则进行推理输出，实现对实际对象的控制。专家控制的结构如图 2-4 所示。

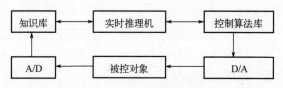

图 2-4　专家控制的结构

人工神经网络（简称神经网络，Neural Network）是模拟人脑思维方式的数学模型。神经网络是在现代生物学研究人脑组织成果的基础上提出的，用来模拟人类大脑神经网络的结构和行为，它从微观结构和功能上对人脑进行抽象和简化，是模拟人类智能的一条重要途径，反映了人脑功能的若干基本特征，如并行信息处理、学习、联想、模式分类和记忆等。人工神经网络本身各简单节点没有明显的物理意义，但综合网络可描述复杂和非线性系统的控制和辨识问题，而且能做到并行实时、冗余容错的运算。它有以下特点：能充分逼近任意非线性特性；分布式并行处理机制；自学习和自适应能力；数据融合能力；适合于多变量系统；多变量处理；可硬件实现。这些特点使神经网络成为非线性系统建模与控制的一种重要方法，因此人工神经网络成为实现非线性预测控制的关键技术之一。

遗传算法英文简称 GA（Genetic Algorithms），是 1962 年由美国 Michigan 大学 Holland

教授提出的模拟自然界遗传机制和生物进化论而形成的一种并行随机搜索最优化方法。遗传算法是一种基于生物进化模拟的启发式智能算法，它的基本策略是：将待优化函数的自变量编码成类似基因的离散数值码，然后通过类似基因进化的交叉、变异、繁殖等操作获得待优化函数的最优或近似最优解。在智能控制中，遗传算法广泛应用于各类优化问题，遗传算法可以用于复杂的非线性系统的辨识，多变量系统控制规则的优化，智能控制参数的优化等常规控制方法难以奏效的问题。遗传算法具有可扩展性，可以同专家系统、模糊控制和神经网络结合，为智能控制的研究注入新的活力。例如，可用遗传算法对模糊控制的控制规则和隶属度函数进行优化，对神经网络的权值进行优化等。

智能控制技术在物流管理的优化、预测、决策支持、建模和仿真、全球化物流管理等方面应用，使物流企业的决策更加准确和科学。

2.4.4 数据挖掘技术

数据挖掘是指从数据集合中自动抽取隐藏在数据中的那些有用信息的过程。这些有用的信息的表现形式为规则、概念、规律及模式等，它们可以帮助决策者分析历史数据和当前数据，并从中发现隐藏的关系和模式，进而预测未来可能发生的行为。数据挖掘的主要特点是对数据库中的大量数据进行抽取、转换、分析和其他模型化处理，并从中提取辅助决策的关键性数据。

数据挖掘过程可以分为数据准备、数据挖掘以及结果评价和表达 3 个主要阶段。数据挖掘技术主要包括统计方法、关联规则、聚类分析、决策树方法、神经网络、遗传算法、粗糙集和支持向量机等。

数据挖掘技术在物流决策、仓储管理、运输管理、配送管理等场景中均有比较广泛的应用，对于提高现代物流的智慧化水平发挥着重要作用。

2.4.5 视频分析技术

视频分析技术就是使用计算机图像视觉分析技术，通过将场景中背景和目标分离，进而分析并追踪在摄像机场景内出现的目标。用户可以根据视频内容进行分析，通过在不同摄像机的场景中预设不同的报警规则，一旦目标场景中出现了违反预定义规则的行为，系统即自动发出报警，用户可以通过单击报警信息，实现报警的场景重组并采取相关措施。

智能视频分析软件能够对视频图像信息进行智能化、自动化处理，使系统具有视频图像的自动智能分析、自动锁定跟踪、自动预警、自动告警、自动录像、自动上传等功能，具有智能性、可靠性、易集成等特点。可完成视频异常检测，强光、移动、遮挡、干扰以及图像识别、文字识别等功能。

视频分析技术在货物追踪、仓库安防、智能停车管理等方面具有广泛的应用。

案例 2-3　2018 年，那些令人惊艳的物流"黑"科技

2018 年是智慧物流突飞猛进发展的一年，既有无人机、无人车、智能仓储、区块链、智慧物联网等技术的不断创新再发展，也有看似天马行空实际正在成为现实的未来物流园区、地下物流通道等设施的落地。（资料来源：亿欧，2019 年 1 月）

扫描二维码
阅读全文

本章小结

智慧物流技术是智慧物流建设与发展的重要基础。智慧物流基于物联网技术在物流业的应用而提出，继承了物联网的三层技术架构体系，划分为感知层、网络层和应用层三个层次。感知层如同智慧物流的五官，主要包括条码技术、EPC 及 RFID 技术、传感器技术与无线传感网、跟踪定位技术、区块链技术等，负责实时采集物流运作过程中的货物、环境以及设施设备的信息；网络层如同智慧物流的神经传导系统，主要包括移动通信网络、IPv6、车联网、Wi-Fi 和 WiMAX、蓝牙、ZigBee 等技术，负责数据信息的可靠传输；应用层如同智慧物流的大脑，主要包括大数据、云计算、智能分析与控制、数据挖掘、视频分析等技术，负责智慧物流数据处理与计算，为智慧物流应用提供技术支撑。

本章练习

一、思考题

1. 如何理解智慧物流技术架构？
2. 智慧物流感知与识别技术主要有哪些？各有何应用？
3. 智慧物流通信与网络技术主要有哪些？各有何应用？
4. 智慧物流数据处理与计算技术主要有哪些？各有何应用？

二、讨论题

1. 智慧物流技术框架等同于物联网技术架构吗？
2. 在众多的智慧物流技术中，你认为哪些技术对智慧物流的发展影响更大？

三、案例分析

信息技术能否消除牛鞭效应

雀巢和家乐福利用信息技术充分共享信息，为消除"牛鞭"效应进行了有益的尝试。雀巢专门引进了一套 VMI 信息管理系统，家乐福也及时为雀巢提供其产品销售的 POS 数据和库存情况，通过集成双方的管理信息系统，经由 Internet/EDI 交换信息，就能及时掌握客户的真实需求。家乐福的订货业务情况为：每天 9:30 以前，家乐福把货物售出与现有库存的信息用电子形式传送给雀巢公司；在 9:30-10:30，雀巢公司将收到的数据合并至供应链管理（SCM）系统中，并产生预估的订货需求，系统将此需求量传输到后端的 APS/ERP 系统中，依实际库存量计算出可行的订货量，产生建议订单；在 10:30，雀巢公司再将该建议订单用电子形式传送给家乐福；然后在 10:30-11:00，家乐福公司确认订单并对数量与产品项目进行必要的修改之后回传至雀巢公司；最后在 11:00-11:30，雀巢公司依照确认后的订单进行拣货与出货，并按照订单规定的时间交货。这样，由于及时地共享了信息，上游供应商对下游客户的需求了如指掌，无须再放大订货量，有效地消除了牛鞭效应。

问题：

1. 什么是牛鞭效应？产生的原因是什么？
2. 信息技术能解决这个问题吗？为什么？

第 3 章 智慧物流系统

学习目标
- 了解智慧物流系统的概念和特征;
- 了解智慧物流系统的目标;
- 掌握智慧物流系统的结构;
- 了解智慧物流系统的应用。

引例

以智能化促进"红旗小镇"物流系统升级

2017 年 11 月,一汽集团着手打造智能化的精益物流体系,通过精心策划,密切合作,升级了原有的物流体系,提升了物流作业效率,降低了物流运营成本,提高了作业的可视化水平。总装车间的物料配送全线导入 AGV,通过 SPS(单台份物料配送)的物流方式,减少物流作业人员,提升物流作业效率;开发物流信息系统,实现订单分割、智能码放和准时化配送;应用物联网技术实现升降梯与物流 AGV、物流 AGV 与工艺 AGV 平稳交互作业;应用仿真技术,验证物流方案和精准投资;同时开发了灯光拣选(KITTING)系统。(资料来源:搜狐汽车,2019 年 5 月)
扫描二维码
阅读全文

现代物流是以满足消费者的需要为目标,把制造、运输、销售等市场情况统一起来思考的一种经营活动。作为物联网技术的重点应用领域,智慧物流成为物流发展的主要方向,建立智慧物流系统(Smart Logistics System,SLS)来管理物流活动、加快物流反应速度成为物流企业的发展趋势。

3.1 智慧物流系统概述

3.1.1 物流系统及其功能

物流系统是指在一定的时间和空间里,由所需输送的物料和包括有关设备、输送工具、仓储设备、人员以及通信联系在内,若干相互制约的动态要素构成的、具有特定功能的有机整体。物流系统受内部环境以及外部环境的双重影响,使物流系统整体构成十分复杂,其外部存在多种不确定因素,其内部存在着相互依赖的物流功能因素。

物流系统和一般系统一样,具有输入、处理及输出三大功能。物流系统的输入包括自然资源(土地、设施、设备)、人、财务和信息资源。物流系统的处理过程就是通过管理主体对物流活动以及这些活动所涉及的资源进行计划、执行、控制,最终高效完成物流任务的过程。物流系统输出就是物流服务，包括组织竞争优势、时间和空间效用以及物资（原材料、在制品、制成品）向客户的有效移动。物流系统处理过程的物流活动是增值性经济活动，又是增加成本、增加环境负担的经济活动。

建立物流系统的目的主要是获得宏观和微观两方面的效益。物流系统的宏观经济效益是指一个物流系统的建立对全社会经济效益的影响。其直接表现形式是这一物流系统如果作为一个子系统来看待它，对整个社会流通及全部国民经济效益的影响。物流系统的微观经济效益是指物流系统本身在运行后所获得的企业效益。其直接表现形式是通过有效地组织"物"的流动，并提高客户服务的同时降低物流运营成本。

物流系统一般由作业系统和信息系统组成，如图 3-1 所示。

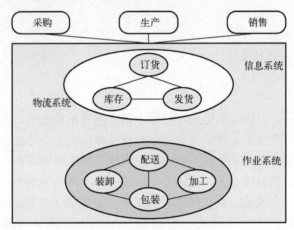

图 3-1　传统物流系统组成

3.1.2　智慧物流系统及组成

智慧物流系统是以智慧交通系统（Smart Transportation System，STS）和相关信息技术为基础，在集成环境下进行物流作业信息采集、传输、分析和处理，提供高效物流运作和详尽信息服务的现代物流系统。智慧物流系统一般由智慧思维系统、信息传输系统和智慧执行系统组成。

智慧思维系统是物流系统的大脑，其中大数据是智慧思维系统的资源，云计算是智慧思维系统的引擎，人工智能是智慧思维系统的核心。智慧思维系统目前已经全面进入数字化阶段，物流企业都开始重视物流数据收集、分析与应用。基于大数据预测的前置分仓技术缓解了"双十一"等物流高峰阶段的物流配送压力；基于数据分析的物流全程优化运筹为企业物流发展插上了翅膀。但真正能够做到"自主决策"，实现软件定义物流的系统还很少见。目前我国智慧物流的智慧思维系统正在从数字化向程控化演进，未来演进方向是智能化。

信息传输系统是物流系统的神经网络，其中物联网是信息感知的起点，也是信息从物理世界向信息世界传输的末端神经网络；"互联网+"是信息传输基础网络，是物流信息传输与处理的虚拟网络空间；信息物理系统（Cyber-Physical Systems，CPS）反应的是虚实一体的智慧物流信息传输、计算与控制的综合网络系统，是互联网+物联网的技术集成与融合发展。在智慧物流信息传输系统方面，随着物联网技术的广泛应用，以条码为基础的自动识别技术、卫星导航追踪定位技术、RFID 识别技术、传感器技术得到普遍应用，互联网开始延伸到实体网络阶段，推动了物流业务流程的透明化。目前，物流信息传输系统正处于物联网技术逐步普及、物流末端神经网络初步形成的阶段，需要进一步向全面深化网络链接与信息融合的 CPS 方向演进，实现信息联网、物品联网、设备联网、计算联网、控制联网，全面进入互联互通与虚实一体的阶段。

智慧执行系统是物理世界中智慧物流具体运作的体现，呈现的是自动化、无人化的自主作业，核心是智能硬件设备在仓储、运输、配送、包装、装卸搬运等领域的全面应用。在智慧物流执行系统方面，物流自动化技术获得了快速发展，配送终端的智能货柜、无人机、机器人技术开始进入应用阶段，自动驾驶卡车、地下智能物流配送系统等技术成为关注热点。目前，智慧执行系统正在从机械化、自动化向智能硬件全面发展演进，演进方向是系统级和平台级的智能硬件组网应用，实现执行系统全面无人化与智能化。

3.1.3 智慧物流系统的目标

智慧物流系统的目标是实现物流系统的横向和纵向两个方向的集成，达到物流系统的全局最优化和效益最大化。

1．横向集成

横向集成又称为水平集成，即企业内部各部门或智慧物流系统中同级企业之间对于各日常运作系统的集成，是对同一类资源、同类型业务体系进行识别、选择、运作、协调，主要强调优势资源在内沿横向汇总提升，主要体现于两个层次。

一是智慧物流系统的企业内部。表现为生产制造商、经营贸易商、物流服务商内部的并行工程、准时生产、准时采购和物流作业协同等，各企业通过对自身内部各部门间的业务关系进行协调，对同类资源进行协调、整合，在部门之间建立密切的工作联系。

二是智慧物流系统的企业之间。表现为加盟企业在合作的基础上共享物流优势资源，形成"强强联合，优势互补"的战略联盟，构建利益共同体去参与市场竞争。

按照横向集成过程中的核心要素可将横向集成划分为企业集成和组织集成两种类型，如图 3-2 所示。

（1）企业集成

企业集成主要实现系统中同级的企业与售出产品之间、企业与企业之间的协同。对生产制造商来说，同级或同类的上游供应商或下游分销商之间的集成则属于横向企业集成；对于物流服务企业来说，具有相同业务类型、相同运输服务能力的企业之间的集成也属于横向企业集成；对于企业自身来说，其内部的业务信息在部门之间的贯通也是一种横向的企业集成。企业集成可分为三类模型。

1) 以金融为中心的宏观企业群集成。智慧物流系统中的生产制造企业或物流服务企业，松耦合或紧耦合地集成在智慧物流系统中，在金融上相互支援或相互统筹；在大型企业或供应链协同背景下，可在银行的支持下与银行集成在一起，形成宏观集成。宏观企业集成的主要形式有两种：一种是围绕"大型银行+大型企业"的企业集成形式；另一种是由"多个大型企业"形成的企业集成形式。这两种方式形成的大集团或大型物流企业之间是相互竞争而非垄断的关系，且这种竞争主要是在同行业中，竞争基本适度，属良性竞争，此种竞争有利于促进产品或服务质量的不断进步、价格降低，使消费者受益。

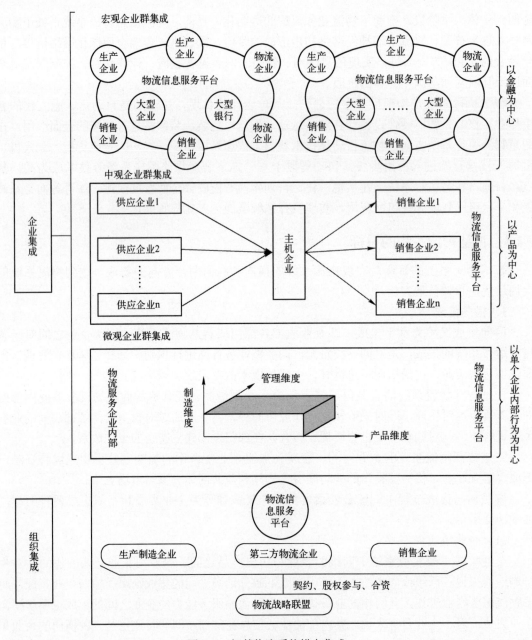

图 3-2 智慧物流系统横向集成

2）以产品为中心的中观企业群集成。中观企业群集成是以智慧物流信息平台为中心的一群企业的集成，由一大群生产制造企业、批发贸易企业和专业化物流服务企业集成于智慧物流信息平台之上。在该集成形式下，企业围绕单一产品设计物流服务链，并向上下游延伸。以产品为集成中心，各企业在采购、库存、生产、销售、财务等多方面相互配合和支持，通过信息平台与物流服务商紧密联合，用快速、灵敏、智慧化的物流活动将各个作业环节无缝衔接。

3）以单个企业内部行为为中心的微观企业群集成。微观企业群集成是在智慧物流信息平台上的以物流服务企业的内部行为为中心的单个企业的内部集成,是一个企业内部的产品维度、制造维度和管理维度之间的集成。

（2）组织集成

智慧物流系统的组织集成是指其与各个生产制造企业、第三方物流企业通过契约、股权参与或合资等方式共同建立的信息透明、渠道畅通、配置优化、角色特定、规则明确、风险共担、收益共享的以线上业务为核心业务的战略伙伴关系,或物流战略联盟。

组织集成更有利于在系统集成管理中形成以智慧物流信息平台为核心的多个企业相互依存、相互促进、相互协作的物流服务联盟,能极大地提高联盟的资产重组效率,优化资源配置,有效地获取资源、利用资源、发展新资源,避免联盟内部竞争,开展协同运营,从而降低物流产业的运营成本,提高绩效。

2．纵向集成

智慧物流系统的纵向集成主要是指通过以平台为核心,对加盟企业的市场供应能力、生产制造计划、物流服务能力等进行平衡。

这种集成方式能够将平台的服务能力以及上游企业供应能力和意愿,反映到下游企业的需求意愿中。其目的在于保持企业间的协调同步,从而达到整体产业的高效率、高效益。从智慧物流系统集成的深度和广度来看,纵向集成可分为三个级别：信息流集成、业务集成、全面的物流服务链集成,如图3-3所示。

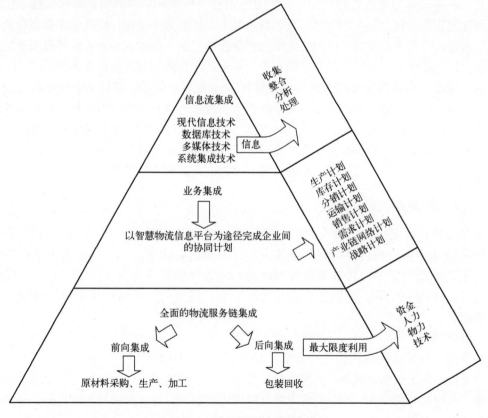

图3-3　智慧物流系统的纵向集成

（1）信息流集成

物流服务链主要由商流、物流、信息流和资金流共同驱动，对于物流服务链的集成从这四部分资源作为集成源头，是必要且可行的，其中最为重要的是信息流集成。

智慧物流系统信息流集成是指运用现代信息技术、数据库技术、多媒体技术、系统集成技术等，开发智慧物流信息管理软件，实现整个系统各方面信息的收集、整合、分析和处理，对产品服务中各项业务进行预测和辅助决策，对中间服务环节进行实时监督和控制，降低整体管理成本，提高管理效率。

（2）业务集成

智慧物流系统中的业务集成主要体现为以智慧物流信息服务平台为途径完成企业间的协同计划。协同计划是物流服务链上的成员企业针对生产计划、市场需求和作业联动所采取的联合设计和执行计划，根据共享的信息所进行的生产运营措施。

协同计划主要包括生产计划、库存计划、分销计划、运输计划、销售计划、需求计划、产业链网络设计和战略计划等。

协同计划的实现方式包括同步的产品设计和试制，以及大规模定制化生产。智慧物流信息平台将个性化、定制化的订单和新产品需求信息快速导入信息集成系统中，通过信息集成体现在管理系统之中，实现柔性、灵活与高效率的统一，即大规模定制的模式。

（3）全面的物流服务链集成

物流服务链纵向集成按照延伸方向主要分为前向集成和后向集成。前向集成是指企业拥有和控制它集成自己投入的生产，大多数出现于生产制造企业中，即从基本原材料的采购到生产加工，再从零部件的生产到组装均由自身企业完成，或由自身合资或持股或外包的企业完成；后向集成是企业可控制自己的客户，多出现于包装回收等延伸服务中。

综合来看，全面的物流服务链集成是尽可能地在部分集成的基础上结合前向集成和后向集成，真正将整个物流服务中涉及的企业优势资源进行整合，充分发挥智慧物流系统的信息互通、资源共享、计划同步、技术互补的优势，最大限度利用物流服务中所涉及的资金、人力、物力、技术等各类资源，建造一个良好集成的物流服务环境，为平台上的加盟企业提供一个全新的商业运作模式，以全新的、更有效的方式追求企业的目标。

3.1.4 智慧物流系统的特征

智慧物流以满足客户需要为目的，强调提高信息的获取、传递、处理及利用能力，通过对物流运作和管理过程的优化，减少物流系统的总成本，提高供应链系统的整体竞争力。智慧物流系统的总体效果就是能够使物流各项资源发挥最大效能，为客户提供便捷、及时、准确的服务。区别于传统的物流系统，智慧物流技术赋予了智慧物流系统以下新的特征。

1. 智能化

智能化是智慧物流系统的核心特征，是区别于其他物流系统的主要标志。智慧物流系统的智能化首先表现在物流管理的智能化。物联网为智慧物流的智能处理提供了多层面的支持，除了利用已有的 ERP 等商业软件进行集成式的规划、管理和决策支持之外，智慧物流系统正向着利用物联设备和网络进行更多的智能化服务方向发展。智慧物流系统借助于人工智能、商务智能、管理智能、自动识别和控制、运筹学理论和专家系统等多种信息技术，智能化地获取、传递、处理与利用信息和知识，使物流系统能模拟人的思维进行感知、学习、推理判断和自行解决物流问题，具有一定的自主决策能力。例如，智慧物流系统中的配送系统可以根据配送物品清单、配送目的地等信息，智能化地安排车辆调度和车辆路径，节约劳动力的同时还提高了配送效率。

物流管理的智能化进而带动物流作业的智能化。在物流作业活动中，通过采用智能化技术，如智能控制技术、计算机视觉等，使机器（如自动分拣设备、自动引导车、智能机器人等）能够部分或全部代替人的工作和决策，解放了劳动力，有效提高物流作业的效率和安全性，提升了物流业的自动化水平。智慧物流系统作为一个综合性的智能决策体系，不但对物流作业管理和物流决策要求智能化，而且对物流作业的载体（物流设备和设施）也要求具有智能化，两者只有同步发展、有机集成，才能使物流系统真正实现智慧化。

2. 集成化

首先智慧物流系统综合运用了各类信息技术与自动控制技术，是一个集成各类技术的有机体。但是信息技术和自动控制技术的简单应用是远远不能满足系统需求的，应当与物流技术和管理技术有机结合起来。通过依托信息共享和集成，将物流管理过程中的运输、存储、包装、装卸、配送等诸环节集合成一体化系统；通过将物流的各种业务系统如运输管理系统、仓储管理系统、物流配送系统等集成在一起，构建一体化的集成管理系统。智慧物流系统中应用的各种技术并不是简单的组合和堆砌，而是以物流系统为载体利用系统集成理论整合起来，满足智慧物流系统合理运作的有机共同体，各种技术之间彼此相互作用、相互交融、相互协调、相互配合，共同为实现费用最低、速度更快、服务更好的智慧物流系统服务。

3. 自动化

自动化是指物流作业过程中的设备和设施自动化，包括运输、包装、分拣、识别作业过程的自动化，其基础是物流信息化，核心是机电一体化。自动化是智能化的必然结果和必要条件。智慧物流系统的智能管理离不开相应的物流基础设施，其中 STS、GPS 和 GIS 等现代化技术都必须在配套的物流设施上才能实现，落后的基础设施限制着各种技术效能的发挥，有的甚至不能为现代技术提供载体服务。物流设施的自动化主要体现在交通设施自动化、仓储自动化、设施作业衔接的自动化、货运场站的自动化和交通枢纽的综合自动化等几个方面，依托于自动识别系统、自动检测系统、自动分拣系统、自动存取系统、货物自动跟踪系统及信息引导系统等技术来实现对物流信息的实时采集和追踪。

4. 信息化

信息是智慧物流系统的核心要素，物流领域中应用的任何先进技术设备都是依靠物流信息这个纽带来进行相互协作，进而实现各种物流业务。物流信息化表现在物流商品本身的信息化、物流信息收集的数据库化和代码化、物流信息处理的电子化、物流信息传递的网络化、标准化和实时化以及物流信息存储的数字化等方面。

5. 网络化

智慧物流系统的网络化首先表现为物流设施、业务的网络化。随着全球经济、贸易的发展，物流服务的地域越发分散，这就要求拓展业务范围而加强企业合作，建立网络化的物流与配送网点，提高智慧物流系统的服务质量与配送速度。物流业务的网络化推动了物流信息的网络化，它是利用计算机通信网络和物联网建立起来的物流信息网。

现代物流网络强调的是物流信息的网络化，其基础是物流信息化。一方面，现代物流配送系统通过计算机网络通信、物联网、电子订货系统、电子数据交换系统等工具把物流配送中心与其上游的供应商和下游的顾客之间建立起了有机的联系，保证了物流信息的畅通；另一方面，企业内部各部门通过局域网完成其组织的网络化以实现公司内部的信息交换。目前先进的物流企业普遍采用 GPS 技术，实现物流全程的实时跟踪，即时采集车辆位置及货物状态信息，并通过无线网络和互联网完成供应链内部信息网络化传输。

6．柔性化

智慧物流系统是为多个企业和用户服务的系统，智慧物流系统一般联系多个生产企业和用户，需求、供应、渠道、价格不断发生变化，使得智慧物流系统受社会生产和社会需求的广泛制约，所以智慧物流系统必须是具有环境适应能力的动态系统。为适应经常变化的社会环境，智慧物流系统必须是灵活、可变的。在对市场快速反应的同时，智慧物流系统还需本着"以顾客为中心"的原则，根据客户"多品种、小批量、多批次、短周期"的需求特色，灵活组织和实施物流作业。智慧物流系统是适应生产、流通与消费的需求而发展起来的一种新型物流模式。

3.2 智慧物流系统结构

智慧物流系统是基于物联网技术，在系统中实现信息收集、信息传输和智能决策的智慧化的物流系统，随着用户主体和服务主体的不同，智慧物流系统的功能、层次、规模、结构都将不同，难以用简单的系统结构图加以统一描述。

根据传统物流系统的动态要素构成，将智慧物流系统分解成智慧物流信息子系统、智慧运输子系统、智慧仓储子系统、智慧配送子系统、智慧流通加工子系统、智慧包装子系统和智慧装卸搬运子系统等七大系统，如图 3-4 所示。七大系统并不是各自独立存在运行的，系统间相互交融、相互协调、相互配合，实现采购、入库、出库、调拨、装配、运输等环节的精确管理，完成各作业环节间的完美衔接。

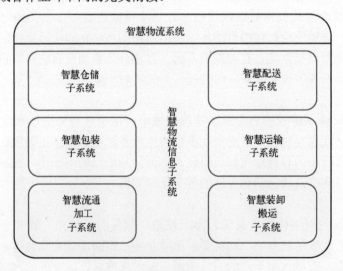

图 3-4　智慧物流系统的构成

3.2.1 智慧物流信息系统

智慧物流信息系统是智慧物流系统的主要组成部分，它的功能贯穿于物流各子系统业务活动之中，或者说是物流信息系统支持着物流各项业务活动。它不仅将运输、储存、包装、配送等物流活动联系起来，而且还能对所获取的信息和知识加以处理和利用，进而优化和决策。因此智慧物流信息系统不等同于一般的信息系统，它是整个大系统的具有智能意义的神经系统，决定着智慧物流系统的成败。

智慧物流信息系统的构成如图 3-5 所示，智慧物流信息系统依靠 RFID 技术、条码技术等获得产业信息及物流各作业环节的信息（信息采集），通过计算网络完成信息传输及发布（信息传递），运用专家系统、人工智能等处理信息并给出最佳实施方案。同时，利用产品追踪子系统还可以对产品从生产到消费的全过程进行监控，从源头开始对供应链各个节点的信息进行控制，为供应链各环节信息的溯源提供服务。

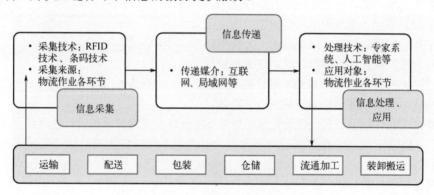

图 3-5　智慧物流信息系统

3.2.2 智慧运输系统

运输是物流核心业务之一，也是物流系统的一个重要功能。运输服务是改变物品空间状态的主要手段，主要任务是将物品在物流节点间进行长距离的空间移动，从而为物流创造场所效用，通常有铁路运输、公路运输、航空运输、水路运输和管道运输 5 种运输服务方式。智慧物流系统的运输服务功能是在现代综合运输体系的基础上实现的，智慧交通技术是完成运输服务的主要手段。智慧运输子系统的目标是降低货物运输成本，缩短货物送达时间。其核心是集成各种运输方式，应用移动信息技术、车辆定位技术、车辆识别技术及通信与网络技术等高新技术，建立一个高效运输系统。

智慧运输系统按功能要求可划分为以下几个模块：先进的交通信息服务子系统、先进的交通管理子系统、先进的公共交通子系统、先进的车辆控制子系统、货运管理子系统、电子收费子系统和紧急救援管理子系统等。区别于传统运输，智慧运输系统通过在运输工具和货物上安装追踪识别装置，依靠先进的交通信息系统，可以实时采集车辆位置及货物状态信息，向客户提供车辆预计到达时间，为物流中心的配送计划、仓库存货战略的确定提供依据。智慧运输系统运行示意图如图 3-6 所示。

3.2.3 智慧配送系统

配送服务是按照用户的订货要求及时间计划，在物流节点进行理货、配货工作，并将配备好的货物送交收货人的物流服务活动，可以看作是运输服务的延伸，但它和运输服务不同，它是短距离、小批量、多品种、高频率的货物运输服务，是物流活动的最末端。

智慧配送系统包括智慧配送信息处理子系统、智能配载和送货路径规划子系统、配送车辆智能追踪子系统、智慧客户管理子系统。首先配送信息处理子系统将"取货信息、送货信息、配送信息"等信息进行收集、整理后，分发到配载及路径规划子系统中；配载及规划子系统根据运送货物的地理位置分布，应用地理编码和路径规划技术，分析出每辆车的最佳行驶路线，然后根据行驶路线来规划货物配载；通过 GPRS 系统将移动的车辆信息纳入信息网，并将该系统与地面信息系统构成一个整体，

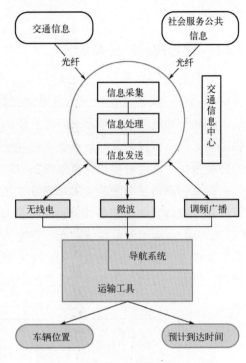

图 3-6 智慧运输系统运行示意图

及时收集路面信息、行驶信息，帮助配送规划系统根据路况随时优化车辆行驶路线；本着"以顾客为中心"的原则，还应在配送后建立一个客户管理子系统，将客户信息及配送信息纳入数据库，并进行智能分析，为以后作业流程改进、提高顾客满意度和系统优化提供帮助。图 3-7 为在电子商务环境下设计的智慧配送流程。

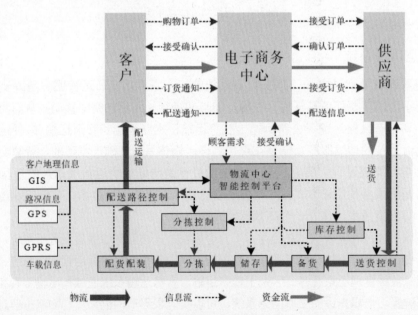

图 3-7 电子商务环境下的智慧配送流程

3.2.4 智慧仓储系统

仓储包括对进入物流系统的货物进行堆存、管理、保管、保养、维护等一系列活动。随着经济的发展，物流由少品种、大批量物流进入到多品种、小批量或多批次、小批次物流时代，如今的仓储作业已十分复杂化、多样化，如果像传统作业那样靠人工记忆和手工录入，不但费时费力，而且容易出错；在智慧仓储系统中应用 RFID 等自动识别技术，实现商品登记、扫描与监控的自动化，可以增强作业的准确性和快捷性，节省劳动力和库存空间，并且显著减少由于商品误置、送错、偷窃、损害和库存记录错误所造成的损耗。

智慧仓储系统由智慧仓储信息子系统、仓储管理子系统等组成，其中仓储管理子系统包括进货管理、出货管理、库存管理和存储费用管理等功能模块。该系统可以实现自动精确地获得产品信息和仓储信息；自动形成并打印入库清单和出库清单；动态分配货位，实现随机存储；产品库存数量、库存位置、库存时间和货位信息查询；随机抽查盘点和综合盘点；汇总和统计各类库存信息，输出各类统计报表。

3.2.5 智慧流通加工系统

规模经济效益决定了企业趋向于"商品少、大批量、专业化"的大生产模式，而与消费者的个性化需求产生隔阂，流通加工正是弥补这种隔阂的有效手段。流通加工是在物品离开生产领域向消费领域流动的过程中，为了促进产品销售、维护产品质量和实现物流高效率，而对物品进行的加工处理，使物品发生物理或化学性变化。流通加工的内容有装袋、定量化小包装、拴牌子、贴标签、配货、挑选和刷标记等。

这种在流通过程中对商品进一步的辅助性加工，可以给批量化生产的同一产品装饰不同的包装，还可以根据市场特征对产品进行组装（如为打印机组装符合不同电压标准的变压器），满足不同用户的需求，更好地衔接生产的需求环节，使流通过程更加合理化，是物流活动中的一项增值服务。

智慧流通加工系统利用物联网技术和设备监控技术加强对加工过程的信息管理和服务创新，即时正确地采集生产线数据，实时掌握加工流程，提高加工过程的可控制性，减少生产线上的人工干预，并合理制定加工计划和进度。

3.2.6 智慧包装系统

包装服务是物品在搬运、运输、配送以及仓储等服务活动过程中，为保持一定的价值及状态而采用合适的材料或容器来保护物品所进行的工作总称。通常包括商业包装服务（销售包装、小包装）和工业包装服务（运输包装、大包装）两种。

智慧包装系统主要应用信息型智慧包装技术，通过在包装上加贴标签，如条形码、RFID 标签等，一方面利用化学、微生物和动力学的方法，记录在仓储、运输、销售期间，商品因周围环境影响引起的质量改变，监控产品质量；另一方面可管理被包装物的生产信息和销售分布信息，提高产品的可追溯性。这样顾客能够掌握商品的使用性能及其流动过程，而生产商可以根据销售信息掌握市场动态，及时调整生产、库存策略，缩短整个供应链周期，节约成本。

3.2.7 智慧装卸搬运系统

装卸搬运是随运输和仓储而产生的必要物流活动，是对运输、仓储、包装、流通加工等物流活动进行衔接的中间环节，也包括在仓储作业中为进行检验、维护、保养所进行的装卸活动，如货物的装上卸下、移送、拣选、分拣等。在物流活动的全过程中，装卸搬运是出现频率最高的一项活动，也是造成货物破损、散失、损耗的主要环节。

智慧装卸搬运系统会将装卸货物、存储上架、拆垛补货、单件分拣、集成化物品等任务信息收集并传递到智能决策子系统，决策系统将任务分解成人员、物品需求计划，合理选择与配置装卸搬运方式和装卸搬运机械设备，尽可能减少装卸搬运次数，以节约物流费用，获得较好的经济效益。根据系统功能要求，智慧装卸搬运系统主要由输送机、智能穿梭车、智能装卸搬运信息系统、通信系统、控制系统和计算机管理监控系统等部分组成。

3.3 智慧物流系统的应用

3.3.1 海尔智慧物流系统

1. 系统简况

海尔物流原有系统是针对集团内部业务流程定制设计，对外互联实施难度大，周期长。随着第三方物流服务业务的扩张，以及多种运营模式的并行工作，原有系统无法有效地满足第三方物流的需求。因此海尔物流在现有信息化系统的基础上，建立了面向未来的智能、实时感知、互联的智慧物流系统，实现物流的自动化、可视化、可控化、智能化、网络化。

海尔智慧物流系统基于云计算架构，能够自动化接单、自动化处理订单、自动优化配车装车、自动化计费计算、并以最终用户回访实现流程闭环，同时通过全流程信息实时获取、信息自动显示、事前预警报警以及智能优化分析实现业务优化。实现了对集团内和外部业务的最优化管理，物流运输、库存管理、区域配送和用户配送的物流全价值链的全流程可视化监控，与用户的全流程信息交互和对用户的需求反馈的全流程闭环优化，从而降低物流成本，提高物流效率，提升客户体验和满意度。其总体架构如图3-8所示。

图3-8 海尔智慧物流系统总体架构

2．主要功能

海尔智慧物流系统主要有应用服务、平台服务和基础设施服务三部分组成。

（1）智慧物流云计算应用服务

智慧物流云计算应用服务负责为客户、承运商、配送网点、内部员工等不同角色所承担的物流工作提供服务，具体包括：

- 客户门户：客户订单录入、订单查询、费用结算、系统对账、客户合同查看等。
- 承运商门户：承运商合同查看、运单响应和接收、招标竞价响应、车辆调度、运单状态更新、费用结算、移动 APP 等。
- 员工工作门户：基于员工角色及相应权限使用以上提到的各项功能模块。
- 物流终端服务网点操作门户：接收订单、反馈状态、查看管理网点订单库存、费用核算、手持终端的支持（入库、出库扫描）等。

从系统的逻辑结构上来看，这些服务主要由用户接口层、业务逻辑层、数据访问层三部分构成。用户接口层主要部署在 Web Server 上，由用户使用浏览器通过互联网访问；业务逻辑层统一物流业务流程，通过智慧物流平台服务实现不同业务角色的业务逻辑，该层部署在应用服务器上；而数据访问层则位于智慧物流平台的基础设施上，为物流服务提供数据服务。

（2）智慧物流云计算平台服务

智慧物流云计算平台服务抽象出物流服务所需的公共服务，并以模块方式实现，主要包括订单管理模块、计费结算管理模块、在途跟踪模块、运输优化模块、运输执行管理模块、预警管理模块、业务智能分析模块、基础数据管理模块和客户信息管理模块。

订单管理模块提供强大的接口功能，能够与多种社会化客户以及内部系统对接，支持多种订单接入方式，如批量接入、单一接入、实时传递、定时传递等。业务智能分析模块、运输优化模块实现调度管理，支持一级二级分单、运单查询、承运商招标和自动配车。运输执行管理模块实现车辆基础信息管理、订单管理、运输作业管理、GPS 管理、全流程监控以及 KPI 管理。在途监控管理模块支持客户订单查询、订单监控、在途信息管理、客户投诉管理等。计费结算管理提供支持多种供应商资源收付费模式，能够进行利润、成本、收入分析和 KPI 管理，主要功能包括运输费用合同管理、运输附加费管理、发票信息维护、收费计算、付费计算、业务分析、费用核算、人单酬数据分析等。基础数据管理模块是与客户数据对接的通道，可实现外部系统与海尔内部系统的对接与数据交换、加工、处理，同时具有数据库管理功能。客户信息管理模块完成对不同客户的信息管理，以方便联系和业务处理，提高效率。

（3）智慧物流云计算基础设施服务

智慧物流云计算基础设施主要由物流数据中心、物流计算中心和现有 GPS 系统、RFID 识别系统等物流运营系统构成，负责物流数据的持久存储、集中计算和数据识别与采集等。平台充分利用分布式虚拟存储等技术，实现海量数据存储的安全、稳定和可靠；同时深度挖掘物流数据，研究物流优化算法，优化物流服务装配计划和线路，为企业节省资源，提高服务效率。

3．效益分析

通过项目的实施，构建了智慧物流开放系统总体架构，研究并制定第三方物流服务业务开放接口标准；研发融合、开放的智慧物流平台，实现物流服务全程的信息化、自动化、智能化和网络化；并引入第三方物流服务，拓展物流服务的产业链。颠覆传统的运输配送管理，从派工送货变成在线抢单、获取用户资源的智能终端；颠覆仓库的功能，从仓储管理变成 TC 超市，成为物流银行的网点；颠覆物流的业务模式，从传统的第三方物流变成开放的物流平台，建立了物流生态圈。

3.3.2 海澜之家智慧物流系统

1. 案例背景

2014 年底，"海澜之家"品牌门店达 3348 家，比 2013 年增长 15.97%。未来随着门店数量的增加和企业规模的不断发展，仓储物流量将进一步增长。而支撑海澜之家正常运营的则是海澜之家投入巨资建设了一套智慧物流系统，2015 年 10 月，海澜之家为增强物流能力建设，支持业务高速发展，实现智能仓储系统高度信息化和自动化，利用企业已有土地 11.8 万平方米，约合 177 亩，计划建设 6 个智能化仓库，总建筑面积 47.29 万平方米，购置各类设备 2318 台套。项目满负荷运营后将具备 15000 万件/年的物流周转能力。

最初海澜之家物流中心采用平库，手工操作为主。随着公司业务发展，把原来一层的库房改成两层，新建的库房设计成三层。如今，进入偌大的海澜之家物流园区，呈现在眼前的并不是在很多工厂常见的上下货忙碌景象，除了少量扫描人员和叉车工，人气并不"旺"。以存储量达 4000 万件的海澜之家箱装货品高位自动库 10 号仓库为例，只需配备 100 人管理和运行，而同样存储量的平库要配备至少 600 人，也就是说，海澜之家高位库员工数量只有平库的 1/6。

2. 系统简况

海澜之家的智慧物流系统整个处理流程覆盖了 9 号楼和 10 号楼的两座立体仓库（9 号库和 10 号库），16 号楼的拣选区域，17 号楼的挂装区域，21、22、23 号楼的发货区及 18、19、20 号楼的退货区。该立库高 27 米，配备了 30 台堆垛机，274 台托盘输送机，8 台穿梭小车，可提供 73200 个托盘位。

智慧物流系统涵盖了自动仓储、批次拣选、自动分拣、发货、退货处理等功能，整套系统集成了立库、语音拣选、箱式输送线、螺旋输送系统、交叉带分拣和弹出轮式分拣系统。

由于每件衣服都使用唯一的条形码，公司能准确管理每件衣服的存储、配送和销售。智慧物流系统的电商仓库采用了自动称重符合校验系统，可大幅降低发货错误，电商订单发货准确率高达 100%。

3. 作业流程

作为海澜之家唯一的配送中心，物流园几乎没有淡季旺季之分，因为海澜之家承担了供应商的库存管理，不断有货品送到要入库存放。同时海澜之家要按需及时对门店配送补货，进货、出货等各项业务总是以滚动方式不断进行。

（1）入库存储

货物到达后，首先由质检员对货品进行抽检，再进入 9 号和 10 号自动化立库。工作人员从送货纸箱取出商品，逐一扫描商品条码，然后放入海澜之家的标准箱里。为了合理利用空间，收货区设计了空中悬挂线，用于新箱的补充与旧箱回收。

3 条扫描箱操作线共 36 个工位，每天可完成 16 万件扫描换箱量。作业人员随后将纸箱码放在托盘上进行组盘，扫描托盘条码，之后由叉车搬运至自动仓库前段的输送线。

（2）拣选出库

9号库和10号库的托盘货物由堆垛机取出后，统一放入4层出库。货物通过立体库前端的输送线时，作业人员从托盘中取出纸箱，放在箱式输送线上，送至拣选区。

商品出库后，通过倾斜式输送线，在9号和10号仓库的3层利用语音拣选系统进行拆零拣选。中低物量的货物经4层出库后，向16号楼的4~6层补货区补货。

两套3层的交叉带分拣机可以同时处理500家门店的订单，处理能力达到40000件/小时。分拣后的货品进行自动封箱、贴标、裹膜，从包装区域过来的订单货物汇总后，经箱式输送线送至36000平方米的发货大厅。

货物通过弹出轮式分拣机分到各个道口，再装车送至门店。每天有两个发货波次，分别安排在上午和下午。海澜之家准时发货率高达98%，长江流域一带的门店当天即可收到货物，如乌鲁木齐这样偏远的门店则保证5天内到货。

（3）挂装产品

挂装产品在两栋各有7层的挂装自动库里存放和拣选，每层链接有输送线。总库采用悬挂输送系统总容量达到120万件。以23号仓库为例，1层是发货大厅，2层是分拣区域，3~7层是收货区域。挂装自动库共有183条轨道，意味着每个波次可以为183家门店分拣货品。

出库前，挂装服装从衣架上取下放入纸箱，再汇集到发货大厅一起装车运输。自动悬挂仓库配备了空箱输送线和自动裹膜设备。所有出库产品都将汇集到发货大厅，等待发货装车，送往不同区域。这意味着从不同仓库出来的货物需要同一时间到达发货大厅。

（4）退货处理

与其他服装企业批发代理不同，海澜之家对全国门店拥有直接经营管理权。当货物销售接近尾声时，换季货品退回到物流中心调整尺寸和款型，再重新配送到市场上销售。因此，海澜之家的退货处理量要比别的服装企业大。

所有入库退货的货物在18号仓库扫描后更新库存，再放入料箱。退货商品到达19号楼进行质检，确认是否适合二次销售。产品经预分拣后，各类服装按照不同类型如裤装、衬衫和T恤进行分拣暂存，之后在20号楼分拣。

4．应用效果

该智慧物流系统为海澜之家的快速发展提供了强大支撑，产生了多重效应，主要体现在：

- 集成物流系统的货到人模式，大大加快了作业速度，提高了作业效率，原来24小时才能处理完成的配货量，现在只需8小时。
- 自动化立体库的存储量是原来平库的7倍，大大提升空间利用率，减少了仓储用地。
- 批次拣选减少了人工处理量，人力成本节省了60%。高度信息化和自动化的物流系统吸引更高素质的员工加入，整个园区大专、本科学历人员比例大幅增加。

3.3.3 京东智慧物流系统

京东物流已经在智慧物流和智慧供应链的道路上持续探索了整整10年，京东的成功是技术的成功，京东物流网络的核心要素包括仓库、分拣中心、配送站、配送员等几个方面，这个网络由青龙系统来驱动，经过不断的迭代和更新，2016年，青龙系统已升级到6.0，结合京东大数据（京东大脑）、LBS、机器学习、智能硬件、移动互联等技术，京东智慧物流开始大放异彩。

目前，京东已经成为全球唯一拥有中小件、大件、冷链冷藏仓配一体化物流网络的电商企业。截至目前，京东在全国范围内拥有263个大型仓库，已经运营了7个大型智能化物流中心"亚洲一号"，目前京东自营配送覆盖了全国98%的人口，将商品流通成本降低了70%，物流的运营效率提升了两倍以上。京东智慧物流系统主要由配送系统、仓储管理系统、运输管理系统和物流调度系统构成。

1. 京东配送系统

京东物流建立初期，就开始自主研发数据系统，十多年来一直在不断发展完善，京东称之为"青龙物流配送系统"，简称"青龙系统"，这是京东高效物流配送背后的核心支撑。青龙系统让传统的等单送货的工作方式发生了巨大改变，京东可以预测订单，提前调配力量。

（1）211限时达的基石：预分拣子系统

在京东青龙物流配送系统中实现快速配送的核心就是预分拣子系统。预分拣是承接用户下单到仓储生产之间的重要一环，可以说没有预分拣系统，用户的订单就无法完成仓储作业，而预分拣的准确性对运送效率的提升至关重要。

预分拣系统根据收货地址等信息将运单预先分配到正确的站点，分拣现场依据分拣结果将包裹发往指定站点，由站点负责配送。所以预分拣结果的准确性对配送系统至关重要。青龙配送系统在预分拣中采用神经网络、机器学习、搜索引擎技术、地图区域划分进行信息抽取与知识挖掘，并利用大数据分析技术对地址库、关键字库、特殊配置库、GIS地图库等数据进行分析并使用，使订单能够自动分拣，且保证7×24小时的服务，能够满足各类型订单的接入，提供稳定准确的预分拣接口，服务于京东自营和开放平台（POP）的服务。

（2）青龙的龙骨：核心子系统

如果说预分拣系统是京东物流的心脏，那青龙的核心子系统则扮演着龙骨的角色。整个的青龙配送系统由一套复杂的核心子系统搭建而成。在各个环节当中有相应的技术进行配合。

1）终端系统。通常你会看到，京东的快递员手中持有一台PDA一体机，这台一体机实际上是青龙终端系统的组成部分。在分拣中心、配送站都能看到它的身影。据了解，目前京东已经在测试可穿戴的分拣设备，推行可穿戴式的数据采集器，解放分拣人员双手，提高工作效率。此外像配送员APP、自提柜系统也在逐步覆盖，用来完成"最后一公里"物流配送业务的操作、记录、校验、指导、监控等内容，极大地提高了配送员的作业效率。

2）运单系统。这套系统是保证你能够查看到货物运送状态的系统，它既能记录运单的收货地址等基本信息，又能接收来自接货系统、PDA系统的操作记录，实现订单全程跟踪。同时，运单系统对外提供状态、支付方式等查询功能，供结算系统等外部系统调用。

3）质控平台。京东对于物品的品质有着严格的要求，为了避免因为运输造成的损坏，质控平台针对业务系统操作过程中发生的物流损坏等异常信息进行现场汇报收集，由质控人员进行定责。质控系统保证了对配送异常的及时跟踪，同时为降低损耗提供质量保证。

4）GIS系统。也叫作地理信息系统。基于这套系统，青龙系统将其分为企业应用和个人应用两个部分，企业方面利用 GIS 系统可以实现站点规划、车辆调度、GIS 预分拣、北斗应用、配送员路径优化、配送监控、GIS 单量统计等功能，而对于个人来说能够获得 LBS 服务、订单全程可视化、预测送货时间、用户自提、基于 GIS 的 O2O 服务、物联网等诸多有价值的物流服务。通过对 GIS 系统的深度挖掘，使物流的价值进一步地得到扩展。

2. 京东仓储管理系统

京东仓储管理的核心系统名为"WMS5.0 玄武系统"。仓储生产主要包括"验收、上架、拣货、复核、打包、内配、盘点、移库补货"八大环节，库房内这些操作的每个动作都需要借助 WMS 进行管理，京东的玄武系统与青龙系统并称为运营研发部的两大护法神器。如今，京东"玄武系统"已成为一套独具特色的仓储管理系统，下至普通库房的纸单作业，上至自动化立体库作业；从最初的少量订单拣选，到兼容自营与开放业务；从一仓一个版本，到全国统一管理，一步一步走来，京东 WMS 正在逐步走向功能多样化、运行智能化、系统产品化。

而未来的仓储、运输、配送等各环节的运营，将依托 SaaS 化的信息系统，通过组件化的业务应用和智能算法服务，实现动态、实时的调度。

3. 京东大运输系统

TMS 是运输管理系统（Transportation Management System），其运输业务在供应链体系中，将仓库、分拣、终端等各节点连接，从而将所有节点业务串联互通并运转起来，实现运输服务统一化、数据采集智能化、操作流程标准化和跟踪监控透明化，形成完整的物流供应链体系。

通过技术手段实现了运输业务的信息化管理，形成了公司级完整统一的运输管理平台，它将运输运营、车辆调度、地图监控等业务统一管理，实现运输运营数据分析、运营调度管理智能化，从而满足仓储、配送业务的运输运营要求。同时，系统也会提供运输运营开放服务，形成专业的社会化运输共享平台。最终实现京东车辆和社会化车辆、京东内部和社会货源的资源共享大融合。

4. 京东大件物流调度系统

京东大件物流系统由"仓储、配送、安维、售后"四大板块构成，为了解决海量订单及需求的复杂性，京东研发出了"大件物流调度系统"来充当整个大件物流系统的大脑，负责计算派送问题的最佳解决方案。其架构如图 3-9 所示。

图 3-9　京东大件物流调度系统的构成

本章小结

智慧物流系统是智慧交通技术和现代信息技术在物流系统中应用的产物,由智慧思维系统、信息传输系统和智慧执行系统所组成,其目标是实现物流系统在横向和纵向两个方向上的集成,达成物流系统的全局最优化和效益最大化。

按照物流系统的功能要素划分,完整的智慧物流系统包括智慧物流信息子系统、智慧运输子系统、智慧仓储管理子系统、智慧配送子系统、智慧流通加工子系统、智慧包装子系统和智慧装卸搬运子系统。子系统之间相互交融、相互协调、相互配合,实现采购、入库、出库、调拨、装配、运输等环节的精确管理,完成各作业环节间的完美衔接。

在智慧物流系统的实际应用中,各企业都会根据自身特点对智慧物流系统中的子系统进行一定程度的取舍,构建符合企业特点、适应业务需要,能够改善业务流程,提高运作效率的个性化智慧物流系统。

本章练习

一、思考题

1. 什么是智慧物流系统?其与传统物流系统有何区别和联系?
2. 智慧物流系统由哪些部分组成?各部分的功能和作用是什么?
3. 智慧物流系统包括哪些子系统?
4. 海尔集团智慧物流系统的主要功能有哪些?
5. 海尔集团智慧物流系统产生了哪些效益?
6. 简述京东智慧物流系统的构成?

二、讨论题

1. 结合本章 3.3 中所提到的几个实例,试分析各企业在建设智慧物流系统时需要考虑哪些要素?其重要性应该如何排序?
2. 智慧物流系统与智慧物流信息系统是一回事吗?请提出你的观点并说明原因。

三、案例分析

美的集团自 1968 年成立以来一直是国内外家电领导品牌之一。随着互联网、大数据以及物流行业的不断发展,传统的物流管理存在着信息量巨大、数据共享低、安全保障少以及高耗时高成本等问题,无法满足巨幅增加的用户量和快速配送的需求。

地图慧根据美的现状提供了针对性的解决方案:建立一套物流自动分单系统,完成物流自动分单,具备持续改进能力,如地址纠错等功能;建立一套统一的地理信息平台,为美的集团各部门提供统一的地图和地理信息服务;建立一套区划管理平台,方便业务人员绘制/管理网点、自定义绘制/管理配送业务区域。最终将美的 LMS 大物流相关的业务数据,包括网点信息、业务区域、车辆信息、配送路线信息等与电子地图进行无缝整合,结合地理展现和分析技术手段,从地理空间的角度实现业务的一体化管理,以"一张图"的思路管理物流业务,并为网点管理、区划管理、分单配送、车辆管理等提供基础。

地图慧 GIS 物流服务平台为美的集团提供五大功能模块,用以管理物流相关业务及数据。

网点管理——大量数据的自动化解析

将美的自建仓库、网点、第三方中转网点等位置及相关业务信息（仓库面积、使用率、空仓情况、网点订单量等）快速标注在地图上。

支持将已有的网点地址表批量转换为地图上的点，除此之外，对所有使用的POI点进行维护，包含超图POI、道路中心点数据、超图道路中心点数据。POI维护的主要内容包含已有POI数据错误的修正和新增POI的添加及POI的删除。

区划管理——快速进行人员匹配，节省时间

帮助企业将服务对象按地域或业务需求划分成无缝拼接的区域块，让网点、服务用户等信息归纳到网格进行精细化管理。

除基本功能外，还支持道路辅助构建区划面（简化画面操作）、无缝裁切（新画区块与已有区块自动无缝处理）等。

分单管理——智能化分单，提高准确性与工作效率

根据网点和区域块信息，将海量订单（销售、售后、电话中心等）自动匹配到所属的网点或区域块上，实现快速分单。

配送区域除了可以达到省/市/区县级别，还能细化到乡镇/网点区划/标建（POI）等。分单以Web页面的形式，供用户ERP系统自动调用；同时提供分单验证页面，可以查看分单效果。

支持纠错，支持将纠错的地址存在纠错地址库里，在以后的分单中如遇到相同的地址，则直接调用纠错结果，返回正确结果。

行业地图定制——避免信息干扰

使用地图慧专为物流行业定制的物流地图，在地图中突出显示美的集团物流配送中关注或者需要用到的要素。

用户管理——系统的人员管理，提高工作效率

对使用系统的用户进行信息和权限管理的功能，包括权限管理、角色管理、账号管理等。

问题：

1. 根据案例，试分析美的集团管理问题产生的原因。
2. 试分析美的集团物流系统升级后会产生哪些预期效果？

第4章 智慧物流信息平台

学习目标
- 了解智慧物流信息平台的内涵与特征;
- 了解智慧物流信息平台的主要功能;
- 理解智慧物流信息平台的运营模式与主要类型;
- 掌握智慧物流信息平台的体系结构;
- 熟悉智慧物流信息平台的发展与应用情况。

引例

立可链——破解中小企物流需求困局

立可链是由益邦控股集团针对中小企物流需求困局而打造的供应链服务产品,能够使中小企业提升自身物流供应链服务品质,提供灵活的资源配置、经济的计费方式、快捷的业务布网和可视的运营体验等服务。(资料来源:搜狐财经,2018年7月)

扫描二维码
阅读全文

伴随着互联网的发展以及物流信息应用技术的成熟,建设物流信息平台已经成为现代物流业发展的一大趋势。物流信息平台能够有效整合现有企业、园区,甚至物流系统的多种物流信息资源,优化物流行业的运作流程,从而实现社会物流系统整体效益的最大化。物流信息平台的建设,不仅包括相关的网络、硬件和软件,同时也包括由此带来的企业管理和运营模式的变革、平台系列标准的制定,以及其他各种法律法规、管理办法和规范性文件等构成的保障体系。

4.1 智慧物流信息平台概述

物流业已成为世界各国公认的新的经济增长点,现代物流涉及工商企业、物流企业、银行、保险、税务、海关、检验检疫、外贸、交通、信息产业、政府等众多单位与部门,其显著特点是信息集成与先进信息技术的应用,其有效运作离不开物流信息平台的支撑。

4.1.1 智慧物流信息平台的内涵

智慧物流信息平台是一种特殊的跨组织信息系统,是一个面向整个物流系统的、集成化的、智能化的物流信息管理中心,是把物流活动中的各方有机联系起来的一个信息系统支撑体系,是信息和通信技术在跨组织物流运作中的一种应用形态,是物流企业以及相关部门之间进行信息交互的一种公共架构,目的是满足物流系统中各个环节、不同用户、不同层次的信息需求和功能需求，从而改进组织间协调机制，提高物流运作效率。不仅要满足货主、物流企业等对物流过程的查询、设计、监控等直接需求，还要满足他们对来自于政府管理部门、政府职能部门、工商企业等与自身物流过程直接相关的信息需求。

智慧物流信息平台的内涵可以理解为：将先进的计算机处理技术、网络技术、数据通信技术等应用于物流信息系统中，按照既定的规则从不同的子系统提取信息，在平台内部对共用物流数据进行融合、处理和挖掘，为平台不同的使用者提供不同层次的、基于全系统范围的信息服务和辅助决策，以及相关业务服务，满足平台用户对共用物流信息的需求，实现物流信息的采集、处理、组织、存储、发布和共享，以达到整合物流信息资源、降低物流成本和提高物流效率的目标。

与传统的物流信息系统相比，智慧物流信息平台具有以下几个特征。

- 公共性。智慧物流信息平台主要提供基础公共服务，核心是实现物流信息的交换与共享。平台应该充分满足服务对象的功能需求。功能设计要深入智慧物流园区的管理实际，同时界面友好，易于操作，信息标准统一。
- 开放性。智慧物流信息平台不是一个封闭的系统，必须通过接口与其他平台相连接，在平台建设中应充分进行外界信息系统交换的需求分析，保证既能满足功能需要，又具有外界系统进行信息交换与处理的能力。能够向全社会提供服务，不局限于特定行业、特定作业环节和特定服务。
- 共享性。智慧物流信息平台实现不同部门、不同行业、不同地区、不同物流信息系统间信息交换与共享，减少信息孤岛和重复建设。同时，能达到组织物流的各部门及运输、存储、装卸、包装、配送等各个环节的运输过程。

4.1.2 智慧物流信息平台的主要功能

在一般情况下，智慧物流信息平台提供数据交换、信息服务、资源整合、在线交易、物流作业管理、辅助决策、会员服务、金融服务和系统管理九项功能。

数据交换是智慧物流信息平台的核心功能，提供电子数据交换的途径，可灵活地配置数据导入导出的方式，支持 TXT 文本、XML 文本和 EXCEL 等多种文件格式。以便实现电子单证的翻译、转换、通信和存储，完成网上报关、报检、许可证申请、结算、缴（退）税、客户与商家的业务往来等与信息平台连接的用户间的信息交换。

信息服务是智慧物流信息平台的基本功能，也是物流综合信息平台在建设初期的核心功能。信息服务主要表现为对各类物流信息提供录入、组织、维护、发布、查询、交流等服务。如综合公共信息、企业业务交易信息、货物跟踪信息、车辆调度跟踪等信息的查询和检索等。

资源整合功能。一般供应链节点企业的信息系统建设程度不同，相互之间的信息共享程度也不同，而企业之间一定程度的信息的交互对于提高整个供应链的运作效率，降低供应链总成本有着重要的作用。资源整合功能通过系统接口的标准化将异构系统进行整合；通过物流信息化标准，将分散的、不同标准的信息资源进行整合；根据一定的标准提供开放式的物流应用系统，整合中小物流企业的信息资源。

在线交易功能为供需双方提供一个虚拟的交易平台，有利于规范市场运作，整合物流资源，并可确保 B2B 和 B2C 在 Web 上的安全协作。在线交易的主要功能有网上报价、网上下单、网上交易、网上配载、信息外包和项目招标等，实现网上购物、电视购物与城市配送的有机结合。

物流作业管理功能。智慧物流信息平台不仅为各类物流信息提供共享接口，而且是配套管理系统。可对企业内部、外部资源进行计划与管理，并能面向企业供应链的全过程。物流管理功能包括库存控制、国际贸易物流管理、运输工具管理、财务管理等。物流综合信息平台必须面对客户的需求快速构建和集成端对端的物流管理功能，例如总成本计算模式和承运商的自动选择。

辅助决策功能。利用智慧物流信息平台积累的全面、长期的数据，通过建立物流业务的数学模型，对历史数据进行分析、挖掘，为用户在预测、规划、方案评估等方面提供决策支持。辅助决策支持功能包括全局或局部物流优化、各级客户地理分析、运输能力模型分析、交通物流资源优化、配送中心能力分析、配送网络方案分析、门到门服务分析优化、联运优化方案分析、代理网点设置优化、物流仿真分析模型、仓储能力分析、仓库选址模型、中转仓库优化方案等。

会员服务功能。为注册会员提供个性化服务，主要包括会员单证管理、会员的货物状态和位置跟踪、交易跟踪、交易统计、会员资信评估等。

金融服务功能。在相关法律法规的建立和网络安全技术的进一步完善后，可通过物流信息平台让网络实现金融服务。在此类业务中，信息平台起一个信息传递的作用。

系统管理功能。对整个智慧物流信息平台的数据进行管理，包括用户管理、角色管理、权限管理、用户登录管理、用户密码管理、安全管理和数据库管理等。系统安全管理主要包括数据加密和数字签名（有效性确认）；数据管理包括数据备份、数据恢复和导出历史数据。

4.1.3 智慧物流信息平台的运营模式

智慧物流信息平台的运营模式主要包括政府主导型、市场主导型和产学研一体化三种类型。

1. 政府主导型

典型的政府主导型平台是交通运输部筹建的物流公共信息平台。2013 年 11 月，交通运输部印发交通运输物流公共信息平台建设纲要等三个文件。国家交通运输物流公共信息平台由交通运输部和浙江省人民政府牵头成立，各地交通运输厅（局）也纷纷建设本省物流公共信息平台，如浙江平台、内蒙古平台、福建平台、黑龙江平台、山东平台等。

2. 市场主导型

市场主导型平台目前有两种典型做法。一种是大型电子商务运营企业扩展服务链条，延伸建设的物流公共信息平台，如菜鸟物流，该物流公共信息平台着力打造全国性物流数据交换平台，实现与各物流公司信息系统对接，打造物流数据形成的"天网"，各物流公司现有配送网络的"地网"。其成功基础在于抓住市场终端，大量消费者通过 B2B（阿里平台）、B2C（天猫平台）、C2C（淘宝平台）购物，物流商愿意将物流信息提供给菜鸟物流网络。另一种是以第四方物流商为定位做精、做深物流公共信息平台，如传化物流。其成功基础在于全国布点物流园区，早期从传统物流所积累的车源、货源信息，以及集约化、专业化管理经验，有较深厚的线下积累，再通过物流信息平台线上构建，解决物流企业各自为战、运营成本高、车辆空驶率高的问题，缩短配货时间、减少空驶、缓解交通拥堵和整合物流资源。

相对于政府主导型平台，市场主导型平台具有良好的市场基础，其主要问题在于开发市场需要的物流信息产品不够。目前，平台主要提供车货配载、物流跟踪等服务，一定程度上解决了物流信息对接问题，但整个物流产业链尚未形成，货物运输本身只是物流产业链的一个环节，而信任机制、支付机制、物流金融、物流大数据分析等环节还缺乏有效产品支持，实现盈利还需时日。

3．产学研一体化

这种模式一般以一个第三方中立机构（如高等院校、物流行业协会）为主导。如湖南省物流公共信息平台，将商业运营和公益性职能有机结合构建数据集成平台，实现与外部数据对接，拥有综合配货系统、定位系统、仓储系统、门户建站等产品。

产学研一体化平台的主要问题是资本实力不强，体制机制理顺比较困难，产品在市场上推广速度较缓，后劲不足。由于平台本身不直接经营物流或电子商务业务，与供应链业务链接难以贯通。

4.1.4 智慧物流信息平台的主要类型

从 20 世纪初的全国货运配载网络华夏交通在线、960 纵横、科利华到今天的八挂来网、上海陆上货运交易所或者国家平台 1+32NX 的模式，智慧物流信息平台建设引起社会各方的广泛探讨。目前，主要划分为交易信息服务型、依托园区节点型、产品服务型、加盟型和物流一体化公共平台等五种。

1．交易信息服务型公共平台

交易信息服务型平台是以国内 20 世纪 90 年代末出现的货运配载信息中心为雏形，将原先通过电话、寻呼机、传真等方式传递信息放在了互联网上面，基本盈利模式仍然是收取货代（货主、司机）的会员费，然后将完整的信息传送给信息需求方。目前具有代表性的平台是八挂来网、锦程物流网、物流汇、中国物讯网、好多车等。

交易信息服务型公共平台的投资运营方一般为网络信息企业，采用会员制管理。会员多为中介机构和货代，个别服务于货源方（货主）、车源方（司机、物流公司）。平台不承担信息的有效性，撮合交易但不保证交易的成功，对于信息所造成的后果平台也不承担任何责任。车货双方线下谈判、交易。平台只是信息发布的场所，不承担信息造成任何法律后果。

交易信息服务型公共平台的主要功能包括：发布车货配载信息为核心功能，会员可以将车源和货源信息发布，也能够查找自己所需要信息；发布物流行业政策信息、行业动态信息；企业宣传，企业黄页，刊登企业广告，提升企业知名度。其盈利模式主要有三种：第一种是通过会员制收取会费盈利，为注册会员有偿提供车货配载信息；第二种是广告费，即部分运输企业、物流设备制造企业、物流管理软件企业等，在网站上面刊登宣传企业的广告，网站收取广告费；第三种为代办费，即帮助会员代办车辆审验、保险、贷款等事项，收取一定服务费。

2．园区节点型公共平台

该类平台依托物流园区、货运场站建立公共信息平台，服务于入驻园区站场内的专线业户和司机，服务对象成为平台会员。平台为会员提供车货信息、停车信息、专线信息、招标信息、信用信息等,甚至一些园区平台能够为会员提供专属定制信息。平台虽然收取一定的会员费,但一般线上信息服务几乎很难盈利,而主要依靠园区内的各类配套服务盈利。代表性的平台有林安物流网、传化物流公路港。

该类平台投资方为物流园区管理企业,由园区管理企业或专门成立的运营公司负责运营。入驻园区的专线业户、司机成为平台会员,办理园区一卡通,进入园区刷卡,一卡通记录会员在园区内的活动并传送到平台中。会员基本信息和定制信息存储在平台服务器中,会员将平台 APP 客户端装在手机中,平台会根据会员定制信息推送所需信息。平台保证信息的真实有效性,会员在园区内成交信息将被记录,根据车货双方评价作为其信用记录。

其基本功能包括:车货速配呼叫中心,通过信息定制或 400 电话,定制所需信息,平台将快速响应。信息查询,车源信息、货源信息、专线信息、信用信息、招标信息、价格信息、物流资讯等信息查询,满足不同会员的需求,提供真实有效的信息资源。信息发布,会员发布车源信息、货源信息、交易评价信息等。平台通过信息处理、核实,主要发布信用信息、企业宣传信息、专线信息、价格信息、物流资讯等。部分园区还提供保险、金融等增值服务。

依托园区的公共信息平台,将入驻园区的业户纳入平台管理中,成为平台会员。由于园区具有封闭性,降低了管理难度,能够保证信息的有效性。同时,通过交易双方评价系统,能够将虚假信息、违规承运人和发货人等曝光,加大了市场中不良主体的信用成本,保证了平台信息的真实性。目前看依托园区的公共信息平台,为提升园区服务水平,需要投入大量的人力、财力,单纯依靠平台自身难以盈利,但是平台良好的信息服务,提升了园区的服务水平,增加了入驻者的黏性,园区通过提供其他配套服务获得盈利。林安物流园区创造的园区+平台的"林安模式",就是园区公共信息平台管理的典范。

3. 产品服务型公共平台

该类平台依托信息化产品服务,将制造商贸企业、物流公司、司机联系起来,制造商贸企业通过平台呼叫中心快速寻找车源,平台车联网系统将需求信息传输到最近的物流公司和司机,实现车货对接。平台集合了大量制造商贸企业作为货源方,另一端整合大量运力资源。平台提供在线支付、网上投保、在途跟踪、可视化监控等综合服务,实质上是第四方物流。代表平台有路歌、汇通天下、易流等。

平台投资运营方一般是以生产信息化产品(软件与硬件)为主业的企业。其功能为:通过货运物流信息化产品,为物流需求和供给双方提供专业化的信息服务和管理服务,提升物流企业的运作效率、降低物流成本。以路歌物流交易平台为例,该平台提供了管车宝、途视宝和好运宝三大产品,连接了经诚信认证和安全认证的车辆、制造企业 ERP、路歌运输管理系统、第三方物流公司,实现了综合服务功能的 TMS 系统。

其盈利模式为:销售软件和硬件产品盈利,包括物流管理软件、车货跟踪软件及设备、GPS 设备、车联网设备等;系统维护收费,包括系统升级收费、系统售后服务收费(维修费、配件更换费用、软件调试费等);信息服务收费,为物流、司机推送货源信息的收费;数据流量费,制造商贸企业在途监控货物运行产生的数据流量,收取数据流量费。

该类平台模式,通过一系列软件系统产品一端整合货源,一端整合物流资源,实现物流服务供需双方的对接,减少了交易环节,节约了物流成本,平台实质是虚拟的第四方物流。平台的盈利点较多,既有销售软件和硬件的盈利,还有后期售后服务的盈利,以及数据流量费用（与电信部门分成），能够为平台运营持续提供盈利。该模式是传统车货配载信息交易的升级，通过运用先进互联网技术，将物流服务供需双方直接联系起来，根据客户需求提供综合性运输服务，大大提升了客户体验，互联网与货运业结合的先进模式。

4．联盟型公共平台

该类平台依托信息平台"天网"和枢纽节点"地网"，平台核心企业是平台的投资方和运营方，平台统一品牌、统一管理、统一标准，采用加盟制吸纳社会专线和运力资源，开展网络化运输，是紧密型的物流联盟企业。平台采用的信息系统与"产品服务性公共平台"基本一样，但是弱化了软件产品功能，平台提供统一的运输产品服务，从而强化运输产品，能够为社会提供标准化的、一站式的运输服务。代表平台有卡行天下、安能物流、天地汇等。

其投资运营方为平台核心企业。其经营理念为信息化、产品化、标准化。信息化是指平台提供统一的智能信息系统，统一结算体系，打通各个运输成员的信息流与资金流。让运输服务在线上实现全程可视化，让平台成员之间协同完成的服务结算更便捷，更是提高了发货客户的体验。产品化是指平台与成员打造的服务产品"直通车"，例如德邦的"卡航"，天地华宇"定日达"，同等的服务标准，整合资源的价格更具优势。标准化是指平台统一的服务标准，在每个节点量化后，导入信息系统自动执行跟踪统计并作为考核依据，这个手段不但使平台监控中心能及时发现异常进行处理，也保障了整体运输服务的质量。

其收入来源为加盟费收入、管理费收入、增值服务收入、其他收入。加盟费收入是指加盟平台需要在加盟合同期内一次性收取加盟费，包括品牌使用费、履约保证金、品牌管理费等。管理费收入是指成员加入平台后，平台依据成员完成运输业务收入按照一定比例收取平台管理费和系统使用费。平台管理和系统使用费保证平台日常运营，费率设定较低，对物流专线的经营成本没有影响。增值服务收入是指保险代理费、金融服务费、代收货款服务费。其他收入是指广告费，枢纽内的门面租赁费、装卸费、包装费、仓储费等。

该模式是"产品服务性公共平台"的升级版，实现了"天网"+"地网"的双覆盖，对运输线路和运力资源的管控更为有力，随着平台管理更为复杂，平台需要设立专门的管理机构和枢纽分支机构，对总平台和枢纽进行管理。平台管控能力强于前者，通过成员加盟的形式，建立管控体系，淘汰不合格成员，保证产品服务的质量。平台盈利点也较多，收益主要来自管理费与增值服务费。双网模式使得平台建设的投资强度更大，面临风险也更大。该模式实现了货运的品牌化、网络化和规模化，代表了未来公路货运的一个发展方向。

5．物流一体化公共平台

物流一体化公共平台包含两个层次：电子商务平台+物流平台，二者深度融合，为采购经理人提供一站式服务；企业 ERP+第四方物流平台，供应链深度融合全程可视化，为企业提供一站式服务。阿里物流是目前电子商务平台+物流平台的代表，中国智能骨干网是未来实现供应链+电子商务+物流一体化的综合公共平台。

阿里物流由阿里巴巴投资运营，其主要业务包括线路查询、物流企业查询、运费查询、网点查询和物流跟踪等，其收入来源主要为会员费和广告费。阿里物流是电子商务平台+物流平台的雏形，两个平台实现对接，关键的交易功能没有整合，即商品交易和物流交易是分离的，未来发展是两种交易能够实现"合二为一"，采购经理人购买商品的价格包含了物流费用，商品购买和物流服务实现"一笔付费、一站式运达"。

中国智能骨干网的目标和定位可以概括为实现一个战略目标，突出两个战略重点，构建三个支撑体系（简称"123 战略"）。一个战略目标指持续改善电商用户体验，全面提升电商用户满意度；两个战略重点为提升物流服务品质和降低物流服务成本；三个支撑体系包括构建衔接顺畅的物流仓储网络体系、互联互通的物流信息体系和优质高效的物流运营服务体系等。中国智能骨干网将在全国 130 个城市建设满足电子商务物流需求特点的仓储物流设施，形成三级电商物流仓储节点网络体系，作为覆盖全国的电商交易商品储运中心、物流过程管理监控中心、物流环节衔接转换中心和电商客户商品体验中心，最终建设成为能够支撑单日 1 亿单、高峰日达到 2 亿单物流订单处理能力的物联网仓储信息数据平台。其收入来源为仓储收入、物流综合服务收入、信息服务收入。仓储收入，仓库出租给合作电商作为货品周转仓库，也出租给联盟物流企业作为快件分拣和周转仓库。物流装卸和分拣设备作为仓库承租者使用仓储服务的配套设备租用。物流综合服务收入，包括快件包裹的装卸搬运和分拣包装工作，向电商收取的费用。信息服务收入，云平台服务模式是联盟企业通过租用云平台服务器及获取服务器信息，云平台向联盟企业收取信息服务费用。

4.2 智慧物流信息平台体系结构

结合物流行业发展战略与信息化建设需求、物流基本要素、物流企业核心业务等，体现综合化、信息化、协同化的智慧物流，完整的智慧物流信息平台一般包括运输管理、仓储监管、配送管理、物流金融服务、安全管理与应急保障和大数据应用系统。通过智慧物流信息平台，能够实现各应用系统的互联互通与信息共享，实现服务区域内的产业协同联动，从而降低成本，提高业务运营效率与管理水平，实现业务管控集中化、一体化、规范化、可视化与智能化的信息服务。智慧物流信息平台框架如图 4-1 所示。

4.2.1 运输管理系统

运输管理系统就是利用现代信息技术，实现对运输计划、运输工具、运送人员及运输过程的跟踪、调度指挥等管理业务的有效管理，解决智能化综合运输的问题。旨在将时间效率、便捷性、个性化需求作为衡量标准，综合各种运输方式的互补和相互促进作用，实现整个运输系统高效运转；同时能够协调各种运输方式之间的关系，进一步提高运输能力、运输速度和经济效益。

运输管理系统主要完成对运输工具和运送过程的管理，有利于提高物流运输的服务水平，在运输业务的智能管理方面，能够有效降低运输管理成本，提高运输过程中的服务质量，保障车辆和货品的安全并为决策支持系统提供相关依据；在保障运输体系的高效运转方面，能够实时掌控车辆、人员以及运输任务的完成情况，合理分配任务资源，减少在运输任务密集时间内车辆、人员和车队的空置现象，高效完成运输任务，提升车辆有效运载里程；在实现社会车辆的运力整合方面，能够提升车队、车辆的管理效率，降低管理成本，借助信息化手段和智能化管理方法，提高业务水平。

运输管理系统涵盖物流企业运输相关核心业务，是提高企业综合能力，降低运输成本，发掘经济增长的重要环节和切入点，运输管理系统主要包括基础信息管理、运输计划管理、车辆调度管理、动态实时跟踪管理、车辆状态及安全管理、订单管理、财务和绩效管理、统计与分析管理等子系统。运输管理系统主要功能架构如图4-2所示。

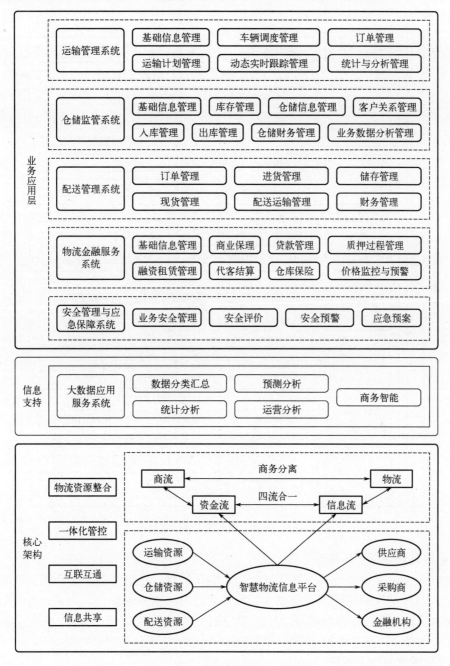

图 4-1 智慧物流信息平台框架

1. 基础信息管理子系统

基础信息管理子系统包括系统用户管理、车辆信息管理、货物信息管理、运输人员信

59

息管理、客户信息管理、用户反馈信息管理等功能模块。旨在通过对业务往来企业、车辆以及用户反馈信息的组织管理，在计划编制和运输以及信息在各部门流通、传递的过程中提供支撑和方便。

图 4-2　运输管理系统主要功能架构

2. 运输计划管理子系统

运输计划管理子系统包括车辆管理计划、装车计划、运输计划、车辆调度计划、运输量计划、人员分配计划等相应功能模块。旨在通过对运输需求整合、分类、再分配，对车辆、人员和运输业务进行初步规划，再制订相应计划，指导车辆调度作业，在很大程度上提高运输作业的效率，更好地指导车辆调度工作，保障运输任务的顺利完成。

3. 车辆调度管理子系统

车辆调度管理子系统包括行车指导、运输车辆选择、车辆应急调度管理、司机信息管理、车辆安全与维护等功能模块。即根据运输任务和运输计划，通过有效的调度管理，使自有车辆和社会车辆形成一个有机整体，最大限度地发挥运输潜力，并同时根据掌握的货物流量、流向、季节性变化等情况，针对运输计划，全面细致地安排车辆运输任务，保证安全、高效、快速地完成运输任务。

4．动态实时跟踪管理子系统

动态实时跟踪管理子系统包括货物和车辆实时跟踪管理、运输监控管理、货物与车辆在途状态查询、运输通信管理等功能模块。旨在通过动态实时跟踪管理对在途车辆及其信息进行管理，反馈车辆状态和货物运输状态，对在途车辆、车载终端、运输人员等设施设备和运输货物位置、运抵时间、货物状态等进行管理和控制，实现和车辆调度的完美衔接，使运输信息传递形成完整闭环。

5．车辆状态及安全管理子系统

车辆状态及安全管理子系统包括车辆信息管理、车辆信息跟踪、车辆状态查询、车辆安全预警、车辆安全应急处理六个模块。旨在对车辆状态等进行管理，反馈得到车辆是否在维修、是否到达检修时限、车辆状态评估结果等信息，并且在车辆状态不合格时进行安全预警。

6．订单管理子系统

订单管理子系统包括订单生成管理、订单状态管理、订单审核管理、单证实时查询四个模块，旨在将实际运输业务订单产生、发展、建立、确认、完成、信息储存的全过程信息化处理，同时实现运输业务数据流程的完整性。

7．财务和绩效管理子系统

财务和绩效管理子系统主要是对运输成本进行核算，对运输人员以及驾驶员进行绩效考核和分配，实现了对运输价格的掌握，辅助于绩效管理，有利于实现企业经营目标，产生良好的激励效应和对公司内业务的良好管控，实现领导层对经营事务的把握和对经营决策的选择。

8．统计与分析管理子系统

统计与分析管理子系统包括运输量统计分析、运输日志管理、行车记录管理、财务指标统计分析、核心指标统计分析五个模块。旨在通过对日常产生的各类数据进行读取、分类、分析和计算等环节，辅助支持公司决策，同时为提供物流服务的企业提供咨询建议。

4.2.2 仓储监管系统

仓储监管系统集库存管理、货物进出库管理、客户统计等功能于一体，并充分运用数据仓库、数据共享、数据挖掘等大数据技术和智能化技术。这一系统可以提高仓储作业的效率，降低仓库运营成本，实现业务流程的透明化和可视化，确保信息的高效处理、有效利用和及时共享，并能运用智能终端、信息平台等仓储的运作情况进行实时统计和数据分析，形成相应的仓储产品指数，对仓储企业及上下游企业业务的合理运行进行监管。

仓储监管系统作为物流信息的信息枢纽，是控制库存，降低库存成本，提高经济效益的关键一环。为确保仓储管理业务的顺利开展，仓储监管系统应基于上下游企业的需求进行有效的库存管理，并根据配送需求进行高效的出入库作业，还应能够为供应链上各节点企业提供决策支持信息。仓储监管系统主要包括基础信息管理、入库管理、库存管理、出库管理、仓储信息监控管理、仓储财务管理、客户关系管理、业务数据分析管理八个子系统。仓储监管系统主要功能架构如图 4-3 所示。

图 4-3　仓储监管系统主要功能架构

1. 基础信息管理子系统

基础信息管理子系统主要包括四个功能模块，分别为权限设置管理、用户信息管理、库存信息管理和货物信息管理。主要用于对仓储监管系统中的基础信息进行管理和统计，对各类系统用户提供系统权限管理等。这一系统中所包含的信息将贯穿整个仓储监管系统，是货物入库管理、库存内部管理、出库管理和数据分析等具体业务的基础。

2. 入库管理子系统

入库管理子系统的具体功能包括货物检验、仓位分配、入库作业、入库查询四个模块。主要用于对货物入库的前期准备工作和入库作业工作进行管理和记录。由工作人员根据货物采购单确定货物准确无误，再由系统根据货物的种类、货物特性、保管方法等统筹分配相应的仓位、入库时间和入库操作人员，以达到入库流程标准化、信息化的目的。

3. 库存管理子系统

库存管理子系统主要包括货物查询、库存调拨、货物盘点、仓位信息查询四个功能模块。主要用于对在库货物的管理和查询，即通过货物盘点功能可以实时追踪仓库中货物的库存情况，为用户提供最新的货物库存信息，实现多仓库之间的货物调拨，以适应多品种货物和多仓库环境的监管要求，实现在库货物的有效管理。

4. 出库管理子系统

出库管理子系统包括出库准备、拣货备货、货物检验、生成出库单四个功能模块。主要用于对货物出库前的准备工作和出库作业工作进行管理和记录。根据客户所需要的货物名称和数量，由工作人员对货物进行检验，以确定库存足够，由系统根据货物的出货时间、出货种类等，统筹安排备货和货物出库，并生成相应的出库单据。以达到提高出库效率，改善服务水平，实现出库作业流程的标准化和信息化的目的。

5. 仓储信息监控管理子系统

仓储信息监控管理子系统分为货物基础信息、货物状态信息、设备状态信息、业务流程信息、库存预警、作业环境监控六个功能模块。主要用于实现各种仓储信息的初步处理、展示和查询，且对仓库监管系统等其他子系统中的数据进行分类处理和实时更新，以达到全方位监控货物在库、运输、移库等过程，提高仓储服务水平的目的。

6. 仓储财务管理子系统

仓储财务管理子系统包括费用结算、采购管理、销售管理、结算管理和财务信息检索五个功能模块。主要根据相关法规制度，对仓库的仓储成本（仓储费用、吊装费用、转户、库存调拨费用、装卸费用等）、租赁费用等相关费用标准和企业的采购、销售需求等相关数据进行统计和计算，并按照财务管理的原则组织企业财务活动、处理财务关系，对结算情况进行分析，生成相关财务报表与业务运行统计图，以实现仓储企业财务信息的自动化管理目的，为决策提供支持。

7. 客户关系管理子系统

客户关系管理子系统包括客户资料、仓储报价、收款明细、合同管理、到货提醒与欠款提醒六个功能模块。主要通过客户关系数据库对客户的历史业务数据进行统计分析和客户评价，以实现分析客户需求，提供个性化服务，改善服务质量，为决策提供支持等作用。

8. 业务数据分析管理子系统

业务数据分析管理子系统包括联机登录、容积计算、损毁登记、状态报告四个功能模块。结合数据仓库、数据挖掘与数据分析等大数据技术和智能化技术，对仓储监管中的所有数据进行系统化分析，将库房利用率、设备利用率、中转率、货物进出量、仓储收入等信息数据以报表、图表等形式反馈给系统操作人员，着重改善仓储业务服务水平，提高仓库利用率。

4.2.3 配送管理系统

配送管理系统是对订单处理、备货、储存、拣货、配货、送货等作业过程中的信息进行分析和处理的信息管理系统。配送管理系统通过多种信息化技术手段，围绕配送一体化管理，借助于系统的统计和分析功能，以提高配送综合效益为目标，实现配送的集约化、信息化、智能化管理，从而达到对不同商品或货品配送过程降本增效的目的。系统主要由订单管理、进货管理、储存管理、理货管理、配送运输管理、财务管理六个子系统构成。配送管理系统的主要功能架构如图4-4所示。

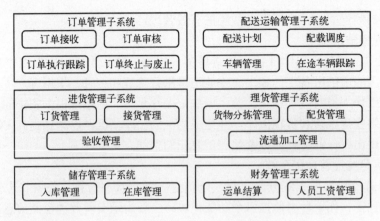

图 4-4 配送管理系统主要功能架构

1. 订单管理子系统

订单管理子系统包括客户订单的接收、审核、执行跟踪、终止与废止等功能，为客户提供周到的服务，尽量满足客户的需要。订单接收是接收客户订单，对订单信息进行登记，包括客户信息、需求单位的信息等。根据订单信息，对客户分布、商品性质、品种数量及送货频率等资料进行分析，以此确定所需配送的货物的种类、规格、数量和配送时间等，并进行信息入库，及时制定补货计划等。订单审核对订单的有效性进行审核，如有订单不符合规范，则进行修改或拒收。订单执行跟踪是对订单的执行情况进行跟踪，及时掌握订单处理状态。

2. 进货管理子系统

进货管理子系统是配送的准备工作或基础工作，进货工作包括筹集货源、订货及有关的质量检查、交接等。进货管理主要包括订货管理、接货管理和验收管理。配送中心首先根据客户订购的商品种类和数量以及库存水平及时向供应商订货或补货。也可以根据客户需求预测情况，提前向供应商订货。确定适合的商品订货数量，既能满足客户需求，又要尽可能降低库存积压。然后对不同供应商的供货时间、地点、商品种类、数量等进行跟踪管理，根据这些信息提前安排人力、物力接收货物。最后，根据合同条款要求和有关质量标准，对商品的种类、规格、数量、质量、包装等内容进行验收。商品验收合格后，办理有关登账、录入信息及货物入库手续，组织货物入库。

3. 储存管理子系统

储存管理子系统主要包括入库管理和在库管理。入库管理包括预定入库数据处理和实际入库数量处理。预定入库数据处理主要指根据采购单上的预定入库日期、货物种类及数量，供应商预先通知的到货日期、货物种类及数量，定期打印出预定入库数据报表。实际入库数据处理主要包括根据采购单号、厂商名称、货物基本信息等，完成入库货物验收信息的记录及验收中意外情况的处理记录，制定入库月台及卸货地点安排表。在库管理主要包括货物分类分级管理、订购批量及订购时间的确定、库存跟踪管理、盘点管理和预警管理。货物分类分组管理就是按货物类别统计其库存量，并按库存量排序和分类。订购批量及订购时点的确定是指根据货物名称、单价、现有库存信息、采购提前期及配送成本等数据计算确定订购批量及订购时点。库存跟踪管理主要是从现有的数据库中调用现有库存的储存位置、储存区域及分布状况等信息，生成货物库存量查询报表、货位查询报表、积压存货报表等。盘点管理主要包括定期打印各类货物盘点计划表、输入盘点数据、打印盘盈盘亏报表、库存损失率分析报表等。预警管理是对商品库存数量、保质保鲜、滞销畅销情况等进行预警处理。

4. 理货管理子系统

理货管理子系统包括货物分拣管理、配货管理和流通加工管理。分拣管理是针对顾客的订单要求和配送计划，配送中心迅速、准确地将商品从其储位拣取出来按照一定的方式进行分类集中、合理规划与管理分拣，有利于配送中心作业效率提高和降低作业成本。为了充分利用运输车辆的容积和载重能力，提高运输效率，可以将不同用户的货物组合配装在同一辆载货车上，因此，在出货之前还需完成组配或装载作业。有效的混载与配装，不但能降低送货成本，而且可减少交通流量，改变交通拥挤状况。流通加工管理主要包括根据客户的订单内容及拣货与流通加工资源信息，制定拣货规划、流通加工规划，记录拣货人员或流通加工人员的实际工作情况，制作并打印实际工作报表等。

5. 配送运输管理子系统

配送运输管理子系统主要包括配送计划、配载调度、车辆管理和在途车辆跟踪。配送计划主要是明确客户的配送物资品类、规格、包装形式、运量和发运时间以后，制定相应的计划，包括配送时间、装载方式、车型选择和车辆安排等。配载调度是指根据运力资源的实际情况，对配送运输作业任务进行调度安排，生成相应的运输作业指令和任务，具体指根据货物的重量、体积、目的地、车辆情况、驾驶员情况及线路情况，制定出车辆、货物和路径的最优组合。配载调度模块包括线路选择、装载规则及车辆调度三个功能。车辆管理主要包括车辆业绩统计、车辆档案管理、车辆保养、车辆消耗、路线管理、车辆维修管理等功能。在途车辆的跟踪，可以通过卫星定位系统对车辆在途状况进行监控，及时了解并记录车辆位置和状况，如正常行驶、故障、中途卸货、扣留等。通过在途车辆跟踪，可以查询任意指定订单的车辆在途情况。

6. 财务管理子系统

财务管理子系统包括运单结算、人员工资管理。对完成的运单进行结算处理。货物出库后，配送中心根据出货数据制作应收账单，并将账单转入会计部门，当客户收到货物，订单任务完成进行结算；对配送各环节的人员工作情况进行统计，财务会计部门在向员工支付工资时，必须出具工资明细清单。

4.2.4 物流金融服务系统

随着我国经济的调整发展和政策的逐步开放，物流金融逐渐成为经济发展的重要一环，特别是在物流业发展迅猛的今天，物流金融已经形成巨大的市场需求。物流金融服务系统是根据物流金融业务需求，针对相应的物流金融业务，结合金融机构实时监管的需要，提供各类基础信息、银行贷款信息、投保信息、质押过程信息等管理，并对质押物品的价格进行实时监控的信息管理系统。

物流金融服务系统可以保证物流、信息流、资金流在物流企业、金融机构、融资企业之间无障碍流转和共享，改善信息共享水平；可以对物流金融业务从立项开始到项目结束所有的合同、票据、贷款发放、资金流向、质押过程、保障等信息进行全程追踪，以保证监管方、银行、生产商、经销商等多方利益，提高风险管理水平；最终提高物流金融业务运转效率，提高自身的盈利能力和管理水平，拓宽中小型企业的融资渠道，提高金融机构的竞争力,实现供应链服务水平的提升。

物流金融服务系统主要包括基础信息管理子系统、融资租赁管理子系统、商业保理管理子系统、代客结算管理子系统、贷款管理子系统、仓储保险子系统、质押过程管理子系统、价格监控与智能预警子系统和统计分析子系统等。其主要功能架构如图4-5所示。

图 4-5　物流金融服务系统主要功能架构

1. 基础信息管理子系统

基础信息管理子系统包括申贷机构基础信息管理、金融机构基础信息管理、质押物基础信息管理以及票据信息管理。实现了对各种信息的查询、修改、添加和报表生成等,是对基础业务信息的集成化、标准化管理,为业务的开展和数据分析提供了数据基础。

2. 融资租赁管理子系统

融资租赁管理子系统包括审查信息管理、租前信息管理、租后信息管理和合同管理。主要用于车辆售后回租业务。实现了对车辆售后回租的各个环节的信息化管理与控制,并对租赁客户、担保人、供应商的租赁信息和车况、还款信息和产权转移等流程进行可视化管理,以提升融资租赁的效率和管理水平。

3. 商业保理管理子系统

商业保理管理子系统具体功能包括账款管理、账款催收、信用管理和合同管理。通过建立商业保理管理子系统可以实现对商业保理中的账款催收、账款转移、信用管理、合同管理等管理过程实行信息化管控,从而减少坏账,提高商业保理的业务水平和质量。也可以实现前期风险管控、明确关键时间节点、对账款进行全程追踪,进而提高业务运作水平。

4. 代客结算管理子系统

代客结算管理子系统包括代收货款、垫付货款、沉淀资金管理和合同管理。实现了代收货款、垫付货款等流程的标准化管理和对沉淀资金的流向进行全程监控，从而为客户提供优质、高效的代客结算业务，降低客户的资金交易风险，保障资金安全，并利用沉淀资金周转带来的效益实现供应链整体效益的提高。

5．贷款管理子系统

贷款管理子系统具体功能包括贷款申请管理、贷款审核管理、贷款发放管理、贷后信息管理和贷款明细管理。实现了对贷款的申请、审核、发放以及贷款跟踪检查等环节的管理，使得各环节及相关业务数据的管理规范化、高效率，从而准确评估每笔贷款的实际价值和风险程度，追踪贷款的流量流向，降低贷款风险，提高贷款质量，增加信贷收益。

6．仓储保险子系统

仓储保险子系统包括保单信息管理、投保管理和理赔信息管理。实现对保单、投保、退保、理赔过程的查询和管理，确保业务运营风险可控，降低风险事件带来的损失。同时，可以通过这一子系统销售相关仓储保险产品，为客户提供全方位的服务。

7．质押过程管理子系统

质押过程管理子系统包括质押审核、巡查管理、解押管理和保全管理。实现对质押过程中货物的审查、管理、解押、保全等业务环节的数字化、智能化管理，从而减少货物在库过程中的损失，提高质押水平，以确保仓单质押业务稳健、高效开展。

8．价格监控与智能预警子系统

价格监控与智能预警子系统包括价格监控、价格预测和智能预警。实现了对质押物品市场情况和商业价格的实时监控与智能预警，提高业务风险掌控能力，减少因市场波动而造成的损失，进而保障贷款机构与申贷机构的商业利益，并为数据分析提供数据基础。

9．统计分析子系统

统计分析子系统包括业务分析、市场分析和报表生成。通过对物流金融业务的活动情况和资料进行收集、整理，并结合企业发展需求和业务开展情况对数据进行相应分析，再以报表、文档的形式反馈给用户，帮助企业分析物流金融业务运转水平、了解市场和客户需求，从而改善自身服务水平。

4.2.5 安全管理与应急保障系统

随着互联网和大数据时代的到来，自然和社会等各方面风险、矛盾交织并存，信息安全越来越得到重视，同时在运输管理、仓储管理、配送管理及其他增值服务等的日常业务中，安全及应急保障是企业必须要注重的方面。需要有一个相对完善的安全管理体系，在出现突发情况时，能够快速启动应急流程，依据相关应急预案以最快的速度进行处理，将损失降到最低，切实保障智慧物流信息平台的安全性和可控性。

安全管理与应急保障系统可以为综合运输、仓储监管、集约配送等业务制订安全有效的处理办法，保障各项业务的顺利开展，是能够成为保障企业正常运作的重要系统支撑和保障手段；同时，当遇到突发情况时，系统将快速接收突发事件的相关信息，并及时通知相关管理人员，进入突发事件的应急处理程序，跟踪事件的处理过程并及时展现，以求用最有效的方式快速解决突发事件，有效提高企业事故处理、紧急响应能力。其包括业务安全管理子系统、安全评价子系统、安全预警子系统和应急预案子系统，如图4-6所示。

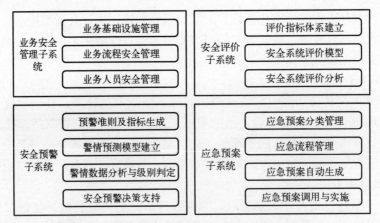

图 4-6 安全管理与应急保障系统主要功能架构

1．业务安全管理子系统

业务安全管理子系统主要包括业务基础设施管理、业务流程安全管理、业务人员安全管理三个模块。主要是针对业务流程、业务人员安全权限的管理，满足企业对运输、配送、仓储等业务的安全管理需求，保障企业用户物流运输、配送、仓储等业务安全、可靠的运行。

2．安全评价子系统

安全评价子系统包括评价指标体系建立、安全系统评价模型、安全系统评价分析三个模块。主要用于对安全信息及统计信息进行安全评价，为安全预警提供相应的指标数据，对企业的安全预警、应急预案启动起到一定的指导作用。

3．安全预警子系统

安全预警子系统主要包括预警准则及指标生成、警情预测模型建立、警情数据分析与级别判定、安全预警决策支持四个模块。依据预警指标体系、警源类型和警情分析模型的设立，对企业物流运输、配送、仓储等业务的安全状况进行分析，确定报警类型和报警级别，并根据分析结果，对外发布警情。

4．应急预案子系统

应急预案子系统主要包括应急预案分类管理、应急流程管理、应急预案自动生成及应急预案调用与实施四个模块。该系统可根据报警级别或临时警报，确定是否启动应急预案，通过决策支持辅助相关人员实施应急措施，并进行事故的情况评估，同时将成功实施的对策添加到决策支持库中，提高应急响应的速度与质量。

4.2.6 大数据应用服务系统

企业的运营过程会产生大量的数据，特别是在物流全程的运输、仓储、装卸搬运、配送、物流金融等业务环节都会产生巨大的信息流。这就需要以物联网、云计算、数据仓库、数据挖掘、地理信息系统、商务智能等技术为支撑，对日常物流活动运作过程中产生的数据进行汇总、分类分析等处理，以挖掘隐藏在数据背后的潜在规律，对企业分析、预测和决策起到至关重要的作用。

大数据应用服务系统能够通过实现众多系统的交互和大量信息协调，并通过数据分析和处理来挖掘数据背后的信息，用图表的形式为企业提供深层次的业务分析和运行水平分析，并为平台其他用户提供信息服务。这就能够帮助企业了解客户的市场策略、供应链运作情况和销售策略，设计具有针对性的个性化服务，进而提高服务水平、巩固客户关系、增加客户信赖、提高客户忠诚度和客户黏性；同时通过对业务运行数据的收集、分析处理，企业可以了解自身业务的运作情况、自身业务发展趋势、各类业务的利润水平、增长速度、市场需求量和新的业务需求方向等信息，辅助管理人员及时调整发展策略与决策，实现低成本、高效率、优质服务、绿色环保等多元化发展目标。其主要包括数据分类汇总、统计分析、预测分析、运营分析和商务智能五个子系统，如图4-7所示。

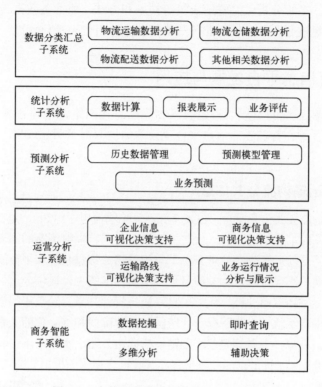

图4-7 大数据应用服务系统主要功能架构

1. 数据分类汇总子系统

数据分类汇总子系统包括物流运输数据分析、物流仓储数据分析、物流配送数据分析和其他相关数据分析四个模块。主要用于物流业务运作过程中的所产生的数据进行分类和初步处理，通过全面梳理物流数据，使纷繁复杂的数据变得有序，为后续统计分析等打下坚实的基础。

2. 统计分析子系统

统计分析子系统包括数据计算、报表展示、业务评估三大模块。数据来源即是数据分类汇总子系统，经过汇集、过滤、整理后，通过数据计算、报表展示与业务评估，实现对业务的数字化与图形化分析，并为其他相关业务提供数据基础。

3. 预测分析子系统

预测分析子系统包括历史数据管理、预测模型管理、业务预测三大模块。主要用于历史数据管理、预测模型管理和预测分析。即根据用户相关业务的开展情况和运营数据、结合现代预测方法与技术，以为决策者提供较为可靠的预测分析结果为目的，设计并构建相应的预测分析模型，实现对核心业务、辅助业务与增值业务发展趋势的预测。

4．运营分析子系统

运营分析子系统包括企业信息可视化决策支持、商务信息可视化决策支持、运输路线可视化决策支持、业务运行情况分析与展示四个模块。主要结合 GIS 技术和电子地图实现用户的企业信息可视化,并将分析结果以图表的方式直观展现给用户。

5．商务智能子系统

商务智能子系统包括数据挖掘、即时查询、多维分析、辅助决策四大模块。即通过数据挖掘、实时查询、多维分析以及辅助决策等技术和方法,将业务数据转化为具有商业价值的信息,提高用户对核心业务、辅助业务与增值业务分析的智能化程度。

4.3 智慧物流信息平台发展与应用

要促进现代物流企业的发展,搭建智慧物流信息化网络,构建智慧物流信息平台成为关键。目前,世界各国在智慧物流信息平台建设方面均取得了明显成果,本书中仅对其中的典型代表进行介绍。

4.3.1 国家交通运输物流公共信息平台

国家交通运输物流公共信息平台(LOGINK,又称物流电子枢纽),是在交通运输部和省级交通运输主管部门共同推进下建立的,旨在构建覆盖全国、辐射国际的物流信息基础交换网络和门户网站,实现"交通运输物流信息平台"与相关物流信息系统和平台间的可靠、安全、高效、顺畅的信息交换,实现行业内相关信息平台交换标准统一,提供公正、权威的物流相关公共信息服务,有效促进物流商业链各环节信息互通与资源共享。经数年的创新发展,国家交通运输物流公共信息平台织就了一张跨行业、跨区域、跨部门和国际化的大物流互联网,形成纵向贯穿制造、商贸、物流、金融等整条产业链,横向由公路、水路、港口、民航、铁路等交通领域逐步向海关等跨领域延伸的国际共享平台,其数据交换服务模型如图 4-8 所示。

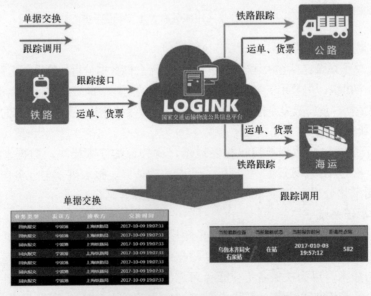

图 4-8 国家交通运输物流公共信息平台数据交换服务模型

1. 基本特征
- 公益性。不以营利为目的,主要为各物流信息服务需求方提供基础性公共服务。
- 基础性。构建物流信息这一"无形的高速公路",是物流信息领域的基础设施工程。
- 开放性。向全社会提供服务,不局限于特定行业、特定作业环节和特定服务对象。
- 共享性。实现不同部门、不同行业、不同地区、不同物流信息系统间信息交换与共享,减少信息孤岛和重复建设。

2. 主要功能

国家交通运输物流公共信息平台的主要功能是提供标准服务、交换服务和数据服务。

(1) **标准服务**

信息互联标准是物流链互联互通的关键,为物流各参与方提供了统一的语言。为了保证标准的顺利制定,2013年,交通运输部发布《交通运输物流公共信息国家平台标准化建设方案(2013-2015)》,用以指导平台标准化工作。在交通运输部科技司的支持下,凝聚各省交通运输管理部门、科研机构、行业协会等的合力,成立交通运输物流公共信息平台标准工作组,成员单位包括公安、海关、质检、铁总、物流与采购联合会、国家信息化专家咨询委以及涉及全国道路运输、交通通信与导航、智能交通系统等标准化技术委员会,加上同济大学、北京交大、浙江大学等高校科研院所与龙头企业、协会等,负责平台标准的研究制定和推广实施,并确定平台标准规范体系框架。

经过多年建设,国家平台标准实现了从省内到全国,再到国际标准的跨越。2014年,交通运输部正式发布了由平台主导编制的数据元、道路运输电子单证、物流站场(园区)电子单证三项行业标准。2017年,平台标准工作组正式向社会发布了《交通运输物流信息互联共享标准》,涉及697项数据元、104个代码集、68个单证、17个服务功能调用接口,其中的港口共享接口成为中、日、韩三国共同推荐的标准。平台还积极参与国际物流信息标准建设,与国际标准化组织(ISO)对接,参与国际标准中关于物流信息交换方面的建设。目前,平台正积极推进多式联运、跨境电商等互联共享标准体系建设升级完善,让全国百万企业说精说准物流行业的"普通话",争取将物流信息交换成本降低至零。

《交通运输物流信息互联共享标准》获得市场高度认可,已广泛投入应用,实现标准源于市场、用于市场、服务于市场的基本要求;同时推出标准符合性测试系统,检验互联企业软件是否符合标准规范要求,并提供改进服务,保证了企业接入平台高效实现数据交换,提高交换精准度,并且根据不同互联对象和业务场景,制定了6套共享互联技术指南,为企业提供指导与参考。目前,通过标准化提升改造的企业达100万家。

(2) **交换服务**

基础交换网络是国家交通运输物流公共信息平台的核心,它是适应大数据和互联网+时代建立起的安全、高效和便捷的物流信息领域的信息高速公路,它为物流的仓储、运输、包装、装卸、加工、配送等各环节提供中立、开放、免费的数据单据和应用服务交互的安全通道,即交换服务。任何一个应用服务,只要遵循交换基础网络标准接入该网络,就可以同平台上任意应用服务进行数据单据和信息服务交互,从而彻底消除"信息孤岛"现象,为打通整个物流链、价值链、服务链创造条件。它不仅服务覆盖全国,还实现国际服务信息互通,为国家"一带一路"工程提供有力服务支持。基础交换网络包括公路、水路、航空、铁路、邮政货运物流信息 5 个行业交换节点，32 个区域交换节点。

交换网络如何实现信息交换？一是推进基础交换网络管理系统建设，完成统一认证与第三方 CA 认证中心对接，实现对基础信息和系统权限的统一管理，实现 NEAL-NET 国际用户身份认证，并实现基础交换网络运行体系的自动监测和预警；二是推进通用交换软件建设，发布了集式交换软件 4.0 版和点式交换软件 1.0 版，平台日均交换量超过 2000 万条；三是推进平台门户网站建设，2017 年 10 月 27 日 LOGINK 网站国际版正式上线，实现了国内国际信用信息、政策法规信息以及已互联港口、物流园区基础信息等整合发布；四是推进交换节点建设，截至目前，平台已推进辽宁、贵州等 10 多个省的区域节点建设，河北、广西、青海等省和长航局等 9 个交换服务器正式运行，其中浙江部署了 4 个服务器，由浙江省批复了国家物流信息平台浙江区域交换节点宁波综合示范区，同时积极推动水、空、铁等多式联运节点建设。

（3）数据服务

国家交通运输物流公共信息平台逐步构建了公共信息数据库，提供四个方面八大类公共信息数据服务。一是物流资讯信息，主要包括行业管理部门发布的物流相关政策法规和标准规范，以及物流行业内的各项行业资讯、行业统计信息与信息化实践和案例等信息；二是物流设施信息，主要是物流基础设施规划与运营单位掌握的信息，包括道路和航道信息、港口、园区、航空货站、铁路货站等设施的基础信息和服务信息；三是物流信用信息，主要包括物流业户、车辆、船舶和从业人员等服务主体的从业资质及诚信经营情况；具体有交通部门的企业的经营许可证信息、车辆的道路运输许可证信息以及人员的从业资格证信息，公安部门的车辆行驶证信息以及人员身份证信息和驾驶证信息，工商部门的企业登记信息等；四是物流状态信息，包括运输工具的实时位置信息，如车辆、船舶、列车、飞机实时位置信息以及物流节点信息，如港口及园区进出、进出口通关状态、通检状态等信息。

数据服务作为平台的基础服务，通过采集各类物流公共信息数据源，提供对外一站式查询服务，实现多方互联应用。

跨部门互联应用。海关互联，实现与杭州海关放行信息互联；药监互联，实现 6 家试点企业互联，方便企业申报、查询，便于监管部门加强监管；国检互联，推进浙江进出口检验检疫局与杭州机场报检互联工作；运输互联，实现危险物车辆动态实时监控，物流园区运行监测，承担交通运输部无车承运人试点企业监测系统建设；环保互联，全面推进浙江省危险废弃物信息互联应用。

跨运输方式互联应用。铁路互联，提升公铁水运输协同效率，实现上海铁路局与宁波舟山港、浙江东晋弘海铁、公铁联运信息的电子化交换，日均调用 7 万余次；水运互联，推进水水联运，提供全球覆盖 2000 余个港口数据定位，推进货代与中远、马士基等 20 余家船公司互联实现电子订舱；航空互联，实现杭州机场与浙江检验检疫部门及广州、深圳等机场货站间信息互联应用。

跨企业互联应用。园区互联，与传化集团联合成立园区通服务中心，发布园区通产品，推动园区互联互通，目前全国部省重点园区已实现园区通互联；上下游互联，推进 200 余家特大型商贸制造企业与物流企业、仓储企业等上下游开展互联工作；进出口供应链互联,以宁波进出口供应链为切入点,实现 120 余家外贸、货代、集装箱运输、堆场、船代、船公司互联;小件快运互联,实现浙江地区 33 家小件快运企业互联,推进华东 6 省小件快运互联应用。

跨平台互联应用。与龙头企业开展战略合作推进互联应用,与传化物流、惠龙 E 通、船讯网、大地保险、银保保理、浙江物产等 180 家单位建立合作关系,促进各方基于平台示范型互联应用和增值服务;与市场服务商合作推进互联应用,与物流软件商合作推进标准应用,目前已完成 52 个物流管理软件的标准化认证,覆盖国内 70%主流运输管理系统;与 6 家国内主流航运软件商在杭州成立中国航运软件联盟,推进航运物流企业信息交换和数据服务,已覆盖全国 5 大港口约 5000 家国际货代企业。

跨国互联应用。推进中日韩三国港口物流信息互联,建立信息查询统一认证系统;完成亚洲开发银行对 NEAL-NET 的技术援助项目,在拓展机制、标准、交换体系建设等方面开展国际合作和研究;参与联合国区域高效物流信息系统框架的建设,共同推进 NEAL-NET 标准在亚太地区的应用;推进亚欧 48 国部长会议行动计划,加强与 IPCSA(国际港口信息系统协会)的合作;已实现与中国-东盟物流信息平台的互联应用,IMO(世界海事组织)启动对越南、柬埔寨两个港口进行 NEAL-NET 推广技术援助,以推动与东盟港口互联。

3. 边界关系

与区域平台的关系。区域平台特指各地方交通运输主管部门主导建设的、提供区域性物流公共信息服务的平台。区域平台可通过国家交通运输物流公共信息平台实现与其他物流信息系统的互联互通,共享平台提供的物流相关服务资源。

与企业平台的关系。企业平台是由企业主导建设,以满足企业自身物流业务需求或者向物流市场提供有偿信息服务为目的的企业物流信息平台。企业平台是国家交通运输物流公共信息平台的服务对象,通过国家交通运输物流公共信息平台实现与其他企业平台之间的数据交换,共享国家交通运输物流公共信息平台提供的物流相关服务资源。

与相关政务信息系统的关系。行业内外相关政务信息系统中物流相关服务功能与国家交通运输物流公共信息平台共同构成交通运输物流公共信息服务体系。国家交通运输物流公共信息平台连接交通运输行业各类政务信息系统和其他行业相关政务信息系统,通过国家交通运输物流公共信息平台门户进行汇聚并对外提供信息服务。

与相关国际物流信息系统的关系。国家交通运输物流公共信息平台与相关国际物流信息系统在特定合作框架下,基于统一标准和交换机制进行对接,实现国际物流资源共享、数据交换,提升各参与方国际物流信息服务水平。

4.3.2 韩国综合物流信息系统

韩国的综合物流信息系统由韩国交通部自 1996 年起主导实施,实施期为 1996 年至 2015 年,共计 20 年,耗费 4993 亿韩币(民间投资为主,必要时政府支援)。该系统为制造业者、运输公司、仓库业者等物流相关业者提供传递必要信息的信息网,集成处理公路、海路、空运和铁路运输、通关等业务。

韩国综合物流信息系统由物流商业服务、物流行政服务、物流信息服务和运输体系服务四部分构成,如图 4-9 所示。

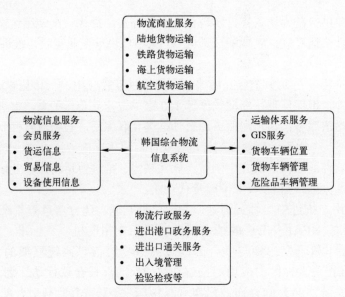

图 4-9 韩国综合物流信息系统主要功能图

物流行政服务主要处理进出港口政务服务、进出口通关服务、出入境管理以及进出口货物检验检疫等过程中的相关信息。

物流信息服务主要是发布一些相关信息公告和商业信息，对国内外相关的物流信息进行分析和处理后将有价值的信息提供给平台用户，提供会员、货物、贸易及设备使用等信息，通过数据库管理系统分析加工，提供实时有限的信息；提供船期及物流设施设备等相关信息。

物流商业服务主要是各种方式的货物运输平台，平台为海陆空运输提供电子文件、物流报告及申请许可等业务服务，以及与各种物流活动有关的装卸、运输、搬运到达等电子文件的传送服务。

运输体系服务运用 GPS、智能交通系统等外部信息来源，为用户提供运输伙伴选择、运输路径优化、GPS 车辆跟踪、危险品车辆运输管理等服务。通过这些技术的应用，系统实现对货物、车辆的实时跟踪管理，提高对车辆的管理效率和运营效率。

4.3.3 湖南交通物流信息共享平台

1. 平台概况

湖南交通物流信息共享平台是依据国家交通运输部《交通运输物流公共信息平台建设纲要》精神，由交通运输部和湖南省交通运输主管部门共同推进的区域公共平台，是构成"1+32+nX"框架的国家物流信息平台的组成部分。承担国家交通运输物流信息基础交换网络节点的数据和服务交换任务，同时也是湖南省交通信息化重点建设工程。

湖南交通物流信息共享平台立足综合交通运输，全面整合交通运输中公路、水路、铁路、航空及邮政等物流信息资源，以互联网信息技术为核心，以物联网、智慧物流为基础，以优化市场资源配置、整合行政服务为重点，着力消除物流产业信息孤岛现象，从而实现为区域物流产业降本增效的目标。湖南交通物流信息共享平台将运用科学高效的建设和运营方法，积极服务湖南省经济全面发展，全力支撑湖南省物流大通道建设工作。

2. 平台功能定位

基于市场综合分析，湖南交通物流信息共享平台应该是一个综合应用型的物流公共信息平台。具体主要体现在实现资源信息共享，提供企业应用服务，建设互联及通道，做好政务监管的桥梁四个层面，如图 4-10 所示。

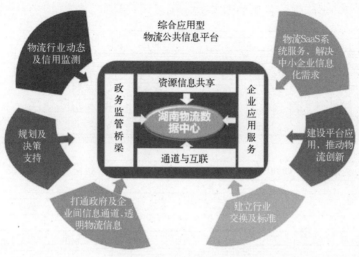

图 4-10　平台功能定位

其服务内容包括：提供物流资源信息共享池，促进物流资源的开放共享；提供物流 SaaS 系统服务，解决中小企业信息化需求；建设平台级行业应用，推动物流创新；建立行业交换通道及接口标准，实现行业互联互通；打通政府与企业间信息通道，透明物流政务信息；落实物流行业动态及信用监测，提供规划及决策支持。

3．平台业务框架

如图 4-11 所示，湖南交通物流信息共享平台是一个有机体，以标准和通道中心、智能大数据中心建设为主体。并以这两大中心作为其他应用服务的基础性支撑，发挥公共平台巨大整合效应。

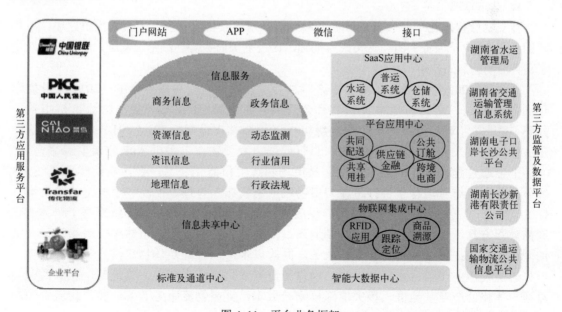

图 4-11　平台业务框架

4．平台技术框架

平台整体技术架构分物联网技术层、物流要素对象层、基础设施层、数据交换层、应用支撑层、应用层、展示层。具体如图4-12所示。

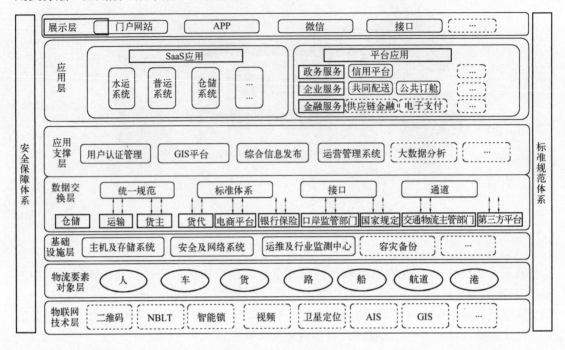

图4-12 平台技术框架

4.3.4 林安物流信息化平台

1．基本情况

林安物流信息化平台（以下简称平台）由广东林安物流发展有限公司投资建设，以创新的"基地+电子商务"的经营模式为基础，促进电子商务与物流整合发展，解决物流对电子商务活动的制约作用。

平台于2009年上线，早期以物流信息展示、发布、交易撮合为主，2011年开发车讯通监控系统，对物流运输过程进行全程监控，2012年发布了公路物流价格指数，2013年开发针对物流行业的信用评级标准（简称林安信用标普），2014年成功申请中国人民银行下发的第三方支付牌照，自行研发"我要物流"手机APP物流交易平台。

平台通过建设线下的物流信息交易市场和线上信息化交易平台，从而实现"线上+线下"的有机结合，将平台打造成为集物流信息发布、查询、交易、手机定位与查询、GPS导航与监控、物流政策与咨询、供应链管理、金融、保险、财务结算等于一体的全新的第四方物流综合服务平台，为制造商、批发商、物流企业、个体司机等物流供应链的企业和个人提供公共信息咨询和服务。同时以物流园区的实体物流信息市场为载体，以先进的物流电子信息系统为纽带，以供应链一体化服务为核心，构筑起厂家、商家、流通一体化的产业基地群，极大地降低物流成本，提高物流服务效率，实现物流资源的全面整合的最终目标。

2. 服务模式

（1）创建线上 0256 信息交易平台

创建了中国物流信息交易平台（www.0256.cn），搭建并实现了物流、信息流、资金流、商流"四流合一"，是目前国内公路物流线上和线下相结合的创新信息化交易平台，平台致力于以电子商务和网络公共平台为依托，整合国内物流行业资源，打造厂家和商家面向物流供应商的网络物流集中采购渠道、物流供应商面向厂家和商家的网络营销渠道、物流供应商之间的同行网络共赢合作渠道，打造国内最有影响力的物流行业平台。

平台始终坚持"诚信、及时、安全"的原则进行实时交易，每天吸引 150000 家生产厂家、物流公司和 20000 多名货运司机浏览大屏幕和登录网站、手机 APP，直观快速地获取货源、空车资源信息，实现信息对称、自动撮合和实时对接交易，平台整合了创业者所需的各种资源，实现资源高效配置。目前已发展了 200 多万个诚信司机会员，每天收录最新抵达广东及附近的长途回程车辆及常驻华南区域车辆 30000 多台。平台提供了丰富的交易信息，为创业者提供良好的发展机会。

（2）"我要物流"APP

自主研发"我要物流"APP 手机诚信物流交易平台，积极开展诚信、安全、低成本经营。实现手机定人、定车、订货、定位，实现对运送货物和车辆进行智能化识别、跟踪、监控和可视化管理。同时，开发手机终端服务，即可通过手机进行找车找货，能够随时随地满足更多人的需求，提供更高效、更诚信的管理工具。

（3）打造公路物流价格指数

基于物流平台建设和物联网应用，通过"我要物流"系统、平台的数据采集，在对物流平台的大流量数据的归类、挖掘的基础上，建立了公路物流价格指数平台，实现图表化、指标化展示，使厂家、商家可一目了然地了解到物流公路价格变化状况，有效地进行生产和物流控制。

（4）打造第三方支付平台

林安物流为适应电子商务的发展，开展了第三方支付系统的建设，解决厂家、商家与物流企业、个体司机在货物交接时互不信任的局面。打造物流电子商务和信息化建设和物联网应用的结算中心，为物流行业取得更广阔的发展前景打下良好的基础。

（5）打造诚信标普体系

信用标普体系是林安物流推出的针对物流行业行为的信用评级标准，通过一系列诚信指数评估标准的设定来对物流行业内的物流企业、驾驶员等的行为进行等级评定，以等级的高低作为评判信用度的标准，为物流人之间的交易提供一个可靠的信用凭证。诚信等级越高，信用度越高，排名越靠前，就更容易受到客户的信任，进而大大提高交易的效率。

（6）提供物流金融服务

物流中小企业一般都是租赁档口，没有固定资产抵押担保，融资困难。然而做物流资金周转额度都较大，有的业务还需要提供大笔担保金给生产厂家。林安物流通过信用标普就为中小企业解决融资难的问题，综合评价信用标普的各项指数，可以协助银行等金融机构为中小企业提供信贷服务。

（7）打造线上诚信结算中心

林安物流已与中国建设银行打造发行物流行业首张联名银行卡，并与中国工商银行和浦发银行研发了适合物流行业使用的"支付宝"，实现厂家商客、物流企业、社会司机通过线上银行或银联结算各种业务，更诚信、更安全、更快捷、更便利。

以品牌获得多家金融机构认可和深度合作，用灵活的方式为供应链厂家、商家、物流企业提供融资服务，相关的服务涵盖但不限于结算、仓单质押、应收账款质押、流动性贷款、库存质押等业务。

（8）推出"助你成长"创业资金

林安物流以出资参股的形式协助创业者投标获得物流业务，并为创业者垫付运费和资金担保，有效缓解其资金压力。

（9）建立呼叫中心

林安物流建立了全国物流呼叫中心 400-8866-956，并已向工信部成功申请物流行业服务热线短号：952156，为企业寻找更多的客户资源和提供各种配套服务。呼叫中心提供 24 小时服务，提供售前咨询、信息转移、投诉受理、信息回访、发货调车、找货发车、代办货物综合险、物流跟踪、物流监管、售后等综合服务。

（10）整合资源，降低成本

林安物流通过品牌效应，以及强大的厂家、司机资源，与中国电信、中国移动、中石油、中石化等行业巨头展开谈判，争取到"团购"价格，降低成本，争取到最大的利益。

（11）设立招标中心

林安物流的物流招投标中心为创业者寻找物流需求商，为工商企业和物流企业提供优质运力，实现制造业与物流业联动发展。

本章小结

智慧物流信息平台是一种特殊的跨组织信息系统，是一个面向整个物流系统的、集成化的、智能化的物流信息管理中心，提供数据交换、信息服务、资源整合、在线交易、物流作业管理、辅助决策、会员服务、金融服务和系统管理等功能，是一个把物流活动中的相关各方有机联系起来的信息系统支撑体系。

目前，智慧物流信息平台主要有政府主导型、市场主导型和产学研一体化三种运营模式，划分为交易信息服务型、依托园区节点型、产品服务型、加盟型和物流一体化公开平台五种类型，一般包括运输管理、仓储管理、配送管理、物流金融服务、安全管理与应急保障和大数据应用六大应用系统。

本章练习

一、思考题

1. 什么是物流信息平台？其功能主要有哪些？
2. 智慧物流信息平台的运营模式有哪些？
3. 智慧物流信息平台的主要类型有哪些？

4. 智慧物流信息平台的体系结构是如何构成的？
5. 国家交通运输物流公共信息平台的基本特征是什么？
6. 国家交通运输物流公共信息平台的功能有哪些？
7. 韩国综合物流信息系统的功能有哪些？
8. 湖南交通物流信息共享平台的服务内容有哪些？
9. 林安物流信息化平台的服务模式是什么？

二、讨论题
1. 政府主导型、市场主导型和产学研一体化三种运营模式各有何优缺点？
2. 交易信息服务型、依托园区节点型、产品服务型、加盟型和物流一体化公共平台各有何特点？

三、案例分析

天津港作为我国北方国际航运中心和国际物流中心的核心载体，是世界十强之一的港口，是中国北方的2亿吨大港。区域合作的增强、经济发展的互动、建设国际物流中心的目标要求天津港的现代物流信息化建设必须向更高层次的物流中心迈进，坚持用信息技术、网络技术促进港口现代化管理，提高港口的综合能力和国际、国内竞争能力，构建融商流、物流、信息流、资金流的流通功能为一体，高效、便捷、完善服务的现代物流信息系统。

目前，天津港已建成内部的信息化办公系统可进行快速统计、库场图形化展示、GPS／GIS定位；EDI中心可与船代、船公司、码头和海关、商检等政府监管部门进行数据交换；建成了外部的门户网站可以进行信息发布、宣传并可对各种港口业务信息进行查询。

但是，天津港港口物流服务尚处于发展初期阶段，还缺乏能适应航运交易、货品交易、金融结算、数据传输、文件传送等社会化信息服务要求的信息网络；缺乏具有较强组织协调能力和相当服务规模的经营主体及大规模、集中发展相关物流业的合理空间；现有相关系统功能单一、规模偏小、服务层次较低、系统化的物流服务能力欠缺。

根据天津港、保税区和电子口岸等物流基地建设及其外部信息交换服务的需要，运用先进的现代物流技术，优化和整合港口、船务公司、箱站、外理、船代、检验检疫局、海关、海事局等用户的信息资源，为用户提供信息互动和信息共享的公共应用平台，即天津港数字物流信息系统，以实现电子报关、网上托管、国际中转审批等一系列功能。天津港现代物流信息平台的建设已成当务之急。

问题：
1. 你认为天津港物流信息平台应由哪几部分构成？各构成部分有何作用？应具备哪些基本功能？
2. 物流信息平台的建设将对天津港物流发展起到哪些重要作用？

第 5 章　智慧物流运输

学习目标
- 了解智慧物流运输的概念和功能特点；
- 掌握智慧物流运输体系的基本构成与运行原理；
- 理解智慧物流运输的主要应用模式；
- 认识和把握智慧物流运输的现状与发展。

引例

请机器人治堵，如何？

交通仿真与智能管控机器人具有交通数据采集、交通运行监测、交通控制分析、交通管理优化和交通仿真指挥等功能，能对交叉口及路网的运行进行诊断，找出交叉口及路网存在的主要问题，智能化生成交叉口与路网的检测报告，提供信号控制的优化和改善方案，而且还可以根据现在的交通状况预测未来的情况，检测交叉口是否符合实际的交通状况。（资料来源：机器人网，2015 年 11 月）

扫描二维码
阅读全文

交通运输是现代物流的主体内容和重要支柱。改革开放以来，我国的交通运输基础设施快速发展，为物流运输提供了良好的基础和保障。然而，我国的物流运输仍存在效率低、兼容性差、成本高等问题。由传统运输向智慧运输的转型升级是解决这些问题的有效途径。交通运输行业应充分挖掘自身优势，主动融入"互联网+"的时代环境，通过构建智慧物流运输服务体系，以差异化、高品质、个性化的服务满足用户运输需求，创新服务方式方法，引领交通运输服务行业转型升级。

5.1　智慧物流运输的概念与特点

5.1.1　物流运输概述

1. 物流运输的概念

物流运输是指用特定的设备和工具，将物品从一个地点向另一个地点运送的物流活动，它是在不同地域范围内，以改变物品的空间位置为目的对物品进行的空间位移。通过这种位移创造商品的空间效益，实现其使用价值，满足社会的不同需要。运输是物流的中心环节之一，也是现代物流活动最重要的一个功能。

2. 物流运输的特点

1) 物流运输具有生产的本质属性。运输的生产过程是以一定的生产关系联系起来的、具有劳动技能的人们使用劳动工具（如车、船、飞机及其他设施）和劳动对象（货物）进行生产，并创造产品的过程。运输产品，是货物的空间位移。显然，运输是以改变"物"的空间位置为目的的生产活动，这一点和通常意义下以改变劳动对象物理、化学、生物属性为主的工农业生产不同。

2）运输生产是在流通过程中完成的。运输是把产品从生产地运往消费地的活动，因此从整个社会生产过程来说，运输是在流通领域内继续的生产过程，并在其中完成。

3）运输生产是无形的。运输生产不像工农业生产那样改变劳动对象的物理、化学性质和形态，而只改变劳动对象的空间位置，并不创造新的实物形态产品。因此，在满足社会运输需求的情况下，多余的运输产品或运输支出，都是一种浪费。

4）运输产品属于边生产边消费。工农业产品的生产和消费在时间和空间上可以完全分离，而运输产品的生产和消费不论在时间上还是在空间上都是不可分离地结合在一起的，属于边生产边消费。

5）运输产品具有非储存性。由于运输产品是无形的，不具有物质实体，又由于它的边生产边消费的属性，因此运输产品既不能调拨，也不能存储。

6）运输产品的同一性。对不同的运输方式来说，虽然它们使用不同的运输工具，具有不同的技术经济特征，在不同的线路上进行运输生产活动，但它们对社会具有相同的效用，即都实现了物品的空间位移。运输产品的同一性使得各种运输方式之间可以相互补充、协调、替代，形成一个有效的综合运输系统。

3. 物流运输的主要方式

现代运输方式主要有铁路运输、公路运输、水路运输、航空运输和管道运输五种运输方式。

1）铁路运输。是使用铁路列车运送货物的一种运输方式。它在社会物质生产过程中起着重要作用。特点：运量大，速度快，运费较低，受自然因素影响小，连续性好；铁路造价高，占地广，短途运输成本高；适用于大宗的、较为笨重的、需长途运输的货物。

2）公路运输。是在公路上运送旅客和货物的运输方式，是交通运输系统的组成部分之一，主要承担短途客货运输。公路运输一般即指汽车运输。在地势崎岖、人烟稀少、铁路和水运不发达的边远和经济落后地区，公路为主要运输方式，起着运输干线作用。公路运输的特点为：机动灵活，周转速度快，装卸方便，对各种自然条件适应性强；运量小，耗能多，成本高，运费较高；适用于短程、量小的货物。

3）水路运输。是以船舶为主要运输工具，以港口或港站为运输基地，以水域包括海洋、河流和湖泊为运输活动范围的一种运输方式。水运至今仍是世界许多国家最重要的运输方式之一。水路运输的特点为：运量大，投资少，成本低；速度慢，灵活性和连续性差，受航道水文状况和气象等自然条件影响大；适用于大宗、远程、时间要求不高的货物。

4）航空运输。是用飞机或其他航空器作为载体的一种运输方式，也叫空中运输。一般是比较急用的货物，公路运输不能符合客户要求的时效的情况下客户会选择空运。航空运输的特点为：速度快，效率高，是最快捷的现代化运输方式；运量小，耗能大，运费高，且设备投资大，技术要求严格；适用于急需、贵重、数量不大的货物。

5）管道运输。是用管道作为运输工具的一种长距离输送液体和气体物资的输方式，是一种专门由生产地向市场输送石油、煤和化学产品的运输方式，是统一运输网中干线运输的特殊组成部分。管道运输的特点为：损耗小，连续性强，平稳安全，管理方便，运量很大；设备投资大，灵活性差；适用于大量流体货物。

4. 物流运输的地位作用

1）运输是物流的主要功能要素之一。按物流的概念，物流是"物"的物理性运动，这种运动不但改变了物的时间状态，也改变了物的空间状态。而运输承担了改变空间状态的主要任务，运输是改变空间状态的主要手段，运输再配以搬运、配送等活动，就能圆满完成改变空间状态的全部任务。

2）运输是社会物质生产的必要条件之一。表现在以下两方面：在生产过程中，运输是生产的直接组成部分，没有运输，生产内部的各环节就无法连接。在社会消费中，运输是生产过程的继续，这一活动连接着生产与再生产、生产与消费的环节，连接着国民经济各部门、各企业，连接着城乡，连接着不同国家和地区。

3）运输可以创造"场所效用"。同种"物"由于空间场所不同，其使用价值的实现程度则不同，其效益的实现也不同。由于改变场所而最大限度发挥"物"的使用价值，最大限度提高其投入产出比，这就称之为"场所效用"。通过运输，将"物"运到场所效用最高的地方，就能发挥"物"的潜力，实现资源的优化配置。从这个意义来讲，也相当于通过运输提高了"物"的使用价值。

4）运输是"第三利润源"的主要源泉。通过优化运输路径、减少运输排放、提高物流效率、降低运输成本，能够有效促进企业获取更多利润空间，同时也是企业竞争力的重要体现。

5.1.2 智慧物流运输的概念

智慧物流技术手段、智能化运输工具应用于物流运输过程中，大大提升物流运输的自动化、智能化水平，产生了智慧物流运输。

智慧物流运输源于智能交通（Intelligent Transportation System，ITS），智能交通源于计算机与通信技术的发展。

智能交通系统是指将先进的数据通信传输技术、电子传感技术、自动控制技术及计算机技术有效地集成运用于整个地面交通管理系统而建立的一种在大范围内、全方位发挥作用的、实时、准确、高效的综合交通运输管理系统。

智慧物流运输是在智能交通的基础上，在物流运输领域充分利用物联网、空间感知、云计算、移动互联网等新一代信息技术，综合运用交通科学、系统方法、人工智能、知识挖掘等理论与工具，以全面感知、深度融合、主动服务、科学决策为目标，通过建设实时的动态信息服务体系，深度挖掘物流运输相关数据，形成问题分析模型，实现行业资源配置优化能力、公共决策能力、行业管理能力、公众服务能力的提升，推动物流运输更安全、更高效、更便捷、更经济、更环保、更舒适地运行和发展，带动物流运输相关产业转型、升级。

5.1.3 智慧物流运输的特点

1. 有效连接运输供应链的各要素

运输供应链上的发货人、收货人、承运商、货站、卡车司机经常发生变动，而把这些经常变动的要素快捷方便接入系统，对于生产制造、分销和物流企业提高对货主的物流信息服务能力，加强对社会化运输网络的管理具有至关重要的作用。智慧物流运输系统提高了订单的响应处理能力，提高了调度的配载效率，并通过网络和云平台实现各方信息的准确传递，实现了全链路信息透明。

2. 集成先进技术的智能系统

智慧物流运输系统实质上就是将先进的信息技术、计算机技术、数据通信技术、传感器技术、电子控制技术、自动控制技术、运筹学、人工智能等学科成果综合运用于交通运输、服务控制和车辆调度，加强了车辆、道路和使用者之间的联系，从而形成一种定时、准确、高效的新型综合运输系统。

3. 以数据为支撑进行全面控制

智慧物流运输系统中的数据采集层，采集各种终端设备产生的 RFID 射频数据、GPS 定位数据、各种非结构化的视频和图片数据，经过智能算法处理后输出结构化信息数据，再整合园区、车辆、货主等数据，通过大数据挖掘系统进行数据分析，在此基础之上全面调控物流运输过程。

5.2 智慧物流运输的体系构成

5.2.1 体系框架

参考国家 ITS 体系框架（第 2 版），综合考虑交通运输管理和物流运输产业发展的内容要求，可将智慧物流运输体系划分为运营管理、智能驾驶、交通管理、电子收费、交通信息服务、交通运输安全 6 个部分。

1. 运营管理

运营管理主要通过建设智慧物流运输运营管理平台实现运输业务的信息化、智能化管理，主要服务于物流运输企业。

智慧物流运输运营管理平台建立标准化的数据通道，将所有与业务有关的信息连接，实现货主、收/发货方、中小型第三方物流企业、车主、司机信息互联互通，确保供应链全线物流资源高效协同。实现在同一信息平台的运营与管理，明确业务操作及岗位分工，有效提高车辆智能调度、全程可视化管理、车辆实时监控、成本管理等方面的管理水平。

智慧物流运输运营管理平台主要包括订单管理、配载作业、调度分配、行车管理、GPS 车辆定位系统、车辆管理、人员管理、数据报表、基本信息维护、系统管理等功能模块。该系统对车辆、驾驶员、线路等进行全面详细的统计考核，实现运输企业的信息化、数字化和智能化管理，能够提高运作效率，降低运输成本。

车货供需匹配是智慧物流运输运营管理的核心内容。车货供需匹配是指基于信息平台将车源方信息库与货源方信息库进行对比分析，按照"供需呼应"的原则为车主或货主从数据库中选出符合与需求方条件最匹配的信息并输出给用户，从而实现车与货的良好匹配。

车货供需匹配的实现基于互联网技术、云计算技术、物联网技术及大数据技术。互联网技术是物流信息服务平台的运作基础条件；通过物联网技术实现对车辆、货物等物流资源状态的全程定位和跟踪；随着车货信息及交易信息爆炸性增长，平台需要整合并分析海量信息，云计算技术则可以实现对车货源信息有效整合；利用大数据分析技术能实现需求与能力的最佳匹配，并通过分析交易信息，促进信息共享、协同工作，实现物流资源的柔性重组和服务流程优化与重构。

面对大量、繁杂的货运信息，通过平台进行整合分类，按照供需匹配指标体系，遵循供需匹配机制，通过车货供需匹配模型筛选信息并计算车货双方的匹配度，输出匹配度由高到低的匹配信息，为需求方提供配载推荐方案。最终实现基于信息与应用服务的物流一体化发展，设计良好的车货供需匹配协作体系。

2．智能驾驶

以道路（航道）智能化为基础，遵循交通基础设施与车（船）载系统协调配合的理念，实现车辆（船只）辅助驾驶及特定条件下的智能驾驶，可以从根源上减少由于人的误操作而引发的交通问题，提高交通运输的安全性和运行效率。基于视觉的环境感知、多传感器融合和自动驾驶技术是智能驾驶的发展方向。

（1）基于视觉的环境感知

主要应用于对驾驶员状态进行监测。通过对驾驶员驾驶期间面部状态的智能识别，判断驾驶员是否存在不安全驾驶行为。如果驾驶员存在频繁打哈欠、频繁合眼、频繁点头或长时间表情夸张等状态，系统将智能判别出驾驶员处于疲劳驾驶、酒后驾驶或兴奋驾驶等不安全状态，从而判断汽车处于不安全驾驶状态，并及时给出相应的报警提示。

（2）多传感器融合技术

主要应用于汽车安全辅助驾驶系统。如主动安全制动系统，通过不断监控和搜集传感器数据，跟踪驾驶员和车辆的驾驶状态，包含驾驶员目前的操纵策略、车辆的速度和加速度、前后车辆的距离和速度、行驶道路的几何形状等，以便做出对车辆安全最优的主动控制；综合横向辅助系统，使用各种传感器扫描汽车前面的空间，再由系统将所有传感器的信息融合成一个整体画面，系统分析处理完画面后，会发出一个横向的导向控制信号，传递给动力转向系统，如车辆偏离，该系统会施加轻微的力使车辆回到原本的车道；行人和非机动车辆安全系统，通过遥感技术能够提前检测可能发生的意外，从而避免碰撞，或减轻事故后果的严重性。

（3）自动驾驶技术

是指将多种传感设备和智能软件装备到运输工具上，以实现车辆（船）安全自主驾驶到达目的地。美国国家公路交通安全管理局将车辆的自动化程度分为 5 级。0 级完全由驾驶员驾驶车辆；1 级是车辆具备 1 种以上自动化控制功能；2 级是车辆能够自主执行多种操作；3 级是当车辆自主驾驶行不通时可指示驾驶员切换为接管车辆；4 级是没有人工参与，车辆完全可以无人驾驶。目前，无人驾驶汽车成为研究热点，不管是传统汽车企业还是 IT 行业巨头均竞相加入，不少研发车型已接近量产。谷歌和奥迪等开发的无人驾驶汽车已获得美国加利福尼亚、内华达、密歇根及佛罗里达州发放的公路试验牌照，谷歌无人驾驶汽车已经实现零事故行驶超过 80 万公里。从汽车制造商到科技巨头，再到各国政府、组织，越来越多的人将无人驾驶汽车看作整个汽车行业的未来。但是，科技成果与产业化间差距、研发生产成本、安全（信息化程度极高）以及法律法规（保险及责任认定）等成为无人驾驶汽车产业化的瓶颈问题。无人驾驶货船也正在研究实验过程中。

3．交通管理

交通管理作为智慧物流运输体系框架中重要组成部分，主要服务于交通管理者，包括交通动态信息监测、需求管理、交通控制、交通事件管理、勤务管理、交通执法和停车管理等方面。

交通动态信息指在时间和空间上不断变化的交通流信息,如交通流量、车速、占有率、车头时距和旅行时间等。这些信息的采集技术分为固定型和移动型两种。固定型采集技术可分为磁频采集、波频采集和视频采集 3 类;移动型采集技术是运用安装有特定设备的移动车辆来采集交通数据的技术总称,目前主要有基于电子标签、基于全球定位系统(GPS)和基于汽车牌照自动识别 3 种采集技术。

交通需求管理和交通控制是交通管理的两种模式。交通需求管理是对交通源的管理,是一种政策性管理,控制货车进城、车辆单双号通行以及收取拥堵费等均属于交通需求管理。交通控制是对交通流的一种技术性管理,通过管理道路交通基础设施及合理管制与引导交通流提高道路通行效率。交通控制策略包括节点交通控制(如信号控制交叉口)、干线交通控制(如绿波带)以及区域交通控制。区域交通控制以全区域所有车辆的通行效率最大为管理目标,旨在同时实现节约能源和减少环境污染的目标。

交通基础设施管理、交通事件管理和勤务管理等属于交通管理的基础需求。交通执法方面,执法记录仪已成为基层交通管理部门的标配,能够实时便捷地收集有效证据,保障执法人员和执法对象的权益,有效规范执法行为,促进执法水平的提升;停车管理方面,停车难和效率低一直是影响车主出行的交通难题,集云收费、云管理、云支付和云运维于一体的智慧停车系统正逐渐改善这种现状,免取卡不停车、车位诱导、取车引导和电子收费等功能真正实现了智慧停车管理,给车主带来了极大便利。

4. 电子收费

电子收费系统(即 ETC 系统)主要应用于高速公路不停车收费。ETC 系统在 20 世纪 80 年代开始兴起,20 世纪 90 年代在世界各地得到广泛使用,受到了各国政府和企业的重视。ETC 系统主要涉及车辆自动识别、车型自动分类和视频稽查技术。

车辆自动识别。该功能是电子收费系统的关键部分,主要任务是精确完成车辆身份的有效识别。当待收费车辆行驶到特定区域,系统就会自动识别车辆身份。实现该功能通常采用射频、光学、红外和微波等技术。

车型自动分类。高速公路上对不同车型的收费标准也不相同,故需对车型进行精确判断。该功能除了采用图像识别技术,通常还需融入激光扫描分型和光幕检测技术,从而提高车型识别的准确率。此外,还有基于红外检测和压力传感器相结合的车型自动分类系统。

视频稽查。主要指对通过换卡、倒卡或闯卡偷逃高速公路通行费的车辆进行跟踪查控,甚至能对超限超宽车辆进行监测报警。该功能主要采用视频图像分析技术实现。

此外,随着移动互联网的发展,电子收费理念还应用于停车收费领域。停车场入口和出口的检测单元将车辆的进场信息和出场信息传到服务器,服务器经过计算将消费信息以二维码形式发送至停车场出口的电子收费设备,车主通过第三方支付平台扫描二维码进行付款,提高了停车收费效率,降低了管理成本。

5. 交通信息服务

交通信息服务主要指向驾驶员传递有用的交通服务信息,包含出行前信息服务、行驶中驾驶员信息服务、途中公共交通信息服务、途中其他信息服务、路径诱导与导航以及个性化信息服务等。

交通信息服务领域的发展主要体现在信息类型和发布手段的不断丰富和多样化。目前,驾驶员可通过手机短信接收目的地天气或休闲娱乐信息,可通过手机导航软件快捷准确到达目的地,可在途中通过广播、电视、微信和微博等多种手段接收各类交通信息,根据自身需求恰当选择行驶路线及时间。随着云计算和大数据技术的应用,交通信息服务也越来越准确、智能和及时,让运输行驶变得更科学、更高效。表 5-1 列举了驾驶员行驶的信息需求,现有的交通信息服务已基本能覆盖这些需求。

表 5-1 驾驶员行驶信息需求

交通状态	信息类别	信息内容
正常	交通状态信息	各道路交通状况
		(常发性)拥挤情况
		延误时间
	行程时间信息	路段行程时间
异常	异常事件信息	事件类型
		事件地点(区域)
		针对事件的交通管制措施
		事件持续时间
		(偶发性)拥挤情况
	交通状态信息	拥堵(排队)长度
		事件影响区段的车速
		事件影响区段的延误
	替换路线信息	推荐替换路线
	行程时间信息	路段行程时间

案例 5-1 易流基于大数据的运输全程透明解决方案

易流提供基于大数据的运输全程透明解决方案,如图 5-1 所示。易流通过软硬一体化的管理方式,帮助企业连接物流全要素,协同业务上下游,透明管车和管货,不仅实现对物流运输的全程把控,同时实现订单物流全程透明管理。为物流及供应链领域的行业客户提供以安全、效率、成本、体验为核心价值的物流透明服务。

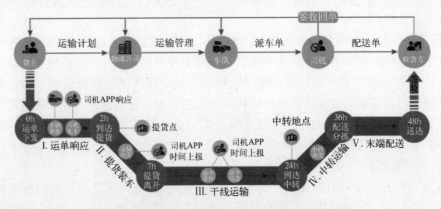

图 5-1 易流基于大数据的运输全程透明解决方案

6. 交通运输安全

交通运输安全主要指各种道路的安全管理和紧急救援。道路安全管理包括道路安全工程和道路安全审查。道路安全工程应确保道路具备较完善的安全设施，除路面标识、标线和视线诱导设施清晰醒目外，在必要的地段和路侧需设置防撞栏杆，能使失控车辆平滑地改变方向，防止危及其他车辆，保障人身安全。道路安全审查旨在确定道路潜在的安全隐患，确保考虑合适的安全对策，使安全隐患得以消除或以较低代价降低其负面影响，保障道路在规划、设计、施工和运营各阶段均考虑安全需求。

当道路发生紧急事件时，在事件的发现、处置和交通恢复正常等过程中，信息的采集、处理和运用非常重要，各种信息的快速与精确获取及各部门间信息流动渠道的畅通是完成快速、高效救援的保障。

图 5-2 为道路紧急救援体系逻辑结构，清晰地阐述了紧急救援的责任部门、救援任务及交互关系，道路紧急救援体系应具备紧急事件自动探测、救援资源优化配置、救援资源联动调度、紧急救援决策支持和紧急事件交通管制等功能，应包含以下系统。

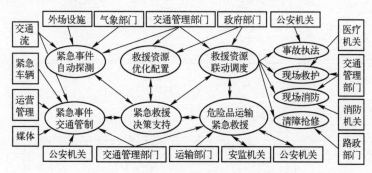

图 5-2　道路紧急救援体系逻辑结构

1）交通紧急信息采集系统：负责收集道路交通检测设备的检测数据等当前紧急事件相关数据，这些数据经过验证、转换和融合等处理，成为道路紧急救援的关键基本数据。

2）救援信息平台与决策支持系统：是紧急救援系统的核心部分，主要包括确认交通事故及划分等级、制定救援过程协调与调度方案、制定危险品运输事故紧急救援方案、制定紧急救援决策支持预案、方案调度和配置救援资源等功能。

3）紧急事件信息发布与服务系统：该系统使用尽可能多的方法和途径向驾驶员提供车辆排队长度和交通事故发生的地点、严重程度及处理时间等信息，支持交通管理者对紧急事件信息进行处理，对所得到的各种经验参数进行修正，当遇到同类事故时，能生成最佳救援方案。

4）紧急救援实施系统：负责发送或接收来自救援中心及各部门的指令和方案，确保整个救援过程有序进行，并对整个救援过程实施全程监控，时刻跟踪事故现场的最新动态，依据最新动态迅速调整或重新生成救援方案。

5.2.2　层次架构

智慧物流运输的层次架构如图 5-3 所示。

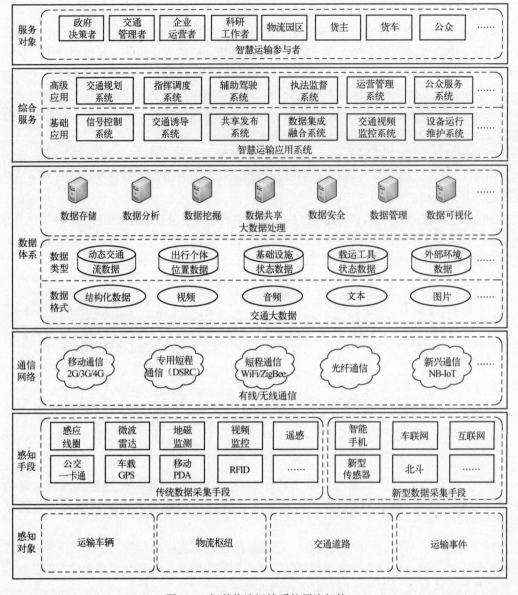

图 5-3 智慧物流运输系统层次架构

1. 全面的动态感知网络

数据是智慧物流运输系统的基础，交通运输数据采集手段的深度革新将引领智慧物流运输系统的变革。智慧物流运输系统需建立一张全信息动态感知"泛在网"，使感应线圈、微波雷达、地磁监测、视频监控、车载 GPS 和射频识别（RFID）标签等传统交通信息采集设备，以及智能手机、物联网终端和车联网终端等新型交通采集设备，像神经末梢一样分布于交通运输的各个环节，不断地收集与交通相关的视频、图片、文字等基础数据，实现交通运行状态可视、可测和可控。感知网络的建立需考虑感知对象、感知手段和通信网络 3 个方面内容。其特点及发展要求如下。

感知对象。智慧物流运输系统具有海量的监控对象，并随着技术不断发展越来越丰富，目前主要的感知对象包括人、物、车、路、事件和基础设施等方面，具体为人员、运输货物、营运车辆、交通管理和静态系统等。随着互联网发展，舆情也将成为重点感知对象，舆情监控可便于了解公众最迫切的交通需求。

感知手段。新技术驱动下的智慧物流运输系统具有丰富的数据来源和多样化感知手段，传统的线圈、地磁、微波和视频感知手段在成本、准确度和安装维护等方面各有优缺点，目前整体上存在安装复杂、成本高、效果不稳定和维护困难等缺点，稳定、准确和免维护的感知手段将是智慧物流运输系统不断追求的目标。

通信网络。为满足交通海量数据的实时传输要求，需建立短距离、长距离无线通信和有线通信构成的互联互通信道，形成稳定可靠的一体化通信网络。刚刚兴起的窄带物联网（NB－IoT）技术，支持低功耗设备在广域网中的蜂窝数据连接，具有覆盖广、连接多、速率低、成本低、功耗低和架构优等特点，未来将成为推动万物互联的重要支撑技术，也必将在智慧物流运输系统传感网领域广泛应用。智慧物流运输系统专网作为网络的中枢，与传感网、互联网、政务网和社会专网等连接，形成横向到边、纵向到底的高速通道，全面汇聚交通相关数据。

2. 安全高效的数据体系

随着交通数据采集手段的不断丰富，交通领域率先迈入大数据时代，交通大数据管理成为感知现在、预测未来、面向服务的最重要的支撑手段，构建安全高效的大数据处理体系成为解决城市交通问题的关键。根据大数据的4V特征，结合交通数据特点，交通类型的大数据应具有6V特征，如表5-2所示。

表5-2 交通大数据特征

特征	描述
体量（Volume）巨大	长期存储的结构化数据和非结构化数据累计体量巨大
处理（Velocity）快速	交通状态具有时变性，交通管理与服务具有时效性，需要实时快速处理
种类（Variety）繁多	数据来源广泛、类型丰富，视频、图片和文字等
真假（Veracity）共存	数据存在缺失、错误和冗余等异常现象
价值（Value）丰富	包含时间、空间和历史等多维特征，具有很高的利用价值
可视化（Visualization）	交通态势和交通基础设施等可视化展现

交通类型大数据具有"Volume"特征，尤其是快速积累的音视频和图像等非结构化数据，给数据存储带来了巨大的压力和挑战。数据的快速增长带来存储服务器需求的不断提升，使建设成本大大提高。当前智慧物流运输系统运输采取降低数据质量、缩短数据保存时长的方法，可能丢失大数据中隐藏的利用价值。云存储技术的发展带来了新的解决方案，智慧压缩和云存储算法可以初步解决大数据的存储问题。

交通类型大数据具有"Velocity"特征，要求智慧物流运输系统具有强大的数据处理能力，尤其是实时流处理能力。例如，实时交通流控制、交通状态识别、短时交通流预测、实时公交调度和动态交通诱导等均有时效性要求，需实时获得分析结果。大数据技术的发展为上述需求提供了技术支撑，提供了智慧交通需要的快速计算能力。

交通类型大数据具有"Value"特征，并且有些还属于国家秘密，涉及国家安全，如公安网中传输的数据；大量信息属于个人隐私，如个人出行和车辆轨迹等信息。在采集、传输、存储、处理和应用等过程中，需遵守相关标准和规定，在整个生命周期内将交通数据控制在安全范围内。更重要的是，在数据处理和应用过程中，需遵循隐私保护机制，应用隐私保护方法。数据加密和防火墙技术是目前保证交通数据安全的常用手段。

3. 综合服务能力

智慧物流运输的成效最终体现在其综合服务能力上。由于汇集的数据越来越广泛、技术处理方式越来越先进、交通服务理念越来越人性化，智慧物流运输的服务范围和服务能力在不断扩大和增强。在服务方面，智慧物流运输应重点提升以下 5 个方面的能力和水平。

提升政府决策者科学研判能力。通过对人、物、车、路、事件、基础设施和舆情等道路交通安全管理重点要素实施深度数据挖掘、多维分析和实时研判，开展舆情导控和高端应用，更好地服务于决策指挥、交通规划和社会民生。

提升交通管理者指挥服务能力。通过对公安监控资源、社会监控资源及动静态交通事件相关信息进行融合，提升道路事件实时管控能力；通过对重点驾驶人和重点车辆进行分类管控，提升交通源头动态监管能力；通过汇聚肇事逃逸、报废车、假牌套牌车、在逃人员和布控车辆的"黑名单"信息，提升打击犯罪维护治安能力；通过打造网上交警队，真正实现让数据多跑路、让群众少跑腿，提升社会化信息服务能力。

提升企业运营者营运管理水平。企业借助智慧物流运输系统实行科学的运营计划管理、运营调度管理、流量统计分析、车辆管理、线路管理、车场管理和人员管理，提高企业管理水平、运营效益以及核心竞争力。

满足公众高效便捷多样化的出行需求。互联网＋交通运输借助云计算、大数据和物联网等先进技术和理念，将互联网产业与传统交通运输业进行有效渗透与融合，形成具有线上资源合理分配、线下高效优质运行的新业态和新模式，不断提升公众出行的安全性、便利性和舒适性。

提升车辆辅助驾驶安全和智能化水平。交通安全作为交通的第一原则，越来越受到重视。高级辅助驾驶系统（ADAS）和 V2X（车与万物互联）技术的发展和应用使车辆在行驶过程中更加智能和安全。通过 ADAS 和 V2X 可以超视距地获得车辆自身状况、实时路况、道路信息、行人信息和交通信号等一系列交通信息，配合车辆主动安全技术的智能性，在不增加驾驶员负担情况下，大幅提升行驶安全。

4. 交通指挥服务中心

交通指挥服务中心是城市交通运行管理的中枢，汇聚交管业务数据和社会数据，实现对交通运行状态的全面感知、态势预测、事件预警和决策支持。其主要任务包括以下内容。

整合各类交通视频和图像资源，依托警用地理信息系统对交警警力装备、监控设备和交通安全设施等进行综合管理；对发生重大突发事件、涉车涉路警情事件进行应急处置，实现扁平化指挥调度。

围绕人、物、车、路、事件、基础设施和舆情 6 要素，汇聚交通管理海量数据，与交通、保监和农机等部门单位进行信息交互与数据共享，跨警种提供交通数据服务。

整合重点单位、重点车辆和重点驾驶人的基本信息和违法、事故信息，实时获取重点车辆位置信息，及时发现安全隐患，并进行预警处理。

整合道路交通信息资源，开展常态和应急状态下道路交通信息研判工作，为领导决策指挥提供重要依据，同时为道路交通规划建设提供指导。

依托互联网+交通管理平台,实施全媒体联动,发布实时路况和影响道路通行的事件信息,开展交通安全预警提示,为广大交通参与者提供交通安全信息告知、出行信息查询等服务;利用各方面信息资源,收集与交通管理有关的舆情进行分析、研判,并及时进行正确的引导。

依托警力定位、视频监控、执法记录仪和警务通等各类系统,动态监管民警的执纪执法行为,实现日常业务监测分析、专案监督复查、举报投诉反查和专项业务整改等任务。

5.3 智慧物流运输的应用与发展

5.3.1 我国智慧物流运输发展现状

当前,以互联网为代表的信息技术正与交通运输领域深度融合,超级铁路、自动驾驶、新能源车船、无人机(车、船)等智能化交通基础设施和技术装备成为各国竞相角逐的热点,交通出行新模式、新业态、新产业不断涌现并焕发出强大的生机与活力。加快智慧物流交通发展,对于推动行业高质量发展,满足人民美好出行需要,加快建设交通强国,具有十分重要的意义。

1. 基础设施智能化水平提升,运输服务新业态不断涌现

近年来,我国智慧物流运输蓬勃发展,基础设施和装备智能化水平大幅提升,运输服务新业态、新产品不断涌现,治理体系和治理方式不断优化,人民群众的获得感也不断增强。

一方面,基础设施智能化不断提升交通系统的运行效率。当前,我国国省干线公路网超 40%的重点路段、特大桥梁和特长隧道实现了运行状况的动态监测。自动化集装箱码头在青岛港、厦门港、上海洋山港等港口陆续建成并投入使用。截至 2017 年年底,全国高速公路已建成 ETC 车道 17295 条,持卡用户超过 6000 万。另外,运输装备智能化技术创新正加速推进。首批 3 家自动驾驶封闭测试场地获得认定,国家智能网联汽车(上海)试点示范封闭测试区已建成 200 个智能驾驶测试场景。无人机在公路巡检、突发事件现场监测已在部分地区规模应用,无人机运输正在积极试点。国内首条全自动运行地铁线燕房线于 2017 年年底投入运行。首艘无人货船项目"筋斗云"也于 2017 年 12 月在珠海启动。

客货运输服务创新应用也取得了显著成效。网约车、共享单车、12306 铁路联网售票、航空电子客票、海运 EDI、物流信息平台等智慧交通项目和系统的服务规模和发展水平均居世界前列。

此外,行业协同治理应用正在深入推进。交通运输安全畅通与应急指挥、运输和建设市场信用信息服务,以及道路运输管理、公路治超管理、海事协同监管、统计分析等全国联网系统,在行业管理中发挥越来越重要的作用。2017 年 9 月,跨省大件运输并联审批系统实现全国联网。全国重点营运车辆联网联控系统也已建成,超过 95%的"两客一危"重点营运车辆接入了联网联控系统。"信用交通"建设初见成效,在强化事中事后监管、推动市场诚信自律方面已发挥作用。

当前,开放共享的数据资源体系已基本建立。通过政企合作方式建立的"综合交通出行大数据开放云平台",目前已接入全国 25 家省市交通运输主管部门,包括腾讯、百度、高德、滴滴等在内的 43 家企业和机构,开放数据 159 项,信息服务接口 140 余项,推动交通运输公共信息资源开放。

2．推动基础设施数字化，生产组织自动化

交通运输部坚持以智慧物流运输为行业发展主攻方向，聚焦基础设施、生产组织、运输服务和决策监管等领域，推动实现交通运输数字化、网络化、智能化，促进交通运输高质量发展，为建设交通强国提供有力支撑。

通过推进建筑信息模型（BIM）、高分辨率对地观测等技术在项目规划、设计、建造、运维各阶段应用，建立高精度、全要素的三维交通地理信息系统，实现对铁路、公路等基础设施、设备、标志标线等的数字化与动态跟踪。对重大交通基础设施工程实现全生命周期健康性能监测，及时发现和精准处置隐患，节约养护成本，延长生命周期。

另外，大力发展"互联网+"物流组织新模式，构建覆盖物流链各环节的服务体系，提供国内、国际物流"一站式""一单式"服务。同时，推动载运工具及作业装备向电动化、自动化和联网化发展，由人工操作向智能化控制转变，推动生产组织智能化、自动化，全面提升运输作业效率和管理水平。

推动运输服务一体化、便捷化也是重要发展内容。推动出行、旅游、住宿、餐饮、娱乐等领域跨界融合，鼓励各类平台型企业为旅客提供个性化、"门到门"的一体化出行解决方案，使出行更便捷。通过倡导共享化理念，提供即时响应、按需获取、随需而变的出行服务，大幅减少私人运输工具拥有量。

此外，深化行业宏观决策、安全应急指挥、监管执法、政务服务等领域的大数据运用水平，实现铁路、公路、城市公共交通等综合交通运行状况的集成展现、综合评估预测预警等，全面增强综合交通运输协调调度和应急联动能力。同时，推动交通运输许可证件和执法案件数字化，提供一体化在线政务服务，推动交通信用、综合执法信息跨区域、跨部门共享共用，实现一地失信、处处受限，一处违规、异地处罚。

3．强化顶层设计，加强跨界协同

深入推动智慧物流运输发展，强化顶层设计，谋划中长期发展。以支撑交通强国为核心，研究移动互联网、大数据、人工智能等新技术对交通运输业的改造提升作用，分析新的出行方式、物流组织和治理模式，明确智慧物流运输的中长期发展目标和实现路径。

一方面，通过推动新一代交通控制网和智慧公路等试点，加快先进信息技术与交通运输融合应用。另外，按照"以高精度应用为核心、以地基增强为支撑、以运输工具为重点"的目标深化北斗系统行业应用，并开展交通旅游服务大数据应用试点，探索开展跨行业、跨地区数据融合应用。

明确以企业为主体进行技术、服务、商业模式创新，政府侧重战略、规划、政策、标准和治理模式创新的政企定位十分重要。要加强交通、发展改革、工信、公安等部门联动，深化部门协同发展机制，统筹各行业资源，共同推动形成国家层面的引导力量。

5.3.2 智慧物流运输的典型应用模式

1．互联网+车货匹配

以互联网为桥梁，撮合运力和货物匹配，提升物流运输的资源配置的车货匹配成为互联网改造物流行业的新尝试。

车货匹配平台去除了中间利益支柱，使货主和车主能够直接接触和交易；解决了信息不对称的问题，使货主能够快速找到车，车主快速找到货，直接在手机上完成整个交易，并且可以提前预约，方便快捷，节约时间和成本，如图5-4所示。

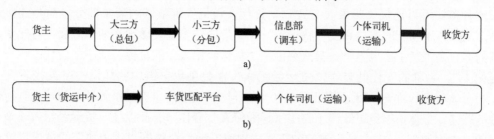

图5-4 传统货运与车货匹配对比
a) 传统货运匹配模式 b) 车货匹配平台模式

"互联网+"车货匹配主要有以下四种模式。

（1）基于互联网的C2C信息撮合

此模式即为在移动互联网兴起前大量存在的配货网站，如天津的生生网、湖南天骄网等，它们大多以网站+客户端的形式存在，服务于个体货代和司机间的车货信息撮合。由于无法监测成交情况，网站基本只能收取会员费，无力打通各项闭环和生态。因此网站运营完全取决于推广能力和客户关系维护，大多是割据一方。当然也有试图走向全国的一点通、天下通，但都以失败告终。

不可否认，这类原始的"互联网+"车货匹配方式在信息技术极其落后的年代，还是发挥了一定作用。

（2）基于移动互联网的C2C信息撮合

随着智能手机的流行和移动互联网的兴起，车货匹配成为最早应用相关技术的行业。早期有百及的"车运宝"、传化的"e配货"和林安的"我要物流"，它们通过智能手机APP，将个体货代和司机位置匹配的物流信息进行撮合。因为与滴滴出行的模式相近，人们将该类产品称为"货运滴滴"。其实"货运滴滴"比"滴滴"早很多，只是因当时货车司机的手机拥有率太低而没能流行起来。

"货运滴滴"兴起于2013年下半年，这要归功于两件事情：其一是微信等的流行让智能手机在市场迅速普及；其二是"滴滴"的巨大成功，让资本看到"货运滴滴"的广阔前景。据相关网站统计，截至2014年年底，全国约有800个车货匹配APP出现，大量APP获得资本的青睐，宣称拿到一亿美元以上融资的不在少数。

相比于第一种模式，"货运滴滴"在撮合的效率和成功概率上有较大的提升，但"货运滴滴"并不成功。2015年车货匹配APP开始出现关闭和转型潮，目前仍在市场上坚持这一模式的企业已经屈指可数。

C2C撮合并不是交易的主流。其一货运从货量、车型、运价上都是非标的，车货匹配不仅是"匹"更是"配"。其二这个行业更多的是"熟关系"模式，线上的"撮合"只是对线下"熟关系"的效率补充，没有人会为赚取交易费用找陌生的司机而承担货运风险。其三"货运滴滴"的目标是直接连接货主和车主，而货主的结算方式是账期结算（这是控制风险的方式之一），而司机是现金结算（这也是控制风险），这两者是不可逾越的。为解决这些问题，创新企业开始了B2B的模式转型。

（3）基于移动互联网的B2B模式

这种模式不再连接"货主（三方）—货代—司机"价值链的后半部分，而是连接前半部分，更贴近于物流的本质和交易特征。其"质"的进步主要体现在两个方面：首先明确了服务的客户是"货主（三方）"；其次突出了"货运经纪人"的价值，即小型货代改称为"货运经纪人"。名称的变化凸显了"货运经纪人"在整条价值链中的作用——连接货主（三方）和个体司机的桥梁。货运经纪人作为一个群体，通过为司机提供货源，与司机打造较为亲近的连接。个体司机也更倾向于与"货运经纪人"合作，长此以往，货运经纪人逐渐有了自己的"运力池"。当货主（三方）的需求出现时，他们会根据"运力池"的情况进行预先报价，中标后再从运力池中找车运输。

"福佑卡车"是这一模式的代表，其流程如下。

1）三方物流通过福佑卡车客户端下单询价；

2）平台采用暗标的方式收集多个经纪人的报价；

3）三方物流根据价格或信誉等选择经纪人；

4）中标经纪人安排司机进行提货运输。

在这种模式中，由于采用竞价模式，三方物流可以选择更低的价格；同时，由于对司机和线路的了解，经纪人可以报出低价以提高竞争力。最终的结果就是三方物流降低了成本，经纪人获得了更多交易的机会。从平台的角度讲，三方和"货运经纪人"相对于司机都是更可控的主体，"消失"的概率极小，所以平台也更愿意向另一方担保其中一方的行为。

（4）基于专线物流解决方案的运营整合

从目前货运的发展趋势看，第三种模式仍然存在两个问题：首先是只能解决整车的问题，而随着电商在我国流通业的比例不断增加，货物小型化带来的零担趋势愈发明显，整车的比例会越来越小。其次是仍然建立在"社会车辆"的基础上，忽略了"大车队""专线运输集约化"的趋势。

我国90%的货量是由专线完成的，绝大部分车货匹配的过程也是由专线来完成的。所以，提高专线的"车货匹配"能力，才是解决我国公路货运问题的关键点。提高专线的"车货匹配"能力要从以下方面入手。

1）加强集约化和"两端平衡"，提高匹配的空间维度。只有每天收到的货物更多，重货和泡货都达到一定的体量，专线才能实施更多、更优的车厢装载方案；同样，只有两端货量更加平衡，专线才能减少等待时间，形成对流。专线企业也会更多偏向于将稳定的货量部分交由自有车辆运输，从而获得更大的利润空间。同时，自有车辆也会进一步提高匹配效率。

2）推广"卡航"和"甩挂"，提高匹配的时间维度。只有准时运输和更多的班次，才能形成"货等车"，即像坐飞机一样，在"卡航"到来之前，准确地将货物准备好，这样的效率最高；而卡航的另一个方面就是甩挂，线甩网甩甚至一头两挂分地甩，都会进一步提高匹配效率。

国内的天地汇等平台企业开始实践这样的车货匹配形式并且已经初见成效，车辆的使用效率得到极大提升：社会车辆平均月行驶里程约在13000千米，该平台的车辆平均月行驶里程超过25000千米，效率提升接近一倍。

2. 互联网+多式联运

虽然多式联运在我国起步比较晚，还不够发达，但是互联网给我国的多式联运带来了后发优势。交通运输部和国家发改委自2016年起开展多式联运示范工程，第一批16个，第二批30个，第三批24个，已经有了70个示范工程项目。这项工作目的是推进物流降本增效，是国家的重大战略。多式联运的互联网化，需要通过构建多式联运的相关要素的透明连接来实现，其最终目的是实现多式联运的互联网化运作及管理。

（1）多式联运的透明连接

多式联运的透明连接涉及的范围很广，但需要以运输工具、联运枢纽、承运主体这3个方面的透明连接为基础。

1）运输工具的透明连接。多式联运互联网化的第一个挑战，就是运输工具的透明连接。运输工具的透明连接，其目的是要掌握每种运输方式的每一个运输工具的状态。公路运输方面，需要通过构建物流车联网来把握每一辆车的状态。所谓物流车联网，就是把车辆、司机、物流公司等运力要素透明连接起来所形成的网络；铁路运输方面，需要通过相关要素的透明连接，来把握每一次班列、每一节车厢（火车皮）的状态。这需要铁路运营部门做好透明连接的基础，然后将铁路运力的相关信息开放给多式联运的相关方；水路运输方面，水上运力相关要素的透明连接，需要船舶公司及远洋运输公司提供技术支持和数据运营支持，然后将相关信息开放给多式联运的相关方；航空运输方面，需要航空公司将货运航班信息传递给多式联运的相关方。每一种运输方式都自成体系，先要对每一种运输方式体系构建要素的透明连接，然后再将各种运输方式按照多式联运的运作管理需要进行透明连接。

2）多式联运枢纽的透明连接。建立多式联运枢纽的透明连接，有两个方面：一是枢纽内部的透明连接，二是不同枢纽之间的透明连接。关于枢纽内部的透明连接，与物流园区的透明连接类似，目的是提升枢纽的服务能力，为多式联运的货物中转提供高效的服务。此外需要建立枢纽之间的透明连接。多式联运中，货物需要通过一系列的枢纽，才能到达最终的目的地。每一个多式联运的枢纽需要接收从其他枢纽发运过来的货物，也需要将货物发往其他枢纽。把各个枢纽连接起来就是多式联运的网络。构建枢纽之间的透明连接，目的是方便各个枢纽准确预测将来的货物流量规模，也方便对货物进行追溯。基于多式联运枢纽的透明连接，再与运输工具进行透明连接，这样每一个多式联运的枢纽都可以准确预知将来的一段时间内，有多少货物进港或出港，便于各个枢纽做好货物中转的计划。

3）承运主体的透明连接。多式联运涉及多个承运主体，需要构建承运主体之间的透明连接，以便于实现多式联运的协同。多式联运的承运主体有铁路运营公司、航空公司、远洋运输公司、港口运营公司以及各种物流公司等。承运主体之间的透明连接，核心是主体之间的业务系统对接。例如，公路运输转铁路运输或水路运输时，需要将公路运输的业务单据传递给铁路运输承运人或水路运输承运人。按多式联运服务的完整性及连贯性要求来看，货主面对的可能是单一承运人，但需要其他相关承运人也要向货主提供业务执行过程的服务信息。所以先得实现各个承运主体之间的业务系统对接，才能够保证服务的完整性及连贯性。

（2）多式联运的互联网化运作

多式联运的互联化运作基于数据驱动。因为没有任何一个单一主体或企业能全盘驾驭多式联运的资源和业务。比较科学的方式就是通过数据来驱动多式联运的运作和管理。

1）根据货源大数据来布局多式联运的网络。对当下的多式联运而言，一方面没有直接的货源大数据,所以需要通过透明连接来积累数据;另一方面需要通过间接的货源大数据来规划多式联运网络。当多式联运互联网化之后,就会有货源的相关数据,再基于数据来优化多式联运的网络布局。

2)根据数据来驱动多式联运的系统运转。因为在多式联运互联化的条件下,各个承运主体之间已经构建了透明连接,各种运输方式及联运枢纽之间已经构建了透明连接。只要货主向多式联运体系中的任意一个承运主体派发任务,就会在整个多式联运体系中产生连锁反应。于是可以实现业务订单数据驱动多式联运流程,实现业务流程数据驱动多式联运资源,从而实现数据驱动多式联运的多方协同,实现多式联运的高效运作。

3. 无车承运人

"无车承运人"由美国 Track Broker(货车经纪人)这一词汇演变而来,指的是没有实际运输车辆,但从事承运业务的经营者以承运人身份接收托运人的货物,签发提单或其他运输单证,向托运人收取运费,通过实际运输经营者而完成货物运输,承担承运人责任的道路货物运输经营活动,是无船承运在陆地的引用和延伸。

相对于传统的货运关系中"货主+承运人"而言,无车承运人的角色具有双重性,对于上游货主而言是"承运人",对下游实际承运人而言是"货主",但无车承运人与货运代理的本质区别在于无车承运人对货主要承担货运交付责任。

对无车承运人来说,有没有车不是关键,有没有承运能力、能否开展交易才是模式落地的关键,背后考验着企业行业背景和综合实力。可以说,无车承运人这一创新模式为传统公路物流运输带来了智能化、高效率的发展,解决了传统物流行业"小、散、乱、差"局面,真正使货主有车可选,司机有货可运,具有广阔的应用场景和市场价值。无车承运人的最大优势是掌握货源、集聚货源,能够极大提高物流组织效率,节能减排效果明显。

2013 年,交通运输部发布《关于交通运输推进物流业健康发展的指导意见》,正式确定了"无车承运人"的法律地位,并提出逐步完善相关法律法规,强化规范管理。随着 2016 年我国正式启动"无车承运人"试点工作,"无车承运人"模式在行业内多点开花,迎来黄金发展期,逐渐成为拉动物流行业的快速转型发展新动力。据不完全统计,到 2018 年年底,我国已有超过 200 家无车承运企业,且数量还在增加。

案例 5-2 几种典型的货运信息平台

本案例介绍了天天有货、货车帮、运满满、罗计物流、叭叭速配、中国配货网几个典型的货运信息平台。

扫描二维码
阅读全文

5.3.3 智慧物流运输的发展趋势

智慧物流运输作为现代物流产业发展的重要领域,正越来越多地受到政府、资本、科研力量和企业的重视和投入,发展越来越快,可清晰看到智慧物流运输呈现出以下 5 大特点与趋势。

1. 绿色交通成为交通运输发展新理念

加快推进绿色循环低碳交通运输发展,是加快转变交通运输发展方式、推进交通运输现代化的一项艰巨而紧迫的战略任务。近年来,国家层面通过出台相关政策、开展城市试点等方式积极推进绿色交通运输建设。2010 年启动了"车、船、路、港"千家企业低碳交通运输专项行动;2012 年交通运输部颁布实施了《关于贯彻落实〈国务院关于城市优先发展公共交通的指导意见〉的实施意见》，随后便启动了公交都市建设工作，截至2013年底，37个城市入选公交都市试点城市；2013年交通运输部印发了《加快推进绿色循环低碳交通运输发展指导意见》，同年颁布了《关于推进水运行业应用液化天然气的指导意见》，组织无锡等10个城市开展低碳交通城市区域性试点工作。

"十三五"期间，随着科学技术的不断创新、国家政策的强力支持，绿色交通成为交通运输发展的新底色，节能减排将成为智慧物流运输发展的关键词。大力发展车联网，提高车辆运行效率；重视智能汽车的发展，提升车辆智能化水平，加强车辆的智能化管理；积极采用混合动力汽车、替代料车等节能环保型营运车辆；构建绿色"慢行交通"系统，提高公共交通和非机动化出行的吸引力；构建绿色交通技术体系，促进客货运输市场的电子化、网络化，提高运输效率，降低能源消耗，实现技术性节能减排。

2．互联网思维将极大提升服务能力

随着"互联网＋"上升为国家战略，未来智慧物流运输将与互联网深度渗透融合，对服务的某些环节产生重大影响，进而提升服务能力。大数据思维让交通服务更加智能和便利，提升交通资源配置优化服务能力；用户思维让智慧物流运输项目更贴近百姓需求，提升公众服务能力；免费思维让智慧物流运输项目在多种商业运作模式下快速走向成功，扩大规模和拓展领域，进而提升交通治理服务能力；跨界思维让智慧物流运输与其他行业的结合具有更多可能性，提升产业聚合服务能力。

- 大数据思维。将运输非涉密数据有条件地开放，鼓励企业基于开放的数据进行数据挖掘，挖掘出大数据背后的潜在价值，从而提供更为智能和便利的交通运输信息服务。
- 用户思维。为使智慧物流运输中投入的资金更有效率，更有针对性，在项目建设中，运用互联网众筹的思想，开展百姓需求调查，了解百姓最迫切希望解决的问题，从而有针对性地选择项目，将有限的"好钢"（资金）用在"刀刃"上。
- 跨界思维。电子商务与智慧物流运输逐步融合，使得人们的出行体验与购物、消费等服务结合在一起。典型案例如中国最大的电商阿里巴巴收购了高德后，将高德的位置服务和出行路径诱导与电商服务进行了集成，为用户带来全新的体验。
- 免费思维。在盈利方式上，引入互联网思维的盈利思路，创新项目商业运营模式，对于可以市场化的项目加强具体项目的商业运作模式可行性研究，增强项目自身造血功能，使项目建成后能快速持续收回成本；比如基础服务免费、增值服务收费，或者短期免费、长期收费等。

3．与新兴技术的结合将更加紧密

物联网使智慧物流运输对外部环境要素的感知更加丰富精准；云计算和大数据技术为迅速增长的海量数据提供了强大的存储能力、快速的计算能力及科学的分析研判能力，智慧物流运输将在云计算和大数据的支撑保障下，大幅提升及时性、主动性和预见性；人工智能让交通运输管理和服务的各环节都更具智慧，颠覆传统交通管理和服务思维。

- 物联网：激活智能要素。通过各类传感器、移动终端或电子标签，使信息系统对外部环境的感知更加丰富细致，这种感知为人、车、路、货、系统之间的相互识别、互操作或智能控制提供了无限可能。未来，智能公路、智能航道、智能铁路、智能民航、智能车辆、智能货物、智能场站等将快速发展，管理者对交通基础设施、运输装备、场站设备等的技术运行情况和外部环境能够更加全面、及时、准确掌握。
- 云计算、大数据：点亮运输管理智慧。据不完全统计，我国交通运输行业每年产生的数据量在百 PB 级别，存储量预计可达到数十 PB。以北京市交通运行监测调度中心（TOCC）为例，目前 TOCC 共包括 6000 多项静动态数据、6 万多路视频，其静动态数据存储达到 20TB，每天数据增量达 30GB 左右。面对增长迅速的海量数据，在云计算、大数据等技术支撑保障下，未来的交通管理系统将具备强大的存储能力、快速的计算能力以及科学的分析能力，系统模拟现实世界和预测判断的能力更加出色，能够从海量数据中快速、准确提取出高价值信息，为管理决策人员提供应需而变的解决方案，交通运输管理的预见性、主动性、及时性、协同性、合理性将大幅提升。
- 移动互联网：提高信息服务水平。服务是交通运输的本质属性，随着移动互联网、智能移动终端大范围应用，信息服务向个性化、定制化发展。信息服务系统与交通要素的信息交互更加频繁，系统对用户的需求跟踪、识别更加及时准确，能够为用户提供货物运输的全过程规划、实时导航等服务，基于位置的信息服务和主动推送式服务水平大大改善。
- 人工智能：赋予运输装备智慧大脑。随着人工智能的发展和应用，智能化、高端化运输装备制造面临重大发展机遇。2017 年 7 月，国务院发布《新一代人工智能发展规划》，明确提出要大力发展自动驾驶汽车和轨道交通系统，加强车载感知、自动驾驶、车联网、物联网等技术集成和配套，开发交通智能感知系统，形成我国自主的自动驾驶平台技术体系和产品总成能力，探索自动驾驶汽车共享模式；同时要发展消费类和商用类无人机、无人船，建立试验鉴定、测试、竞技等专业化服务体系，完善空域、水域管理措施。人工智能与交通运输深度融合是实现交通强国目标的有效途径，推动运输行业人工智能发展和应用，能够为行业高质量发展添薪续力、增强动能。

4. 车联网将迎来爆发式增长

车联网通过新一代信息通信技术，实现车与云平台、车与车、车与路、车与人、车内等全方位网络链接，主要实现了"三网融合"，即将车内网、车际网和车载移动互联网进行融合。车联网利用传感技术感知车辆的状态信息，并借助无线通信网络与现代智能信息处理技术实现交通的智能化管理，以及交通信息服务的智能决策和车辆的智能化控制。车联网能够实现车与 X（即车与车、人、路、服务平台）之间的网络连接，提升车辆整体的智能驾驶水平，为用户提供安全、舒适、智能、高效的驾驶感受与交通服务，同时提高交通运行效率，提升社会交通服务的智能化水平。

当前，全球车联网产业进入快速发展阶段，全球车联网服务需求逐渐加大。中国、俄罗斯、西欧和北美等国家和地区 70%以上的新组装车辆都已配备互联网接口。当前全球联网车数量约为 9000 万辆，预计到 2020 年将增至 3 亿辆左右，到 2025 年则将突破 10 亿辆。从车载信息服务平台应用规模来看，目前已形成数百家成规模厂商，典型厂商安吉星全球用户已突破 700 万人。2019 年中国车联网用户规模达到近 3000 万辆，已成为全球最重要的车联网市场。未来，与大数据、云计算等技术创新融合将加快车联网市场渗透，同时由于 5G 技术的推广应用、V2X 技术发展、用户增值付费提升等因素，市场迎来爆发式增长。

5. 参与主体趋向多元化

智慧物流运输建设不再是政府部门的独角戏，交通运输企业、交通设备制造企业、互联网企业、运营商和公众均将以不同方式更多地参与其中。政府将更多考虑政策创新、信息公开和市场公正，交通运输企业将在不断提升自身业务信息化水平的过程中悄然为更大范围、更大程度的智慧物流运输打牢基础，交通设备制造企业将不断提高设备的智能化水平，打造功能更强大的智慧物流运输神经末梢，互联网企业将发挥更多作用，肩负着交通行业变革的使命，运营商将发挥自身强大无线网络的优势，共享优势资源，公众将担当出资者、建设者和监督者的角色，各方紧密合作，共同投入智慧物流运输建设。

- 互联网企业。百度、阿里巴巴和腾讯在地图、导航及交通领域动作频频，阿里投资易图通、全资收购高德，通过支付宝 NFC 切入公共交通领域；百度收购长地万方，通过与交通管理部门联动盘活大数据，推出 CarNet 车载设备；腾讯收购科菱航睿、与四维图新合作、推出车联网硬件产品路宝。BAT 通过打车、专车软件抢夺移动支付入口，腾讯投资快的打车，阿里巴巴投资滴滴打车，百度投资美国叫车 APP Uber，"三足鼎立"的局面一直延续到 2015 年 4 月 1 日滴滴、快的合并。互联网企业拥有雄厚的技术、数据沉淀以及成熟的互联网思维，将在智慧物流交通行业发展中起到关键作用，也将会对交通行业商业模式创新产生重大影响。
- 运营商。三大通信运营商通过和政府合作，依托政府权威数据后台，具备了互联网企业所不具备数据资源优势，推出了各类智慧物流交通 APP。如在广州市政府主导下，基于"智慧广州"背景，广州市政府与三大运营商联手合作推出了"行讯通"系列 APP，这种以"运营商-政府"为主导的特色应用，很好地共享了各自的优势资源。运营商能够提供快速流畅的无线网络支持和用户群体，政府则提供了强大的交通信息数据。
- 公众。未来智慧物流运输领域将更关注用户体验，用户思维将成为智慧物流运输建设运营中的主旋律，公众将担当着出资者、建设者、监督者的角色。公众为高质量市场化的智慧物流运输服务买单，同时也是重要的参与者，未来很多的智慧物流运输项目将来源于民，真正将用户需求摆在首位。

本章小结

智慧物流运输在智能交通的基础上，充分利用物联网、空间感知、云计算、移动互联网等新一代信息技术，综合运用交通科学、系统方法、人工智能、知识挖掘等理论与工具，以全面感知、深度融合、主动服务、科学决策为目标，通过建设实时的动态信息服务体系，深度挖掘物流运输相关数据，形成问题分析模型，实现行业资源配置优化能力、公共决策能力、行业管理能力、公众服务能力的提升，推动物流运输更安全、更高效、更便捷、更经济、更环保、更舒适的运行和发展，带动物流运输相关产业转型、升级。

本章重点介绍了智慧物流运输的概念和特点，详细阐述了智慧物流运输的运营管理、智能驾驶、交通管理、电子收费、交通信息服务、运输安全等方面的体系构成，简要介绍了我国智慧物流运输的发展状况及发展趋势，研究分析了互联网+车货匹配、互联网+多式联运、无车承运人等智能物流运输的典型应用模式。

本章习题

一、思考题

1. 如何理解智慧物流运输的概念和特点？
2. 如何理解智慧物流运输与智能交通的关系？
3. 智慧物流运输运营管理的主要内容模块包括哪些？
4. 简述智能驾驶技术的发展现状与趋势。
5. 简述智慧物流运输系统的层次架构。
6. 互联网+车货匹配的基本模式有哪些？
7. 互联网+多式联运的运行管理要求是什么？
8. 调查分析我国智慧物流运输的现状与发展趋势。

二、讨论题

1. 某公司一直以来主要从事货运代理业务，互联网+环境下公司管理者认识到无车承运将成为今后交通运输业的重要模式，请谈一谈如何由普通货运代理向无车承运人转变？
2. 通过网络对当前典型的货运信息平台进行调查，分析货运平台的运行思路和赢利模式，并就货运平台模式创新谈一谈个人见解。

三、案例分析

福佑卡车是一家专注城际整车运输的互联网交易平台，于2015年3月上线。平台的主要功能是为货主（以三方物流企业为主）、经纪人（信息部、车队）、卡车司机提供一套基于移动互联网技术的线上信息及交易系统。与其他只做货主与司机之间撮合交易的平台不同，福佑卡车在货主与司机之间实际上是撮合+担保的角色。本质上，福佑卡车是一家物流承运平台，通过赚取上游货主和下游司机端的差价来获取利润。

传统的物流行业小、乱、散、杂，信息十分不对称，经常出现货主找不到司机，司机找不到货主的情况，货主和司机两端需要到"信息大厅"（一种货主和司机会在上面发布行程及货源的线下交易场所）去进行匹配，效率低下，双方也很难达成信任。因此行业中顺势出现了一种类似"信息黄牛"的角色。黄牛手中握有大量司机资源，货主依靠黄牛来找到司机，司机则通过黄牛来获取订单。2013年之后，随着智能手机的大范围普及，移动互联网开始真正兴起，滴滴的异军突起让资本市场看到了希望，他们希望在传统物流行业也能再造一个"滴滴"。运满满、货车帮等"互联网+物流"模式的公司都是在此时进入了发展的快车道。

互联网经常会以一种暴风般的速度重塑传统行业。物流行业当时盛行的一个讨论是"信息黄牛"的角色是否还有存在的必要？是否可以用互联网直接对接司机及货主？

福佑卡车是行业中为数不多的选择保留"经纪人"这一角色的平台。经纪人通过平台可以获取订单。"他们过去关注货源和司机两端，现在只需要关注司机的资源。"据福佑卡车联合创始人叶逸飞介绍，原本经纪人过去一天只能做到4.6单，在福佑卡车平台上可以提高至10.8单/天。

简单而言，福佑卡车就是一个为物流公司提供运力支持的承运平台，上游对接物流公司，下游整合货运资源。服务对象包括货主、经纪人及卡车司机三类。货主在平台上发布货运需求，经纪人以竞价模式通过平台承接货运需求，并将运输任务分派给卡车司机。

平台通过各种技术手段收集货物运输过程中的状态变化信息，为货主和经纪人提供实时监控服务，当货物运输任务完成后，由平台进行业务相关方的费用核算、支付和结算。这和其他只做货主与司机之间撮合交易的平台不同，福佑卡车在货主与司机之间实际上是撮合+担保的角色。

2017年，福佑卡车的年交易额突破40亿元，平台上拥有2.6万个经纪人及30多万名司机。此外，福佑卡车目前还同京东、德邦等几十家物流企业达成合作，平均能为货主节省8%的综合运输成本，请车时间平均节省了1个小时以上。

问题：
1. 思考福佑卡车的运营模式是什么？
2. 思考福佑卡车保留经纪人这一角色的原因和价值是什么？

第6章 智慧仓储

学习目标
- 了解智慧仓储的概念与特点;
- 理解智慧仓储体系的基本构成和运行原理;
- 掌握无人仓、智慧云仓在智慧仓储中的应用;
- 认识和把握智慧仓储的发展现状。

引例

智慧技术纷纷导入 仓储物流效能倍增

随着物联网、机器人、可穿戴辅助装置及其他自动化技术应用比例越来越高,现代化仓储呈现出极为不同的面貌。使用可穿戴装置可在仓储管理上节省大量时间与人工;条码、RFID、传感器、GPS 等物联网技术,能够广泛应用于物流业运输、仓储、配送、包装、装卸等环节;未来加入 AI、机器学习等先进技术,可让物流系统拥有推理判断和自行解决物流中某些问题的能力。智慧物流的浪潮席卷而来,已经成为物流产业发展不可逆转的趋势。(资料来源:亿欧,2018 年 1 月)

扫描二维码阅读全文

传统仓储管理中人工录入数据、人工点验、人工仓储作业的方式效率低下,差错率高,无法快速响应用户需求,这些问题主要是由信息产生、处理方式等所带来的。通过智慧仓储项目实施,实现仓储信息的快速生成、自动识别及智能处理,全面提高货物出入库、盘库、移库环节的效率与效果,降低管理成本,提升仓储管理智慧度。

6.1 智慧仓储的概念与特点

6.1.1 仓储概述

1. 仓储的概念

仓储是物流活动的重要组成部分,是各种物资周转、储存的关键环节,担负着物资管理的多项业务职能。

"仓"即仓库,为存放、保管、储存物品的建筑物和场地的总称,可以是房屋建筑、洞穴、大型容器或特定的场地等,具有存放和保护物品的功能。"储"即储存、储备,表示收存以备使用,具有收存、保管、交付使用的意思。"仓储"是指利用特定场所对物资进行储存、保管以及相关活动的总称。

现代"仓储"不是传统意义上的"仓库""仓库管理",而是在经济全球化与供应链一体化背景下的仓储，是现代物流系统中的仓储，它表示一项活动或一个过程，在英文中对应的词是"Warehousing"。现代仓储可以定义为：是以满足供应链上下游的需求为目的，在特定的有形或无形的场所，运用现代技术对物品的进出、库存、分拣、包装、配送及其信息进行有效的计划、执行和控制的物流活动。从这个概念可以看出，仓储有以下6个基本内涵。

1) 仓储首先是一项物流活动，或者说物流活动是仓储的本质属性。仓储不是生产，不是交易，而是为生产与交易服务的物流活动中的一项。这表明仓储只是物流活动之一，物流还有其他活动，仓储应该融于整个物流系统之中，应该与其他物流活动相联系、相配合。

2) 仓储活动或者说仓储的基本功能包括了物品的进出、库存、分拣、包装、配送及其信息处理6个方面，其中，物品的出入库与在库管理可以说是仓储的最基本的活动，也是传统仓储的基本功能，只不过管理手段与管理水平得到了提升；物品的分拣与包装，过去也是有的，只不过更普遍、更深入、更精细，甚至已经与物品的出入库及在库管理相结合共同构成现代仓储的基本功能。

3) 仓储与物流配送紧密衔接。现代仓库正在向配送中心发展，"配送"成为仓储的基本功能之一，配送是仓储的自然延伸，是仓库发展为配送中心的内在要求，如果没有配送，仓储也就仍然是孤立的仓库。

4) 仓储的目的是为了满足供应链上下游的需求。这与过去仅仅满足"客户"的需求在深度与广度方面都有重大区别。谁委托、谁提出需求，谁就是客户；客户可能是上游的生产者，可能是下游的零售业者，也可能是企业内部，但仓储不能仅仅满足直接"客户"的需求，也应满足"间接"客户即客户的客户需求；仓储应该融入供应链上下游之中，根据供应链的整体需求确立仓储的角色定位与服务功能。

5) 仓储的条件是特定的有形或无形的场所与现代技术。说"特定"，是因为各个企业的供应链是特定的，仓储的场所当然也是特定的；有形的场所当然就是指仓库、货场或储罐等，在现代经济背景下，仓储也可以在虚拟的空间进行，也需要许多现代技术的支撑，离开了现代仓储设施设备及信息化技术，也就没有现代仓储。

6) 仓储的方法与水平体现在有效的计划、执行和控制等方面。计划、执行和控制是现代管理的基本内涵，科学、合理、精细的仓储当然离不开有效的计划、执行和控制。

2. 仓储的功能

（1）基本功能

仓储的基本功能是指为了满足市场的基本储存需求，仓库所具有的基本的操作或行为，包括储存、保管、拼装、分类等基础作业。其中，储存和保管是仓储最基础的功能。通过基础作业，货物得到了有效的、符合市场和客户需求的仓储处理，例如，拼装可以为进入物流过程中的下一个物流环节做好准备。

（2）增值功能

增值功能则是指通过仓储高质量的作业和服务，使经营方或供需方获取额外的利益，这个过程称为附加增值。这是物流中心与传统仓库的重要区别之一。增值功能的典型表现方式如下。

一是提高客户的满意度。当客户下达订单时，物流中心能够迅速组织货物，并按要求及时送达，提高了客户对服务的满意度，从而增加了潜在的销售量。

二是信息的传递。在仓库管理的各项事务中，经营方和供需方都需要及时而准确的仓库信息。

（3）社会功能

仓储的基础作业和增值作业会给整个社会物流过程的运转带来不同的影响，良好的仓储作业与管理会带来正面的影响。可以从三个方面理解仓储的社会功能。

第一，时间调整功能。在一般情况下，生产与消费之间会产生时间差，通过储存，可以克服货物产销在时间上的隔离。

第二，价格调整功能。生产和消费之间也会产生价格差，供过于求、供不应求都会对价格产生影响，因此，仓储可以克服货物在产销量上的不平衡，达到调控价格的效果。

第三，衔接商品流通的功能。商品仓储是商品流通的必要条件，为保证商品流通过程连续进行，就必须有仓储活动。仓储可以防范突发事件，保证商品顺利流通。

3．现代仓储的地位作用

随着物流向供应链管理的发展，企业越来越多地强调仓储作为供应链中的一个资源提供者的独特角色，仓储在物流和供应链中的角色定位主要体现在以下四个方面。

1）仓储是物流与供应链中的库存控制中心。库存成本是主要的供应链成本之一。在美国，库存成本约占总物流成本的三分之一。因此，管理库存、减少库存、控制库存成本就成为仓储在供应链框架下降低供应链总成本的主要任务。

2）仓储是物流与供应链中的调度中心。仓储直接与供应链的效率和反应速度相关。人们希望现代仓储处理物品的准确率能达到 99%以上，并能够对特殊需求做出快速反应。当日配送已经成为许多仓库所采用的一种业务方式。客户是仓库管理人员不断提高精确度、及时性、灵活性和对客户需求的反应程度等方面的目标。

3）仓储是物流与供应链中的增值服务中心。现代仓储不仅提供传统的储存服务，还提供与制造业的延迟策略相关的后期组装、包装、打码、贴标、客户服务等增值服务，提高客户满意度，从而提高供应链上的服务水平。可以说，物流与供应链中的绝大部分增值服务都体现在仓储上。

4）仓储还是现代物流设备与技术的主要应用中心。供应链一体化管理，是通过现代管理技术和科技手段的应用而实现的，而软件技术、互联网技术、自动分拣技术、光导分拣、RFID、声控技术等科技手段和设备的应用，则为提高仓储效率提供了实现的条件。

6.1.2　传统仓储向智慧仓储的发展

随着现代物流技术的发展和设备的更新应用，仓储向智慧化方向不断发展，从发展过程上看主要经历了三个阶段。

1．机械化阶段

这阶段物资的输送、仓储、管理、控制主要是依靠人工及辅助机械来实现。物料可以通过各种各样的传送带、工业输送车、机械手、吊车、堆垛机和升降机来移动和搬运，用货架托盘和可移动货架存储物料，通过人工操作机械存取设备，用限位开关、螺旋机械制动和机械监视器等控制设备来运行。机械化满足了人们对速度、精度、高度、重量、重复存取和搬运等方面的要求，其实时性和直观性是明显优点。

2. 自动化阶段

自动化技术对仓储技术和发展起了重要的促进作用。20世纪50年代末开始，相继研制和采用了自动导引小车（AGV）、自动货架、自动存取机器人等自动化设备。到20世纪70年代，旋转式货架、移动式货架、巷道堆垛机和其他搬运设备都加入了自动控制行列，但只是各个设备的局部自动化并各自独立应用，被称为"自动化孤岛"。

随着计算机技术的发展，仓储管理的工作重点转向物资的控制和管理，要求实时、协调和一体化。计算机之间、数据采集点之间、机械设备的控制器之间以及它们与主计算机之间的通信可以及时地汇总信息，仓库计算机及时地记录订货和到货时间，显示库存量，计划人员可以方便地做出供货决策，管理人员随时掌握货源及需求。

到20世纪70年代末，自动化技术被越来越多地应用到生产和分配领域。"自动化孤岛"需要集成化，于是便形成了"集成系统"的概念。在集成化系统中，整个系统的有机协作，使总体效益和生产的应变能力大大超过各部分独立效益的总和。集成化仓库技术作为计算机集成制造系统（Computer Integrated Manufacturing System，CIMS）中物资存储的中心受到人们的重视。

3. 智慧化阶段

随着现代工业生产的发展，柔性制造系统、计算机集成制造系统和工厂自动化对自动化仓储提出了更高要求，需要更可靠、实时的信息，工厂和仓库中的物流必须伴随着并行的信息流。

在自动化仓储的基础上继续研究，实现与其他信息决策系统的集成，朝着智能和模糊控制的方向发展，人工智能推动了仓储技术的发展，产生了智慧仓储。在智慧化物流阶段，生产计划做出后，系统自动生成物流和人力需求，查看存货单和购货单，规划并完成物流；如物料不够，无法满足生产要求，系统会自动推荐修改计划以便生产出等值产品。

智慧仓储的应用，保证了货物仓库管理各个环节数据输入的速度和准确性，确保企业及时准确地掌握库存的真实数据，合理保持和控制企业库存，通过科学的编码，还可方便地对库存货物的批次、保质期等进行管理。射频数据通信、条形码技术、扫描技术和数据采集越来越多地应用于仓库堆垛机、自动导引车和传送带等运输节点上，移动式机器人也作为柔性物流工具在柔性生产中、仓储和产品发送中日益发挥着重要作用。实现系统柔性化，采用灵活的传输节点和物流路线是实现物流和仓储智能化的趋势。

6.1.3 智慧仓储的概念

智慧仓储是智慧物流的重要节点，是仓储数据接入互联网系统，通过对数据的提取、运算、分析、优化、统计，再通过物联网、自动化设备、仓储管理系统（WMS）、仓库控制系统（WCS），实现对仓储系统的智慧管理、计划与控制。

智慧仓储系统是智慧仓储的实现形式，是由仓储设备系统、信息识别系统、智能控制系统、监控系统、信息管理系统等两个及以上子系统组成的智能自动执行系统，具有对信息进行智能感知、处理和决策，对仓储设备进行智能控制和调度，自动完成仓储作业的执行与流程优化的功能。

"互联网+"的兴起，使智慧仓储成为仓储业发展的热点。社会日益增长的仓储需求，依靠传统仓储管理和运作模式难以及时、准确进行处理，从而推动着仓储管理向自动化、智慧化发展。物联网是智慧仓储的技术基础，物流需求的不断增长，促使物联网技术在物流行业应用不断深入。物联网与云计算、大数据、移动互联网等现代信息技术的不断融合，形成了一个适应物联网发展的技术生态，呈现出多种技术联动发展的局面。

物联网技术为智慧仓储系统的设计提供了一种架构，使智慧仓储系统具有了信息感知、数据传输和信息运用的功能；智能机器人的应用，能够提高仓储系统的自动化水平，多机器人的协调是实现自动化仓储的基础；智能算法能够有效处理仓储信息，提高作业的准确率和效率，其中智能算法的动态适应性是研究难点；智能控制技术使仓储设备具有了决策和执行的能力，能够更好地适应各类复杂的工作环境和更高的工作强度，是仓储智能化的基础之一。

智慧仓储能够有效利用仓储信息，提高仓储任务分配和执行的效率，优化仓储作业的流程，节约人力和物力，为管理者提供辅助决策依据。智慧仓储设备的应用使人与仓储设备之间的交互更加便捷，减少人为操作错误，提高工作人员的操作准确率。智能优化算法和智能控制技术的使用在保证仓储作业效率的基础上，通过对仓储设备和人力、物力的合理调配，能够有效降低能耗，节约成本，合理保持和控制企业库存。仓储信息的流通性得到加强，供应链上、下游的衔接能够更加畅通，对企业的发展大有裨益。

6.1.4 智慧仓储的特点

1. 仓储管理信息化

在仓储作业中，会产生大量的货物信息、设备信息、环境信息和人员信息等，如何实现对信息的智能感知、处理和决策，利用信息对仓储作业的执行和流程进行优化，实现仓储管理信息化，是智慧仓储研究的重点之一。智慧仓储是在仓储管理业务流程再造基础上，利用 RFID 射频识别、网络通信、信息管理系统以及大数据、人工智能等技术，实现入库、出库、盘库、移库管理的信息自动抓取、自动识别、自动预警及智能管理功能，以降低仓储成本、提高仓储效率、提升仓储智慧管理能力。智慧仓储能实现仓储信息的自动抓取、自动识别、自动预警，并以此实现物流仓储环节的智能化管理，提高货物的出库、入库和移库效率。

2. 仓储运行自动化

仓储运行自动化主要是指仓储运行的硬件部分自动化，如：自动化立体仓库系统、自动分拣设备、分拣机器人，以及可穿戴设备的应用。自动化立体仓库里面又包括立体存储系统、穿梭车等的应用，分拣机器人主要如关节机器人、机械手、蜘蛛手的应用。智慧仓储设备和智能机器人的使用能够提高作业的效率，提高仓储运行的自动化水平。智能控制是在无人干预的情况下能自主地驱动智能机器实现控制目标的自动控制技术。对仓储设备和机器人进行智能控制，使其具有像人一样的感知、决策和执行的能力，设备之间能够进行沟通和协调，设备与人之间也能够更好地交互，可以大大减轻人力劳动的强度，提高操作的效率。自动化与智能控制的研究应用是最终实现智慧仓储系统运作的核心。

3. 仓储决策智慧化

仓储决策智慧化主要是互联网技术如：大数据、云计算、AI、深度学习、物联网、机器视觉等在仓储中广泛的应用。利用这些数据和技术进行商品的销售和预测，智能库存的调拨，以及对个人消费习惯的发掘，能够实现根据个人的消费习惯进行精准的推荐。目前技术比较成熟的企业，如京东、阿里（菜鸟）等已运用大数据进行预分拣。在仓储管理过程中，各类仓储单据、报表快速生成，问题货物实时预警，特定条件下货物自动提示，通过信息联网与智能管理，形成统一的信息数据库，为供应链整体运作提供可靠依据，是仓储决策智能化的实现目标。

6.2 智慧仓储的体系构成

智慧仓储体系由智慧仓储信息系统、智慧仓储技术和智慧仓储管理三个方面构成。

6.2.1 智慧仓储信息系统

智慧仓储信息系统主要包括仓库管理系统（Warehouse Management System，WMS）和仓库控制系统（Warehouse Control System，WCS）。

1. WMS

WMS 是对批次管理、物料供应、库存盘点、质检管理、虚仓管理和即时库存等仓储业务进行综合管理的管理系统，可有效控制并跟踪仓库业务的物流和成本管理全过程，实现或完善企业的仓储信息管理。该系统可以独立执行库存操作，也可与其他系统的单据和凭证等结合使用，可为企业提供更为完整的企业物流管理流程和财务管理信息。

WMS 一般具有以下几个功能模块：订单处理及库存控制、基本信息管理、货物管理、信息报表管理、收货管理、拣选管理、盘点管理、移库管理、打印管理和后台服务管理。

WMS 系统可通过后台服务程序实现同一客户不同订单的合并和订单分配，并对基于 PTL（Picking To Light，电子标签拣货系统）、RF、纸箱标签方式的上架、拣选、补货、盘点、移库等操作进行统一调度和下达指令，并实时接收来自 PTL、RF 和终端 PC 的反馈数据。整个软件业务与企业仓库物流管理各环节吻合，实现了对库存商品管理实时有效的控制。

WMS 的基本系统模块包括以下内容。

1) 基本信息管理：对品名、规格、生产厂家、产品批号、生产日期、有效期和箱包装等商品基本信息进行设置，通过货位管理功能对所有货位进行编码并存储在系统的数据库中，使系统能有效地追踪商品所处位置，便于操作人员根据货位号迅速定位到目标货位在仓库中的物理位置。

2) 上架管理：自动计算最佳上架货位，提供已存放同品种的货位、剩余空间信息，并根据避免存储空间浪费的原则给出建议的上架货位并按优先度排序，操作人员可以直接确认或人工调整。

3) 拣选管理：可根据货位布局和确定拣选指导顺序，系统自动在 RF 终端的界面等相关设备中根据任务所涉及的货位给出指导性路径，避免无效穿梭和商品找寻，提高单位时间内的拣选量。

4) 库存管理：支持自动补货，通过自动补货算法，确保拣选区存货量，也能提高仓储空间利用率，降低货位蜂窝化现象出现的概率；能够对货位进行逻辑细分和动态设置，在不影响自动补货算法的同时，有效提高空间利用率和控制精度。

2. WCS

WCS 是仓库控制系统的简称,是介于 WMS 系统和 PLC（Programmable Logic Controller,可编程逻辑控制器）系统之间的一层管理控制系统,可以协调各种物流设备如输送机、堆垛机、穿梭车以及机器人、AGV 小车等物流设备之间的运行,主要通过任务引擎和消息引擎,优化分解任务、分析执行路径,为上层系统的调度指令提供执行保障和优化,实现对各种设备系统接口的集成、统一调度和监控。

6.2.2 智慧仓储技术

1. 自动化立体仓库 AS/RS

自动化立体仓库 AS/RS（Automated Storage and Retrieval System）系统,利用自动化存储设备同计算机管理系统的协作来实现立体仓库的高层合理化,存取自动化以及操作简便化。自动化立体仓库主要由货架、巷道式堆垛起重机（堆垛机）、入（出）库工作站台、调度控制系统以及管理系统组成。

货架一般为钢结构或钢筋混凝土结构的结构体,货架内部空间作为货物存放位置,堆垛机穿行于货架之间的巷道中,可由入库站台取货并根据调度任务将货物存储到指定货位,或到指定货位取出货物并送至出库站台。

自动化立体仓库的计算机管理系统可以与工厂信息管理系统（例如 ERP 系统）以及生产线进行实时通信和数据交换,这样自动化立体仓库成为 CIMS 及 FMS（Flexible Manufacture System,柔性制造系统）必不可少的关键环节。结合不同类型的仓库管理软件、图形监控及调度软件、条形码识别跟踪系统、搬运机器人、AGV 小车、货物分拣系统、堆垛机认址系统、堆垛机控制系统、货位探测器等,可实现立体仓库内的单机手动、单机自动、联机控制、联网控制等多种立体仓库运行模式,实现了仓库货物的立体存放、自动存取、标准化管理,可大大降低储运费用,减轻劳动强度,提高仓库空间利用。

AS/RS 货架系统自动化及信息化程度高,叉车通道窄,堆高机由计算器终端自动控制运作,配合全自动堆垛机,将托盘存库及出库。配合 WMS 仓库管理软件,仓库内基本不需要人工操作。AS/RS 货架系统采用集成化物流管理计算机控制系统,并应用激光定位技术、红外通信、现场总线控制技术、条形码扫描、RF 系统等先进技术,功能齐全,性能可靠,在各行各业的仓库和配送中心发挥出越来越重要的作用。

2. 仓储机器人

在智慧仓储作业中,各种类型、不同功能的机器人将取代人工成为主角,如自动搬运机器人、码垛机器人、拣选机器人、包装机器人等。就连自动化立体仓库中的穿梭车也可以看作是搬运机器人的一种。

这些机器人以极高的效率、昼夜不歇地在仓库内作业,完成货物搬运、拣选、包装等作业。如近两年备受关注的 KIVA 机器人（一种外观看起来像冰壶的搬运机器人）,因其自动化程度高、实施周期短、灵活性强等特点成为越来越多无人仓自动化仓储解决方案的选择。

KIVA 机器人系统由成百上千个举升搬运货架单元的机器小车组成。货物开箱后放置在货架单元上,通过货架单元底部的条码将货物与货架单元信息绑定,仓库地面布置条码网格,机器小车应用两台摄像机分别读取地面条码和货架单元底部的条码,在编码器、加速计和陀螺仪等传感器的配合下完成货物搬运导航。该系统的核心是控制小车的集中式多智能体调度算法。

3. 多层穿梭车系统

多层穿梭车系统采用立体料箱式货架，实现了货物在仓库内立体空间的存储。入库前，货物经开箱后存入料箱，通过货架巷道前端的提升机将料箱送至某一层，然后由该层内的穿梭小车将货物存放至指定的货格内。当货物出库时，通过穿梭车与提升机的配合实现完成。该系统的核心也在于通过货位分配优化算法和小车调度算法的设计，均衡各巷道之间以及单个巷道内各层之间的任务量，提高设备间并行工作时间，发挥设备的最大工作效率。

4. 细胞单元系统

KIVA 机器人系统中的 AGV 小车实现地面搬运，多层穿梭车系统中的穿梭车实现货架轨道上的搬运，新型细胞单元小车则是以上两者技术的融合。

细胞单元小车当在货架或提升机上时，按照传统多层穿梭车的工作方式在轨道上运动；当离开货架到达地面时，可以切换至 AGV 小车的工作方式在地面运行，在地面上的导航方式不同于 KIVA 机器人系统，采用的是基于无线传感网测距、激光测距仪测量和推测航行法的传感器融合技术，无线传感网实现信息通信以及全局定位，而激光测距仪测量和推测航行法实现位置跟踪和定位精度校正，相比 KIVA 机器人系统地面标签配合惯性导航的方式更加灵活。该系统将立体货架存储空间与地面平面存储空间无缝链接在一起，代表了可扩展、高柔性化的小车群体技术的未来发展方向。

5. 自动输送系统

自动输送系统如同整个智慧仓储系统的血管，连通着机器人、自动化立体库等物流系统，实现货物的高效自动搬运。相比较自动化立体库和机器人系统而言，自动输送系统技术更趋成熟。只不过在智慧仓储系统中，自动输送系统需要跟拣选机器人、码垛机器人等进行有效的配合，同时为了保证作业准确性，输送线也需要配备更多的自动检测、识别、感知技术。例如，目前京东无人仓中，输送线的末端、拣货机器人的前端增加了视觉检测工作站，通过信息的快速扫描和读取，为拣货机器人提供拣货指令。

除此之外，还有输送线两侧的开箱、打包机器人等，这些新增加的智能设备都需要与输送系统进行有效衔接和配合。

6. 人工智能算法与自动感知识别技术

人工智能算法与自动感知识别技术即智慧仓储系统的大脑与神经系统。机器人之间、机器人与整个物流系统之间、机器人与工人之间的紧密配合、协同作业，必须依靠功能强大的软件系统操纵与指挥。其中，自动感知技术和人工智能算法可谓重中之重。因为，在智慧仓储模式下，数据将是所有动作产生的依据，数据感知技术如同为机器安装了"眼睛"，通过将所有的商品、设备等信息进行采集和识别，并迅速将这些信息转化为准确有效的数据上传至系统，系统再通过人工智能算法、机器学习等生成决策和指令，指导各种设备自动完成物流作业。其中，基于数据的人工智能算法需要在货物的入库、上架、拣选、补货、出库等各个环节发挥作用，同时还要随着业务量及业务模式的变化不断调整优化作业。因此可以说算法是智慧仓储技术的核心与灵魂所在。

6.2.3 智慧仓储管理

1. 智能分仓

智能分仓是指通过大数据分析，掌握用户消费需求特点及需求分布，提前将需求物品预置到离用户最近的仓库中,实现智能预测、智能选仓、智能分仓,减少库存及配送压力,给商家提供完全无缝连接的智能补货能力,实现分拣和调拨的有序。

智能分仓的实现过程如下。

1)基于商品的大小、重量、离消费者的路径调动智能路由,获取相关的履行路由的路径和线路,拿到线路后可能有很多的候选集。

2)对履行成本的决策,即基于时效、成本的综合决策来选择最终的调度方案。

3)通过平台来调度物流资源的服务商。

4)把所有数据记录下来,输入供应链管理平台,实现对商家需求能力的计划以及供给计划的优化,让商家能够更好地进行销量预测,对仓储选择、品类规划进行优化,把商品推送到离消费者最近的货仓。

2. 智能货位布局

在仓储物流管理中,要想用有限库容和产能等资源达到高出库效率,需要精心安排商品库存分布和产能调配,仓储货位分布将变得尤为重要。主要依据以下方面进行货位布局。

1)热销度。应用大数据分析技术,预测商品近期热销程度。将热销商品(出库频次高的商品)存储于距离出库工作台近的位置,降低出库搬运总成本,同时提升出库效率。

2)相关度。针对海量历史订单进行数据分析。不同商品同步下单的概率存在一定的耦合性,根据这种商品相关度的分析发现商品之间的存储规律,令相关度高的商品存储于相同货架,优化拣货路径,减少搬运次数,从而节省仓储设备资源,提高机器人工作效率。京东通过应用机器学习算法和遗传算法等优化算法,计算得出最优商品组合,即哪些商品存储在一起,能使得仓内货架整体内聚度(货架上商品之间相关度)最高。

3)分散存储。应用运筹优化等技术,追求全仓库存分散程度最大化,将相同或相似商品,在库区进行一定程度的分散存储,从而避免由于某区域暂时拥堵影响包含该商品订单出库,这样可以随时动态调度生产,实时均衡各区生产热度。

将以上原则制定为最优库存存储规则,一旦由于因素变化(比如热销度变化、相关度变化)或货架上商品库存变化等,系统会自动调整库存分布图,并对出库、入库、在库作业产生相应的最优决策指导。AGV 小车将自动执行相应搬运指令,将对的货物(库存)送至对的位置,完成库存分布的动态调整。

3. 仓库动态分区

当订单下传到库房后,如果没有一个合理的订单分区调度,可能会带来不同区域订单热度不均的问题,这个问题会导致以下两个现象:一是各区产能不均衡,从而导致部分区域产能暂时跟不上;二是部分区域过于拥挤,从而导致部分区域出库效率混乱且效率较低。

为解决这个问题,需要实时动态分析仓库订单分布,应用分区技术,动态划分逻辑区,从而达到各区产能均衡的目的,使得设备资源利用率达到最大化和避免拥堵,进而提升仓库整体出库效率。

4. 作业资源匹配与路径规划

当 WMS 从 ERP 接受客户订单时,运用生产调度运筹优化模型,建立仓内货架、拣选设备、出货口等供需最优匹配关系,合理安排作业任务,使得全仓整体出库效率达到最大化。

当作业设备接收搬运指令时,要将货物快速准确送达目的地,需要规划合理最优路径。应用大数据等技术,协调规划全仓作业设备整体搬运路线,使得全仓作业设备有条不紊进行，最大程度减少拥堵。

6.3 智慧仓储的应用与发展

6.3.1 国内外智慧仓储的发展现状

智慧仓储技术层面应用主要集中体现在四个方面：一是传统仓储设施的智能化与网络化，这是实现仓储设施互联的基础；二是仓储设备的自动化和标准化，这是实现仓储作业智能化的基础；三是系统平台对接的应用，这是仓储系统与其他上下游系统互通互联的基础；四是物流大数据推动仓储资源整合与共享，这是实现物流整体运作中优化配置仓储资源的基础。

经过调查分析，我国智慧仓储技术与设备发展速度处于快速发展阶段。近些年，在仓储设施互联网方面，仓储设施资源联网应用仍处于快速发展阶段，仓库库区视频联网监控技术发展较快，仓储信息化技术应用最为广泛，以云计算模式为主的智慧仓储信息系统的应用处于快速增长期。

仓储系统自动与智能化作业方面技术发展很快，主要体现在自动化立体库、WCS 自动控制系统、智能穿梭车、透明感知设备、巷道堆垛机、分拣技术设备、AGV 机器人搬运、输送机系统等方面。在自动立体库建设领域，市场需求增长极快；智能穿梭小车与密集型货架系统前几年处于爆发增长阶段，目前增长速度有所下降；物流机器人是世界机器人的七大应用领域之一，机器人搬运、机器人堆码等技术装备近两年都进入快速发展阶段；机器人分拣发展非常迅速。

在智能追溯领域，应用最普遍的物联网感知技术是 RFID 技术和 GPS 移动追踪定位技术。在手持终端扫描设备领域，目前的创新方向是小型化，向可穿戴智能技术方向发展；在国外，美国、欧洲和日本已变成智慧仓储业前进的领导者。国内市场规模庞大，相关智能技术和设备居于世界领先水平，形成了一个基本完整的产业链，智慧仓储已变成物流仓储行业前进的重要动力，降低了物流仓储成本，促进了整个产业的升级。

在物联网技术、自动化设备应用方面，英国的 TESCO、德国的麦德龙、美国的沃尔玛等大型零售企业都宣布了自己的智慧仓储计划，准备进行巨额投资，同时相应带动它们的供应商在智慧仓储市场的投入；联邦快递、联邦包裹等这些大的物流公司对供应链跟踪和智慧监控技术的应用，拉动 Alien 科技、SUN、微软、惠普在内的硬件及软件供应商的投入，进而形成物联网、自动化设备的巨大市场和完整产业链；数据算法模型技术在欧美、日本等地区已经实现了在多个领域的应用，已形成了完整的产业链；TNT 运用云计算技术来提升运营效率、供应链可见性及客户服务质量，产生了很好的效益；仿真技术和三维规划在日本、韩国得到很好的应用；在物流自动化设施、协议和信息标准化方面，欧美国家企业做了很多工作。

发达国家相应的政府机构也为国内智慧仓储的发展创造了良好的政策环境。一是采用了政府、银行和企业共同投资社会标准化运营的机制来建设和运营网络、政府公共信息平台等物流基础设施；二是开放市场，创造公平合理的市场竞争环境；三是通过企业战略规划、政府政策支持及采取了一系列促进国内政府、地方区域、企业等各方面有机地协调与合作的机制,促进智慧仓储的国际化、标准化。

6.3.2 智慧仓储的典型应用——无人仓

1. 无人仓的概念

对于无人仓的概念,目前业内并没有统一的看法。单从字面意思理解,无人仓指的是货物从入库、上架、拣选、补货,到包装、检验、出库等物流作业流程全部实现无人化操作,是高度自动化、智能化的仓库。

还有观点认为,基于高度自动化、信息化的物流系统,在仓库内即便有少量工人,实现人机高效协作,仍然可以视为无人仓。京东、菜鸟目前打造的无人仓便是如此。

甚至有部分人士认为,在货物搬运、上架、拣选、出库等主要环节逐步实现自动化作业,也是无人仓的一种表现形式。综合以上观点,无人仓的发展方向是明确的,即以自动化设备替代人工完成仓库内部作业。

从市场需求来看,一方面随着以智能制造为代表的制造业物流升级发展,以及电商行业海量订单处理对更高效率自动化系统的需求越来越大,要求越来越高,传统的物流系统已经难以满足;另一方面,随着土地成本以及人工成本的不断上涨,"机器换人""空间换地"成为趋势,仓库无人化成为必然趋势。

从物流技术本身的发展来看,随着仓储系统自动化、信息化、智能化程度的不断提高,不仅大幅降低了物流作业人员的劳动强度,甚至替代人工实现更加准确、高效的作业,因此其作业效率、准确性优势不断凸显。同时,以设备大量替代人工,使得物流作业成本大幅降低,并且随着无人仓技术越来越成熟,应用越来越广泛,其成本也将得到有效降低,投资回报率不断提高。

可以说,智能制造,特别是电商企业的需求直接推动了无人仓技术的发展升级,无人仓是市场需求和物流技术发展双重作用的结果,是供需双方联合创新的典范。

2. 无人仓的技术标准

京东认为,无人仓的标准须从"作业无人化""运营数字化"和"决策智能化"三个层面去理解。

(1) 作业无人化

在作业无人化方面,无人仓要具备三"极"能力,无论是单项核心指标,还是设备的稳定性,各种设备的分工协作都要达到极致化的水平。

无人仓使用了自动立体式存储、3D视觉识别、自动包装、人工智能、物联网等各种前沿技术,兼容并蓄,实现了各种设备、机器、系统之间的高效协同。

(2) 运营数字化

在运营数字化方面,无人仓需要具备自感知等能力。在运营过程中,与面单、包装物、条码有关的数据信息要靠系统采集和感知,出现异常要自己能够判断。

在无人仓模式下,数据将是所有动作产生的依据,数据感知技术如同为机器安装了"眼睛",通过将所有的商品、设备等信息进行采集和识别,并迅速将这些信息转化为准确有效的数据上传至系统,系统再通过人工智能算法、机器学习等生成决策和指令,指导各种设备自动完成物流作业。其中,基于数据的人工智能算法需要在货物的入库、上架、拣选、补货、出库等各个环节发挥作用,同时还要随着业务量及业务模式的变化不断调整优化作业。

因此可以说算法是无人仓技术的核心与灵魂所在。

（3）决策智能化

在决策智能化方面，无人仓能够实现成本、效率、体验的最优，可以大幅度地减轻工人的劳动强度，且效率是传统仓库的 10 倍。

京东物流无人仓能够满足业务全局发展需要，具有智能化、自主决策的能力，核心是监控与决策算法的优化。

3．无人仓的主要构成

无人仓的目标是实现入库、存储、拣选、出库等仓库作业流程的无人化操作，这就需要具备自主识别货物、追踪货物流动、自主指挥设备执行生产任务、无须人工干预等条件；此外还要有一个"智慧大脑"，针对无数传感器感知的海量数据进行分析，精准预测未来的情况，自主决策后协调智能设备的运转，根据任务执行反馈的信息及时调整策略，形成对作业的闭环控制，即具备智能感知、实时分析、精准预测、自主决策、自动控制、自主学习的特征。

无人仓的构成包括硬件与软件两大部分。

硬件：对应存储、搬运、拣选、包装等环节有各类自动化物流设备，其中，存储设备的典型代表是自动化立体库；搬运设备的典型代表包括输送线、AGV、穿梭车、类 KIVA 机器人、无人叉车等；拣选设备的典型代表包括机械臂、自动分拣机等；包装设备的典型代表包括自动称重复核机、自动包装机、自动贴标机等。

软件：主要是仓库控制系统 WCS 和仓库管理系统 WMS。

WMS——时刻协调存储、调拨货物、拣选、包装等各个业务环节，根据不同仓库节点的业务繁忙程度动态调整业务的波次和业务执行顺序，并把需要做的动作指令发送给 WCS，使得整个仓库高效运行；此外，WMS 记录着货物出入库的所有信息流、数据流，知晓货物的位置和状态，确保库存准确。

WCS——接收 WMS 的指令，调度仓库设备完成业务动作。WCS 需要支持各种类型、各种厂家的仓库设备，并能够计算出最优执行动作，例如计算机器人最短行驶路径、均衡设备动作流量等，以此来支持仓库设备的高效运行。WCS 的另一个功能是时刻对现场设备的运行状态进行监控，出现问题立即报警提示维护人员。

此外，支撑 WMS、WCS 进行决策，让自动化设备有条不紊地运转，代替人进行各类操作（行走、抓放货物等），背后依赖的是运用人工智能、大数据、运筹学等相关算法和技术，实现作业流、数据流和控制流的协同的"智慧大脑"。智慧大脑既是数据中心，也是监控中心、决策中心和控制中心，从整体上对全局进行调配和统筹安排，最大化设备的运行效率，充分发挥设备的集群效应。

总之，无人仓是在整合仓库业务、设备选型定制化、软件系统定制化前提下实现仓库作业无人化的结果。理论上来说，仓库内的每个业务动作都可以用机器替代人，关键是要把所有不同业务节点的设备连通，形成一套完整高效的无人仓解决方案。

4．无人仓的主要实现形式

无人仓虽然代表了物流技术发展趋势，但真正实现仓储作业全流程无人化并不容易，从仓储作业环节来看，当前无人仓的主要实现形式如下。

自动化存储：卸货机械臂抓取货物投送到输送线，货物自动输送到机械臂码垛位置，自动码垛后，系统调度无人叉车送至立体库入口，由堆垛机储存到立体库中。需要补货到拣选区域时，系统调度堆垛机从立体库取出货物，送到出库口，再由无人叉车搬运货物到拣选区域。

KIVA机器人拣选：KIVA机器人方案完全减去补货、拣货过程中员工行走动作，由机器人搬运货物到指定位置，作业人员只需要在补货、拣选工作站根据电子标签灯光显示屏指示完成动作，省人、效率高、出错少。KIVA机器人方案分"订单到人"和"货到人"两种模式。

输送线自动拣选：货物在投箱口自动贴条码标签后，对接输送线投放口，由输送线调度货物到拣选工作站，可通过机械臂完成无人化拣选，或者人工根据电子标签灯光显示屏进行拣货。

自动复核包装分拨：拣选完成的订单箱输送到自动包装台，通过称重+X光射线透视等方式进行复核，复核成功由自动封箱机、自动贴标机进行封箱、贴面单，完成后输送到分拣机自动分拨到相应道口。

5. 无人仓的运行机理

（1）无人仓之眼——数据感知

由人、设备和流程等元素构成的仓库作业环境会随时随地产生大量的状态信息。过去，这些信息只能通过系统中数据的流转来进行监控，缺乏实时性，也难以对业务流程进行指导。而传感器技术的进步，带来了最新的数据感知技术，让仓库中的各种数据都可以迅速、精准地获取。将传感器获取的信息转化为有效数据，这些数据成为系统感知整个仓库各个环节状态的依据，通过大数据、人工智能等系统模块生成决策指令，指导库内作业单元工作。

（2）无人仓的四肢——机器人

从商品入库、存储，到拣货、包装、分拣、装车等各个环节都无须人力参与，形态各异的机器人成了无人仓的主角，机器人融入是无人仓的重要特色之一。

占据仓库核心位置的立体货架可以充分利用空间，让仓储从"平房"搬进"楼房"，有效利用土地面积。在狭窄货架间运转自如的料箱穿梭车（Shuttle）是实现高密度存储、高吞吐量料箱进出的关键。它在轨道上高速运行，将料箱精准放入存储位或提取出来，送到传送带上，实现极高的出入库速度。

从立体货架取出的料箱会传送到一个机器人下面进行拣选，迅速把商品置入相应的包装箱内。这种灵巧迅捷的机械手是并联机器人，具备精度高、速度快、动态响应好、工作空间小等特色，保证了整个无人仓生产的高效率。

无人仓中的AGV自动导引小车可通过定位技术进行导航，并结合系统的调度，实现了整个仓库的合理安排生产。相较于传统的输送线的搬运方案，通过AGV小车实现"货到机器人"的方式具有更高的灵活性。

六轴机器人可实现拆码垛，就是堆放和移动商品。在码垛算法的指导下，每种商品都可以自动生成个性化的垛型，由机器人自动适配对每种商品自动码垛。

（3）无人仓的大脑——人工智能算法

除了丰富及时的数据和高效执行的机器人，核心算法更是无人仓的"软实力"所在。例如在上架环节，算法将根据上架商品的销售情况和物理属性，自动推荐最合适的存储货位；补货环节，补货算法的设置让商品在拣选区和仓储区的库存量分布达到平衡；出库环节,定位算法将决定最适合被拣选的货位和库存数量,调度算法将驱动最合适的机器人进行货到"人/机器人"的搬运,以及匹配最合适的工作站进行生产。

6. 无人仓主要应用领域及实践

随着各类自动化物流设备的快速普及应用,机器代人的成本越来越低,各行各业对于无人仓的需求越来越强烈。尤其是具备如下几个特征的行业对无人仓需求更加突出。

1)劳动密集型且生产波动比较明显的行业,如电商仓储物流,对物流时效性要求不断提高,受限于企业用工成本的上升,尤其是临时用工的难度加大,采用无人仓能够有效提高作业效率,降低企业整体成本。

2)劳动强度比较大或劳动环境恶劣的行业,如港口物流、化工企业,通过引入无人仓能够有效降低操作风险,提高作业安全性。

3)物流用地成本相对较高的企业,如城市中心地带的快消品批发中心,采用无人仓能够有效提高土地利用率,降低仓储成本。

4)作业流程标准化程度较高的行业,如烟草、汽配行业,标准化的产品更易于衔接标准化的仓储作业流程,实现自动化作业。

5)对于管理精细化要求比较高的行业,如医药行业、精密仪器,可以通过软件+硬件的严格管控,实现更加精准的库存管理。

其中,电商行业是无人仓落地相对较多的行业。首先,电商行业对于无人仓是刚性需求,这主要体现在随着电商物流的飞速发展,人工成本一直占据着所有成本里的最大比例,而成熟的无人仓技术可以有效降低这一成本;其次,电商行业对各类无人仓技术响应积极,电商领域是一个对创新思维相对开放的行业,一直不断地在进行着各类新设备的引进和先进技术的创新研发;第三,电商行业也是无人仓技术的最佳实验场景,各类特征表明,如果能够解决电商领域的高流量、多品类的复杂场景,则无人仓技术的全面推广就相对比较容易。

案例6-1 菜鸟、京东与苏宁的无人仓

京东、菜鸟、苏宁的无人仓计划,使无人仓逐渐走出实验室开始落地实施。菜鸟与快仓共同打造的全自动化智能物流无人仓,形成一条自动化流水线的全链路仓储自动化解决方案。京东无人仓实现了全流程的智能机器人作业,还能根据人工智能和大数据对仓储布局进行优化指导。苏宁超级云仓,在高密度存储、交叉分拣、电子拣选等环节上配备了自动化设备。(资料来源:亿欧,2018年9月)

扫描二维码阅读全文

6.3.3 智慧仓储的典型应用——智慧云仓

随着互联网和电商的快速发展,特别是近几年流行的各种节日购物狂欢、店铺周年庆、"双11""双12"等大型电商活动,快递包裹堆积成山。商家希望包裹能够精准安全地送到消费者手中,而消费者始终关心快递的速度。快递的前端是物流,那么如何在如此庞大的物流量下,实现快件的准确快速细分,并且高效地将快递完好无损地送到消费者手中?基于大数据、云计算和现代管理技术等信息技术的"智慧云仓"应运而生。

1. 智慧云仓的概念及特征

(1)智慧云仓的概念

智慧云仓是物流仓储的一种,但是不同于传统仓、电商仓。"云"的概念来源于云计算,是一种基于互联网的超级计算模式,在远程的数据中心里,成千上万台计算机和服务器连接成一片计算机云,对外提供算力服务。而智慧云仓正是基于这种思路,在全国各区域中心建立分仓,由公司总部建立一体化的信息系统,用信息系统将全国各分拣中心联网,实现配送网络的快速反应,所以智慧云仓是利用云计算以及现代管理方式,依托仓储设施进行货物流通的全新物流仓储体系产品。

智慧云仓是一种全新的仓库体系模式,它主要是依托科技信息平台充分运用全社会的资源,做到迅速快捷经济地选择理想的仓储服务。在这一模式下,快件可直接由仓储到同城快递物流公司的公共分拨点实现就近配送,极大地减少配送时间,提升用户体验,这就给那些对物流水平需求极高的企业带来了新的机遇。

(2) 智慧云仓与传统仓储的区别

智慧云仓与传统仓、电商仓相比,主要区别在于仓内作业的高时效以及精细化的管理,还有自动化装备和信息化系统的应用。先进的技术及管理的使用,导致智慧云仓的建设成本比较高。但是智慧云仓的作业流程中入库与出库速度非常快,据悉,京东的智慧云仓出库作业,即从接到订单、到拣货、到出库,基本只需要 10 分钟,并且每一步都在后台系统有显示,为消费者提供了一个极佳的购物体验。同时这一过程不仅速度快,而且准确率很高,可达 100%,因此备受青睐。

1) 管理种类及配送范围方面的变革。传统仓储因受仓库面积等客观因素的限制,存储货物种类有限,而智慧云仓则由于其一体化的信息管理系统将全国各区的分仓进行集中管理,理论上仓库可以无限扩大,因此其所存储管理的货物种类较传统仓储多,且由于信息化的资源整合和设施设备配套,实现订单的智能化拣选和配送,大大提升仓储管理及配送的规模和效率。

2) 管理模式方面的变革。传统仓储管理主要涉及出入库及库内管理,而智慧云仓在满足传统仓储管理的同时,对仓储作业的时效性和准确性有较高要求。智慧云仓通过其扁平化的供应链管理,实现近距离高速交接的作业模式。如京东自营商品,系统从距离客户最近的仓库进行发货,并且每一步都通过系统进行实时监控,同时将物流信息反馈给客户,这样不仅速度快而且准确率高,同时极大地提升了消费者的购物体验。

3) 设施设备方面的变革。传统仓储的发货特点多为大批量、小批次,且作业机械简单,对设施设备的信息化要求不高,而智慧云仓特别是电商仓储,对多批次、小批量的处理要求较高,因此为了保证仓储作业的整体效率,除了实现仓储的信息化管理之外,还需要通过仓储设施设备的智能化来辅助仓储信息化管理,如 WMS 仓储管理系统、RFID 信息处理等信息系统,扫码设备、自动分拣机、巷道堆垛起重机等自动化设备。

2. 智慧云仓的类型

目前智慧云仓主要有电商平台类、物流快递类、互联网化第三方仓储云仓等类型,前两类直接为商家提供云仓服务,而互联网化第三方仓储云仓致力于云仓供应链的解决方案。

(1) 电商平台云仓

电商平台云仓的成本比较高,目前只有电商巨头阿里巴巴、京东、亚马逊等着手布局,通过多地仓储协同实现资源整合优化,大大提升其时效性和准确性,并且通过大数据分析,建立准确的预测机制,更好实现快速反应,增强客户体验。

菜鸟云仓:菜鸟把自己定位为物流大数据平台,菜鸟网络未来或可能组建全球最大的物流云仓共享平台。菜鸟搭建的数据平台，以大数据为能源，以云计算为引擎，以仓储为节点，编织一张智慧物流仓储设施大网，覆盖全国乃至全球，开放共享给天猫和淘宝平台上各商家。

京东云仓：京东自建的物流系统已经开始对社会开放，京东物流依托自己庞大的物流网络设施系统和京东电商平台，从供应链中部向前后端延伸，为京东平台商家开放云仓共享服务，提升京东平台商家的物流体验。此外，利用京东云仓完善的管理系统，跨界共享给金融机构，推出"互联网+电商物流金融"的服务，利用信息系统全覆盖，实现仓配一体化，并有金融支持，能满足电商企业的多维度需求。

（2）快递云仓

主要是指物流快递企业自建的云仓，主要目标是为了建立仓配一体化，实现快递企业高效配送。

例如，"百世云仓"是百世汇通建设的"云仓"。百世云仓依托在全国30个中心城市建设的众多云仓，从商品的订单接收开始，到订单分拣、验货包装、发运出库，避免货物的重复操作，将商品与消费者之间距离缩到最短，最大化提升配送的效率。百世云仓在全国有100个分拨中心，10000余个站点延伸至乡镇各级服务网点，通过近1500条省际、省内班车，超过5万余人的速递团队全流程管理，百世汇通就这样构建了一个快速安全的信息化物流供应链，已为国内外的上百家企业提供服务，而在这一过程中，传统物流产业升级也就实现了。

再如顺丰云仓，顺丰利用覆盖全国主要城市的仓储网络，加上具有差异化的产品体系和市场推广，让顺丰仓配一体化服务锋芒毕露。顺丰围绕高质量的直营仓配网，以及优化供应链服务能力，重点面向手机（3C）、运动鞋服行业、食品冷链和家电客户开放共享其云仓服务。

另外，国有快递企业EMS宣布，将实施云仓战略，为电子商务企业和商家提供全景供应链协同服务，减少电商大型活动期间的"爆仓"风险。

（3）第三方云仓

主要代表为发网、中联网仓等。在电商快速发展的同时，电商的竞争也越来越激烈，在大型电商活动的背后将产生海量的快递邮件需要在短时间内进行配送，在这种情况下，部分快递企业常常会发生爆仓的现象，或者货物迟迟无法发出，货物漏发、错发、破损等现象发生频率也大幅增加，为后续工作的开展带来很大麻烦。

因此，第三方云仓应运而生，其自动化、信息化和可视化的物流服务为上述问题提供了有效解决方案，虽然第三方云仓在配送环节还相对较弱，但是目前通过与快递企业进行无缝对接，也能达到满意的效果。

3. 智慧云仓的实施

智慧云仓实施的关键在于预测消费者的需求分布特征，只有把握了需求分布，才能确定出最佳仓库规模，并进行合理的库存决策，从而有效降低物流成本，获得良好的利益，达到较高的服务水平。

（1）实施条件

1）技术的支撑。即一个能连接电商信息平台的云物流平台。当订单下达时，能够迅速汇总并传达到云仓储平台，然后再由各仓储中心处理客户的订单需求，经过信息的汇总再下达最终的配送指令直至抵达客户终端。

2）专业的仓储人员。构建平台的同时就应着手相关人员的培养或者招募。一旦平台搭建完成即可安排到岗进行分工，使之各尽其责。

3）政府的大力扶植。有了政府的支持，调动相关资源，并推广宣传，更多企业入驻云仓储平台，极大降低成本，提高资源利用率。

4）信息反馈和监督运行机制和组织。主要监控云仓储的运行和突发问题的处理协调，以及进行系统的改进。

（2）实施思路

云仓储的理念就是在全国区域中心建立分仓，形成公共仓储平台，可以使商家就近安排仓储，从而可以就近配送，将信息流和物流重新结合。这种模式的实施思路如下。

1）建立实体分仓，实现就近配送。淘宝网进军物流领域，它的设想就是在全国七大区域中心城市建立实体分仓。我国各种电商企业，可以由像淘宝这样的企业牵头，建立社会化的公共分仓，实现货物的就近配送。比如从上海发往西安的货物，如果客户拒收，质量没问题的货物就暂时到西安的中转站，但要通知上海的企业，寄存日期可以根据实物性质而定，如果在寄存期限内另有客户要购买的话，就将以上退货调拨出去，可以短时间内再次配送，减少不必要的周转。

2）完善社会化信息系统，实现货物信息共享。上述提到的实体分仓是由电商企业联合打造的，实施了这样的分仓，下面便是资源整合的问题，把全国的区域城市通过物流信息系统串联，实现各种物流资源的完全共享，通过这样的公共信息平台和公共分仓，实现全社会的顺畅物流。

3）云仓的技术处理。云仓的基本问题和一般的仓库体系是一样的，主要包括仓库选址、仓库数量及规模、库存决策这些问题。首先，通过云物流平台，掌握各个需求点之间的需求流量，确定各个需求点的需求量。进而，依据这些需求点建设一定数量的配送中心，建立新的仓储配送体系。最后，根据以往的交易信息和消费者的需求分布特征，确定出仓库的最佳规模，并进行合理的库存决策，从而有效地降低物流成本，获得较好的利益，达到较高的服务水平。

4. 智慧云仓的发展趋势

随着互联网和电商的发展，客户对物流的要求越来越高。通常，客户需求主要为两点："快速"和"准确"。要做到以上两点，就需要客户下单后，货物快速准确地从就近仓库出库，并以最优的线路以最短的时间送到客户手中。为实现此目标，需要大数据+云计算的支持，实现仓配一体化、智能化。实现供应链中不同环节数据实时共享、指令一步下达、自动匹配、智能优化、精准预测等目标。

因此未来智慧云仓的发展便会向着分散集中化（仓库分散、数据集中）、智能化（自动分拣、预警预测、路径优化、信息反馈）、可视化（库存可视、状态可视、信息跟踪）等方向发展，以适应不断严峻的物流市场新形式。

云仓模式将面临四个维度的裂变：核心城市云仓+城市云仓+社区云仓+跨境全球云仓，最终将形成"天下无仓"的社会需求。未来的云仓模式需求如下。

1）多层级云仓平台运营需求。任何商品进入云仓平台，不仅仅是国内核心城市，还是三四线城市，还是跨境电商，都面临多仓跨层级平台的需求。

2）社区云仓是O2O的必争之地。最后一公里的快速响应，动态的云仓库存支持，快速满足末端订单的响应，这是未来的商业之争。

3）三四线云仓，是渠道下沉的核心。京东、阿里现在高度重视三四线城市和农村市场的渠道下沉。据统计，中国三线以下城市及乡镇地区的消费人群规模高达9.34亿，电商在这一市场具有72.8%的高渗透率，让其成为一个孕育了万亿规模商机的潜力市场。未来强大的购物需求在三四线和农村市场，所以这一层的云仓需求是必然的趋势。

4）跨境云仓，是跨境电商的触角。所有跨境电商都离不开云仓的支撑，如果谁能提前布局全球核心国家的跨境云仓，完全可以对国外的亚马逊带来巨大的冲击。

案例6-2　顺丰智慧云仓　争做物流行业的领跑者

借助"互联网+"的时代背景，顺丰智慧云仓通过仓配一体化、路由调拨、高效服务、节约成本等为客户提供云存储的服务体验和感受。顺丰速运已经在全国范围内大力推广"云仓即日"时效性服务，即消费者在当天上午11点之前下的有效订单，而当天晚上8点前基本都可以保证收到消费者所下单的产品。（资料来源：科学中国网，2016年11月）

扫描二维码
阅读全文

本章小结

智慧仓储是智慧物流的重要节点，通过对数据的提取、运算、分析、优化、统计，再通过物联网、自动化设备、仓储管理系统（WMS）、仓库控制系统（WCS），实现对仓储系统的智慧管理、计划与控制。

本章介绍了智慧仓储的概念与特点，从智慧仓储信息系统、智慧仓储技术和智慧仓储管理三个层面详细阐述了智慧仓储的体系构成，重点介绍了无人仓和智慧云仓两种智慧仓库的典型应用，并简要介绍了国内外智慧仓储的发展现状。

智慧仓储是智慧物流技术应用的主要领域，是物流行业进行智慧物流建设和发展的重点，特别是无人仓和智慧云仓的建设代表了智慧物流的发展前沿。

本章习题

一、思考题
1. 如何理解智慧仓储的概念和特点？
2. 智慧仓储的体系架构包括哪些？
3. 智慧仓储的系统功能应主要包括哪些？
4. 简述智慧仓储的发展现状。
5. 简述无人仓的运行原理和主要构成。
6. 简述智慧云仓的类型及实施思路。

二、讨论题
1. 某传统大型物流企业拥有大量的仓储设施，但基本上以传统仓储形式存在，机械化、自动化程度还不够高，随着智慧物流时代的到来，该企业打算向智慧仓储转型发展，请讨论思考其转型发展的战略规划及实现步骤。

2. 调查智慧仓储技术在当前物流企业的应用现状，结合技术前沿讨论分析今后智慧仓储技术的发展趋势。

三、案例分析

Y 公司是中国外运长航集团有限公司的全资专业子公司，是国务院国资委直属管理的中央企业，2015 年底与招商局集团重组，成为招商集团物流业务板块的旗舰企业，是中国最大的综合物流服务提供商，以物流为核心主业。尽管 Y 公司仓储业务发展多年，拥有十分充足的管理经营经验，但还是在很多方面存在的问题。在仓储管理方面存在的主要问题有以下几个方面。

1. 园区车辆管理问题

对于大多数物流园区来说，原材料入库的供应商或成品出库的承运商在前来仓库送货或提货时，Y 公司的仓库相关负责人与供应商/承运商进行电话、微信、QQ 等通信工具进行来库时间确认。这种传统操作模式下，遇到了如下几个问题：

1）供应商/承运商因临时改变行程，之前所约定时间取消，这样直接导致当天库内提前安排的工作人员出现空闲。

2）当前操作模式下，供应商/承运商只能约到某一天，时间粒度较粗，司机车辆在园区内乱停乱放，导致区园内拥堵，司机、客户都不满意。

3）没有根据每个月台每个班次的工作能力进行定量评估，高峰/空闲时间段不能平均。可见，实施车辆预约排队管理、信息化驱动作业己是必然趋势。

综上所述，Y 公司仓储管理过程中，从库内操作的收货、存储、拣选、发货到物流园区的管理都存在的传统仓储管理的常见的问题，效率低、人员依赖强、无序提卸货等问题都需要尽快解决。

2. 仓库作业问题

Y 公司仓储作业同样也存在诸多问题，如出入库管理上存在漏洞，仓储物料的监控手段单薄，库存不准确导致很难在系统中找出真实剩余存放空间，浪费仓储资源。货物收货，需要用人手一把扫描枪，对物料逐件扫描。库房管理时经常由于仓库工作人员粗心，导致货物堆码不正确，系统不能有效支撑。检查盘点时经常发现物料库存与客户公司 ERP 中的信息不一致，盘点时候发现货物缺失，需要仓储作业人员重新盘点核对，费时费力，缺失物料很难查出丢失原因，人员责任划分不明确。拣货环节是人力资源消耗最大的一个环节，在旺季时，仓库中一眼望去全是拣货人员，直接导致公司人员成本上升，也增加了管理难度，不仅如此，高强度重复性工作容易使人疲劳，降低工作效率。在发运环节，叉车司机由于工作任务繁重，速度很难按照公司管理规则，经常出现库内超速驾驶，直接导致安全隐患上升。另外，车辆调度不及时，园区内车辆堵塞，物料备货完毕后，发现车辆不能及时到达道口，导致应该装车的货物大量积压，占用月台空间，不利于作业。

3. 安全事故问题

安全事故，可以从两方面来理解。Y 公司面对的客户很多仓库储存的是高价值产品，仓库内的物资经常有丢失现象。另一方面，由于人员流动大，很难对每一个员工都进行全面的安全培训，一旦生产过程中出现人员受伤等事件，对企业将产生很大的名誉影响，同时在客户方也会降低满意度。安全重于泰山，需要采用更先进的技术手段来进一步降低甚至消除安全隐患。

4. 客户服务问题

第三方物流企业的产品就是服务。要提高顾客满意度必须提升自身服务质量。服务质量要从顾客的角度来考虑。以满足顾客需求为目的，以顾客满意作为基准。"服务创造价值"是 Y 公司的口号，第三方物流公司就是一个提供服务的公司，产品就是服务，服务就是产品，严把质量关，在这个激烈的市场竞争环境下只有高质量的产品才会得到客户的认可。

Y 公司主要服务对象为企业客户，企业客户与个人客户满意度方面存在不同。企业对供应商会有一套客观理性的衡量标准，如：差错率、及时率、上下游配合度等，而个人客户对服务质量的评价更加主观感性。从企业客户的角度讲，他们并不是产品的最终归属者，也就是说不是供应链的终点，他们也会有自己的客户，所以 Y 公司的服务质量会直接影响到企业对其下游客户的服务质量。因此，企业客户满意度评价是可衡量的，如何通过提高收发货的及时率、物料的库存准确率等方面进行提升企业客户满意度，是 Y 公司提升服务的重要方向。

问题：
1. 如何应用智慧仓储技术手段解决 Y 公司存在的上述问题？
2. 思考并设计智慧仓储体系建设的主要框架结构。

第 7 章 智慧物流包装

学习目标
- 了解智慧物流包装的概念和功能特点；
- 掌握信息型、功能材料型和功能结构型智能包装的原理与构成；
- 理解物流包装作业智能化的实现方式；
- 认识和把握智慧物流包装的主要应用及发展状况。

引例

一种"时间温度指示"的包装技术

法国的 Monoprix 连锁超市将一种被称为"时间温度指示"的包装技术（Time-Temperature Indicators, TTI）应用于新鲜食品包装中。它是一个标签，标签中心的环含有一种化学物质，会随时间和温度不同而产生聚合作用，并由透明变成黑色。如果包装的食品保持在低温状态，该化学物质的聚合反应就很缓慢，一旦温度增加，聚合反应就会加速，化学物质就会由透明变成黑色。消费者可以通过这种标签颜色的变化判断食品是否在高温状态下保存了很长时间。（资料来源：廖雨瑶等，智能包装研究及应用进展，2016）

包装是现代物流的重要职能之一，互联网技术、大数据及人工智能等技术使商品包装的功能作用得到不断拓展，成为商品信息展现、质量控制、渠道管理及防伪溯源等的重要渠道和载体，是智慧物流运作实施的重要环节和组成部分。

7.1 智慧物流包装的概念与特点

7.1.1 包装概述

1. 包装的概念

任何商品都需要包装。包装既是商品生产环节的末端，也是物流过程的开始。包装贯穿了整个供应链的各个环节，没有现代化包装就不会有现代化物流。

美国对包装的定义为："包装是使用适当的材料、容器和相关技术，使其能将产品安全送达目的地——在产品输送过程中的每一个阶段，不论遭到怎样的外来影响，均能保护其内装物，不影响产品的价值。"

日本对包装的定义为："包装是指物品在运输、保管等过程中，为保护其价值和状态而对物品施以适当的材料、容器等的技术以及实施的状态。"

我国国家标准《包装术语第 1 部分：基础》（GB/T·41221-2008）中将包装定义为："为在流通过程中保护产品、方便贮运、促进销售，按一定技术方法而采用的容器、材料及辅助物等的总体名称。也指为了达到上述目的而采用容器、材料和辅助物的过程中施加一定技术方法等的操作活动。"

虽然不同国家对包装的含义有不同的表述和理解，但基本意思是一致的，都以包装功能和作用为其核心内容，一般有两重含义：其一是关于盛装商品的容器、材料及辅助物品，即包装物；其二是关于实施盛装和封缄、包扎等的技术活动。

2. 包装的作用

包装是物流运作系统重要的组成部分，在产品的生产、流通、仓储等环节都发挥着不可或缺的作用。从物流活动中看，包装的作用主要体现在以下四个方面。

1）保护商品，免受日晒、雨淋、灰尘污染等自然因素的侵袭，防止挥发、渗漏、溶化、污染、碰撞、挤压、散失以及盗窃等损失。

2）给物流环节贮、运、调、销带来方便，如装卸、盘点、码垛、发货、收货、转运、销售计数等。

3）通过包装作业活动实现商品价值和使用价值提升，是增加商品价值的一种手段。

4）通过包装展示商品有效信息，提升商品形象品质，有效促进商品销售。

7.1.2 智慧物流包装的概念

物联网、大数据、人工智能与信息技术等应用于物流包装领域，产生了智慧物流包装。对于智慧物流包装的认识最早从"智能包装"开始。

1992 年伦敦召开的"智能包装"会议上，初步提出了智能包装的定义：在包装、商品或商品包装组合中有一集成化元件或一项固有特性，利用该元件或特性将符合特定要求的职能成分赋予商品包装的功能中，或体现于商品本身的使用中。

智能包装通过对包装材料的更新换代升级，通过改造包装结构，通过整合被包装物信息管理，实现被包装物的人性化及智能化的要求、目的或效能。可以从两个方面进行理解：一是利用新型的包装材料、结构与形式对商品的质量和流通安全性进行积极的干预和保障；二是利用信息收集、管理、控制与处理技术完成对包装系统的优化管理。

随着技术的进步和智能包装应用的不断发展，人们对智能包装的认识日趋深刻。华南理工大学院士陈克复（2019）认为，智能包装是指通过创新思维，在包装中加入信息、电子、控制、传感等新技术，使其具有通用包装功能的同时，还具有某些特殊的性能，如能感知、监控、记录以及调整商品所处环境的状态，可将有关信息便捷、高效地传递给使用者，且使用者可与之进行信息交流沟通，并易于触发隐含或预制的功能需求。暨南大学王志伟（2018）认为，智能包装更多是包装信息功能的延伸，在从原材料供给到产品制造、产品包装、物流配送、消费和包装废弃物处置的整个供应链中，承担信息感知、储存、传递、反馈等重要通信交流功能。

智能包装在现代物流中发挥着重要作用，其对包装商品的质量、状态及对物流信息的收集和反映，很大程度上促进了现代物流的发展，是实现智慧物流的重要支撑。智慧物流包装，是智能包装在物流领域的应用和价值体现。智慧物流包装是指在现代物流运作中，为保护产品、感知信息和优化服务，以包装为载体，通过数字化与智能化技术手段，使之具有感知、监控、记录、智能处理和信息传递的现代化功能，实现包装的可视化与智慧化，满足物流与供应链管理高效运行的需要。

智慧物流包装也有两重含义：其一是新型智能材料、结构、技术施加于包装之上，形成具有智慧属性的物流包装；其二是包装作业的智慧化，通过智能算法选择合适包装箱，并通过自动化、智能化包装机械设备施之以包装。

与传统包装相比，智慧物流包装具有以下优点。

1）能够提高物流的处理效率，减少物流费用。
2）能够有效地控制内装物和包装的质量，减少损坏。
3）能够有效地保障商品质量安全性。
4）对于重新利用和循环使用包装件有积极的意义。

7.1.3 智慧物流包装的功能特点

1．保护商品

由于智慧物流包装对商品所处的环境具有感知功能，如识别、判断和控制商品包装微空间的湿度、温度、压力及密封状态等参数，因而能在商品质量、安全监控等方面发挥有益的保障作用。新型智能化包装材料、包装结构的应用极大提高了商品保护功能。

例如，对气调包装的密封泄漏，气体指示剂通常可指示气体（CO_2、O_2、水蒸气、乙醇气体等）浓度变化的定性或半定量信息，可监测整个物流链中气调包装状况。新鲜度指示剂通过其与微生物生长代谢物的反应，直接提供食品中微生物生长或化学变化所引起的食品质量信息，也可用于对易腐产品剩余货架寿命的估计。冲击指示剂（防震标签）已广泛应用于运输过程货物监视，常贴于货物外包装箱上，当指示剂所受的冲击超出其设定阈值时，指示剂晶管便会由白色转变为有色，冲击指示剂可提供若干个感应阈值，不同转变颜色表示激活指示剂的不同的外来冲击设定阈值，从而具有明显警示作用，可引导物流工作人员正确操作。

2．方便储运

图形码技术、RFID 技术、图像识别技术、VR/AR 技术等物联网和现代信息技术在智慧物流包装上的运用，实现了物流信息数据的自动高效采集，提高了商品在物流过程中的可视化、透明化状态，可以对商品进行全过程、全时空的控制、检测和追踪，利用每个智能标签、智能技术终端，实现物流运行的自动化、智能化和精细化的管理。例如，通过在包装上加入 RFID 标签的方式，将智能包装产品通过感应器来进行商品信息入库录入，加快了商品库存盘点的效率。在医疗领域上，RFID 技术在药品包装上的大量运用，有利于加强医疗设备管理，有利于优化药品的采购与库存管理并进行有效监督。

智慧物流包装可采集商品流通各个环节的信息，而信息的实时采集和高效利用，将会促进智慧物流大数据平台的构建，使商品的智慧化包装成为商品互联的载体，增强了包装在物流跟踪、信息化管理、防伪溯源、用户体验等方面的功能，从而实现物流活动的信息化和智能化，构建一个感知、互联、可视、智能的现代物流运作体系。

3．商品跟踪

智慧物流包装使包装含有大量的商品信息。通过传感器元件或条码以及商标信息系统，将商品信息和监控系统相结合，形成一套扩展跟踪体系。例如，借助具有跟踪溯源功能的智能包装，物流中的运输容器就能被全方位地跟踪，控制中心能根据采集的信息对运输线路、运输中的商品进行管理，从而使商品流通管理更加方便，有效降低运输成本。借助RFID标签采集商品在生产和流通过程中的信息，既能让生产商和用户实时掌握商品库存、流通、货架期等信息，还能在物流管理中预测顾客购物情况，优化库存管理，整合资源，形成一个智能化管理体系。在冷冻食品及冷藏药品的运输和储存中，实时监测商品所处环境的变化以保证冷链温度在规定范围内是一个亟须解决的难题，基于RFID及TTI（时间-温度传感器）标签的智能包装就能很好地解决上述问题。

包装的智能化会促使物流资源配置管理的科学化，如优化物流路线、改善仓储堆码方式、提高仓库利用率、实现包装物回收等逆向物流等。由于智慧物流包装能对商品的流通过程进行全程跟踪定位，即间接控制了商品供应链中的生产商、物流运输方和零售商，从而确保了商品的品质和运输效率，提高了商品流通的成效及安全，减少了零售商退货和消费者投诉。

4．安全追溯

国务院办公厅发布的《关于积极推进供应链创新与应用的指导意见》（2017）指出：要促进制造供应链可视化和智能化，提高质量安全追溯能力，建立基于供应链的重要商品质量安全追溯体系。包装作为供应链体系的重要组成部分，贯穿于商品生产、物流、仓储、销售等整个供应链的全过程，在商品的整个生命周期中都扮演着重要角色。构建基于供应链的重要商品质量安全追溯体系，智慧物流包装技术的应用是一条根本途径。

例如，光敏传感器放在密闭不透光的包装箱内，通过对光照强弱来感知包装箱是否被开启过，从而起到防开启的作用，进一步起到了防盗的作用。在冷链物流中引入智能化包装技术，通过加入温控传感器，对包装箱内的温度进行监控，可以确认在整个产品物流过程中是否出现过脱温现象，对食品、药品的全程运行温度进行监控和记录，从而保证商品质量安全。智能设备能读取条形码、RFID标签、二维码等传感介质所携带的信息，从而获得供应链物流管理所需的主要信息，掌握供应链物流运营的效率和速度。基于物联网的智能包装被用于物流体系中，除了能实时监测商品外，还能提供商品在供应链中的生产供应、运输环境、仓储位置、配送过程、店铺安排、分销状况等相关信息，这使商品的安全得到保障，供应链体系的工作与管理效率得到提升。

7.2 智慧物流包装的体系构成

智慧物流包装通过先进材料、新型结构及信息系统对内装物的质量和包装安全性进行干预与保障，从工作原理上来看，可将智慧物流包装分为三种类型：信息型智能包装、功能材料型智能包装和功能结构型智能包装。

7.2.1 信息型智能包装

信息型智能包装是智慧物流包装中最为重要、最为普遍的应用形式，主要是指以反映包装内容物品质变化信息为主的新型包装。信息型智能包装可以实现对产品的精细化管理，对产品存储、运输到销售整个过程中的质量、环境、参数信息进行追踪，为产品安全提供更高强度的保障。

信息型智能包装体系包括智能包装元件、数据层、数据处理和供应链通信网络。实现信息型智能包装体系的前提是智能包装元件，其赋予包装获取、存储和传输数据的新能力；数据层、数据处理和供应链通信网络一起构成决策支持系统。智能包装元件和决策支持系统协同工作，监控包装内外部环境的变化和交流物品状态信息，及时做出决策或采取合理的处理措施。

信息型智能包装主要通过包装数字化技术、包装可视化技术和包装大数据平台进行构建。

1. 包装数字化

包装数字化主要指的是在商品包装上实施的数字化策略，包括在商品包装外观上印制信息码如条形码、二维码、点阵码、图像特征码等，或者在包装中嵌入 RFID/NFC 电子标签或其他传感器，使该商品包装具备数据采集和信息交互功能。也就是说，包装数字化是以包装为载体，利用二维码、特征图像、RFID、近场无线通信（NFC）、时间-温度传感器（TTI）、智能传感器等感知元件，对商品的原材料、生产、仓储、物流、销售、消费等全生命周期进行数据采集和信息传递，给智慧物流大数据平台提供数据源，从而使包装成为实现万物互联的入口。包装数字化技术包括以下内容。

1）图形码技术。对根据编码规则得到的一组包含特定信息的图形标识符进行表达和识别。该技术主要是将商品的选购和使用信息以数字形式存储于编码中，使顾客能用手机便捷地获取商品信息。该技术使消费者实现了方便的采购行为，在商品零售中得到了广泛应用。目前，主要的图形码有一维条形码和二维图形码。例如在物流包装中，通过在每个商品包装上印制具有唯一性的二维码，在装箱时关联到箱码，箱码再和集中物流的托盘码关联，这样商品出入库时只需要扫描托盘码就可以关联经销商数据到每一个单独商品上。

2）图像特征识别技术。在商品包装外观上印制特殊处理的图形图像，通过扫描或拍照等方式，提取和识别包装外观图像中嵌入的相关信息，也可以实现包装流通的数字化跟踪、追溯、防伪、多媒体互动等功能。阿里巴巴和京东大力推广的新零售概念和无人超市的方案中，为了解决快速结算问题就采用了计算机图像自动识别技术。

3）RFID 技术。RFID 包装技术就是在商品和物流单体放置具有独占性和唯一性的芯片，以实现商品的生产、仓储、物流、销售环节的信息完整录入，同时构建自动纠错的智能系统、查询系统、防伪系统、防窜货系统和促销系统。

4）NFC 技术。NFC 是由非接触式 RFID 及互连互通技术相结合演变而来，在单一芯片上集成感应式卡片、感应式读卡器和点对点通信功能，利用移动终端设备实现移动支付、门禁人脸识别、移动身份识别、电子票务、防伪等应用。NFC 智能包装操作简单，无须打开应用，无须扫描，只需靠近即可使用。

5）其他智能传感识别技术。例如，对于在物流链中必须严格控制环境温度的商品，可选择使用 TTI 传感器，对商品整个货架期中的一些关键参数进行监控和记录，通过时间温度积累效应指示冷链食品药品的温度变化历程；为了保证重要物资或商品的运输监控，可在包装上安装 GPS、北斗卫星定位芯片，利用该技术可记录商品运输的移动轨迹，也可实时查到商品所处的地理位置；对湿度有严格要求的商品，则可在包装中加入湿度传感器，以记录和监控包装流通过程中的湿度变化；食品包装中使用 CO_2 传感器可监测内装食品的新鲜状态；对承压和震动敏感的商品，则可在包装中安装压力和震动传感器，以记录商品在包装流通过程中所受的压力或震动及跌落的强度和频次情况。

6）多传感器集成的组合型感知系统。为了实现全方位多元数据的采集和信息记录，可以在一个包装上集成多种传感器和信息识别技术。例如，一些嵌入了 RFID 芯片的包装上通常还会印制二维码，这样既可适应 RFID 的非接触信息识别和数据传输场合，也可进行扫码识别、记录和互动；一些包装上分别采用有条形码、二维码及图像特征码等多种信息码，以适应不同的扫码设备和满足不同的 AR 扫描识别需求；将 RFID 与 TTI 传感器、CO_2 传感器等组合使用，则可同时记录和传输食品的新鲜度、温度等数据；还可以在 RFID 防伪系统中加入 GPS 和 GIS，以此构成基于 GPS 和 GIS 的信息追溯服务系统，系统的跟踪、监控和防伪能力得到提高。

7）印刷电子及印刷传感器技术。利用具有导电功能的油墨印制电路即印刷电子技术。它能在柔性包装材料（薄膜、薄片、纸、复合包装材料）上印制电子元件（RFID 标签、传感器、显示器、电池等）。以导电材料、智能感知材料等为油墨，以先进的印刷技术为手段，将敏感元件印制于柔性包装材料上，即印刷传感器技术，该技术是制作传感器的最佳方法。这类柔性印刷传感器的制作成本低，且与包装材料和包装结构的融合很好，将彻底改变智能包装的开发和生产。预计未来在大部分的智能包装应用中，印刷电子技术的融入将使更多"智能"属性的实现成为可能，如记录仓储、运输、销售过程中的质量信息等，且智能包装具备柔性、环保、低成本等优势。

2．包装可视化

包装可视化利用数字化技术将商品的位置、状态及原材料、生产、仓储、物流、销售等全生命周期的数字化信息，以文字、图像、图形、动画及音视频等可视化的方式，在包装盒体、终端设备或后台屏幕上能实时呈现，以达到实时监控、交互、分析、调整和决策的目的。

包装盒体的外表面是最基本的可视化载体，最初的包装可视化就是在包装盒上印刷图像和文字，以传递有关商品的名称、功能、生产日期等基本信息；而智慧物流包装的可视化，则是通过一些智能标签实时显示包装体内的温度、湿度及新鲜度等随时间变化的情况，或者通过智能传感器获得的数据，在系统平台的显示终端上实现商品的仓储、流通及位置和环境等各类信息的可视化。

包装可视化有两层含义，一是指将智能包装采集和处理的数字信息以便于使用者（人类）认知的方式展现出来，实现数字信息与用户及管理者之间的沟通交流；二是指包装商品的性质、状态、位置、流通、消费等信息都是实时跟踪和显示的，即通过智能包装使商品的任何状态都处于透明和可监控之下。通过包装可视化，能够观察和监控商品在仓储、流通及销售过程中的状态（监控管理功能）；能够向用户传达信息并实现与用户的互动（自媒体功能）；能够通过大数据来分析商品的营销状况及规律，进而做出相应决策（分析预测及辅助决策功能）。

智能包装的可视化显示介质包括智能标签本身的颜色变化，嵌入在包装上的电子屏对数据或图案的显示，智能包装信息平台上的移动终端（手机/PDA）或后台管理终端的显示设备（计算机屏幕/投影屏幕）等。

同时，AR 增强现实技术在智能包装上的应用为消费者带来了全新的体验。AR 增强现实是将计算机生成的虚拟物体、场景或系统提示信息叠加到真实场景中，从而实现对现实的增强，给人"身临其境"的感觉，是一种全新的人机交互模式。例如一款儿童电动牙刷包装盒，通过 AR 技术，打开 APP 扫一扫，就能出现叠加在现实画面中的炫酷动画，还能通过手机屏幕了解牙刷的使用方法、注意事项等信息，使得商品的品牌价值得到了最大化体现。

3. 包装大数据平台

智慧物流包装是"互联网+芯片+包装"的应用，能够收集商品全生命周期大数据（包括供应链大数据、防伪溯源大数据等）。构建基于互联网和云计算的智慧物流包装大数据平台，收集、处理和应用大数据，是智慧物流包装的核心技术与功能之一。智慧物流包装大数据平台主要包括以下模块及功能。

1）商品防伪：平台提供扫码识别认证功能，通过一物一码及防伪码赋予包装商品的信息唯一性，让造假者无从下手，商家及消费者均可查询了解商品被查次数及时间，帮助消费者辨别真伪。

2）追踪溯源：平台通过一物一码及防伪码实现对商品生产、运输、销售等全过程追溯追踪管理，实现来源可查、去向可追、责任可究、风险可控。

3）渠道管控：平台通过防伪码与物流码的对应关系，让企业掌握商品的流向，一旦有窜货发生，系统便可自动报警，增加渠道管控力，使市场价格规范化。

4）个性化营销：一物一码是数字营销活动的入口，借助微信红包、积分、大转盘、小游戏等活动，打通多源数据对接，实现商品个性化及大数据营销。

5）决策支持：通过扫码历史以及各类数字营销活动的数据，调整商品投放地域及活动类型，实时掌握市场动态，调整企业决策方向。

6）其他服务：包括商品使用方法介绍、注意事项提醒、咨询回复及新商品推介等。

有了智慧物流包装大数据平台，生产商基于消费者大数据分析，可以深度挖掘数据价值，洞察市场行情，寻找潜在商业机会，优化库存及供应链管理，实现生产到市场的快速响应，并可辅助商业决策，拓展市场方向，进而增加商品销售。智慧物流包装大数据平台使企业实现了从存储数据到探索数据的转变，通过大数据实现防伪溯源、商品追踪、防窜货、数字营销、品牌传播、新零售、用户画像分析等一系列功能，让商品管理更高效。

总之，智慧物流包装大数据平台通过对包装商品的数据采集、存储及整合，实现了对包装商品从源头到终端每一个环节真实可靠的信息管理，可以为消费者提供智能化的防伪溯源服务，为政府及行业监管机构提供数据平台支持，为包装印刷企业提供低成本、高效益的转型方案，为商品生产企业提供商品营销大数据分析，为订单、物流、结算、售后等提供智能化管理服务。

7.2.2 功能材料型智能包装

功能材料型智能包装，是指应用新型包装材料对产品包装进行包装设计，通常采用光电、温敏、湿敏、气敏等功能材料与包装材料复合制成，使得包装对环境因素具有某种"识别""判断"和"控制"的功能，可以智能识别和指示包装微空间内的温度、湿度、压力、密封程度、保存时间等重要参数，还能自适应器物本身的不同特质和突变或渐变的外部环境，自动调整包装内部环境。与传统材料相比，智能包装材料有以下三个特点。

1）感应性，智能包装材料对周围环境的变化十分敏感。

2）识别性，智能包装材料对不同影响因素能够加以识别并做下一步动作。

3）调控性，智能包装材料能够根据环境变化调整自身条件以适应环境变化带来的影响。

功能材料型智慧物流包装是一种以材料为基础的智能化包装形式，基于对材料本身及其应用在材料智能型包装上所表现出来的功能特征，可分为变色材料包装、发光材料包装、智能水凝胶材料包装、活性材料包装等。

1. 变色材料包装

变色材料包装是指在包装上应用变色材料，如光敏变色材料、温敏变色材料、电敏变色材料、气敏变色材料等，使包装在受到光、电、温度、压力、溶剂以及化学环境等特定外界激发源作用时，通过颜色的变化来做出反馈，可以实现包装的图案显示、信息记录、警示提醒、美化装饰、防伪安全、互动娱乐等功能。

例如，一款可指示易变质包装产品实时质量的"智能变色标签"，是一种属于智能温敏变色材料在包装的应用，适用于温度敏感的包装。在一般情况下，标签呈红色代表产品新鲜度达 100%，呈黄色代表新鲜度已降为 50%，而绿色则代表产品已变质，这一过程能够反映由于食品超过保质期或因温度改变等造成的变质，并通过颜色直观地表现出来。

2. 发光材料包装

发光材料包装是指在包装上应用发光材料，如光致发光材料、力致发光材料、化学发光材料、电致发光材料等，这些材料能够以某种方式吸收能量，并以发光的形式表现出来，进而通过包装本体颜色以及与环境光的颜色进行叠加后的第三方色彩去实现包装视觉的传达，形成一种动态色彩的多样性表达。在实际应用中，发光材料主要的应用形式有发光油墨、发光涂料、发光陶瓷、发光玻璃、发光塑料、发光纤维、发光薄膜等，使包装可以实现安全警示、多维展示、防伪以及互动娱乐等功能。

例如，一款利用荧光油墨进行防伪的香水包装设计，该香水瓶的外包装运用了荧光油墨材料，在没有环境光、自然光等外部光源的时候，香水外包装呈原本的银色，但香水包装一旦接触到光线，颜色就会转换为枚红色，并显示出香水的 LOGO，既可达到防伪的效果，又充分展现了该香水品牌独特的韵味和特性。

3. 水凝胶材料包装

智能水凝胶是一类由智能高分子通过物理或者化学交联方式形成三维网络结构的聚合物，它可以吸收大量的水并溶胀至平衡体积而仍保持其形状，其对环境信息的微小变化具有响应功能，如温度、pH 值、葡萄糖浓度、光、电变化等，产生相应的体积变化或者其他物理化学性质的变化，可应用于形状记忆、自愈合聚合物、组织工程、药物输送、智能涂层、化学反应开关等领域。因智能水凝胶材料在受到外部特定因素刺激时会发生突跃式的变化，可用于灵敏传感的装置，在包装领域有很大的应用前景，该类包装被称为智能水凝胶材料包装。

例如，一种用于 pH 值传感的水凝胶涂层 LPFG，可测量的 pH 值范围为 2~12，可用于测量包装内部环境的 pH 值。

4．活性材料包装

活性材料是指在材料中加入一些活性组分，并在特定的条件下，如环境的温度、pH 值、湿度等，可以有计划地吸收或释放特定的气体或物质，在包装中加以应用能够用于改变食品的包装环境（氧气与二氧化碳的浓度、温度、湿度和微生物等）以延长贮存期，改善食品安全性和感官特性，同时保持食品品质不变。这类应用活性材料的包装可以称为活性材料包装，也可称为活性包装。

活性包装分为吸收型系统和释放型系统，吸收型系统如氧气去除型、二氧化碳清除型、乙烯去除型、水分吸收型、异味清除型等，释放型系统如抗菌型、乙烯产生型、二氧化碳产生型、乙醇产生型等。活性包装可应用于生鲜食品、果蔬、医药及日用品等领域，具有延长食品保质保鲜日期，为生鲜活物跨地运输提供保障，以及减少对人体带来的潜在性生物危害等功能。常见的活性包装有动物类和植物鲜花类的包装，如肉类包装、鲜鱼类包装、动物雏苗包装、菜苗包装、果（树）苗包装等。

例如，FreshMax®氧气吸收剂是世界上第 1 种自动粘贴氧气吸收剂，将其粘贴于需要保护的食品包装内，可以有效防止食品酸败和营养价值损失，在包装行业已获得国内和国际大奖。日本的三菱瓦斯化学公司推出了一款二价铁氧气清除剂，将该清除剂贴于包装内即能有效去除包装内的氧气成分。

7.2.3 功能结构型智能包装

功能结构型智慧物流包装是指为满足安全的产品包装、可靠的物流运输等某些特定需求，从而对包装结构进行相应的增加或改进的一类智能型包装。相较于功能性材料的研发，功能结构型包装多依靠于生物化学原理，大多数是物理学上的原理，通过创新整合使得食品包装更具有简便性和安全性，为其提供更好的市场效果。在功能结构型智能包装中最典型的有自动报警、自动加热和自动冷却。

1．自动报警包装

在自动报警包装体系中，包装袋底部嵌有依靠压力作用实现报警的封闭报警系统。当包装袋内的食品品质发生变化时，其膨胀产生的压力就会大于预设定的压力值，报警系统就会被启动，这样可以提示消费者食品已出现质量问题，同时商家也可依此将商品下架。

2．自动加热包装

自动加热的即食餐包装是智能包装的一个重要应用，自动加热包装是一种利用压铸形成的多层、无缝的容器，容器内层分多个隔间，利用简单的化学原理，在没有外部热源的情况下释放热量自动加热食品。日本自动加温的清酒罐，在饮用前只需要在罐底的小孔内插入"附用"的塑料小棒，水便会在瞬间与生石灰混合到一起，只需 3 分钟就能将一罐清酒加热至 58℃。

3．自动冷却包装

自动冷却型包装内置一个冷凝器，一个蒸发格，及一包干燥剂，冷却时由催化作用所产生的蒸汽及液体会贮藏于包装的底部，利用产生的蒸汽和液体可在短时间大幅降低食品温度。Crown Cork seal 公司和 Tempra 公司合作开发的自动冷却罐，能在 3 分钟内将一罐 355 毫升的啤酒温度下降 16.7℃。

案例 7-1　裕同构建智慧物流大数据平台，推动智能包装发展

裕同在智能包装、个性化包装领域，以可变二维码、RFID/NFC 标签、数字水印、隐形水印、大数据技术及 AR 增强现实技术在包装上的应用为研究对象，通过对产品的原材料、生产、仓储、物流、销售、消费等环节的信息采集，构建了裕同智慧物流大数据平台，帮助多个客户实现了产品的防伪、追溯、移动营销和品牌宣传。（资料来源：RFID 世界网，2017 年 9 月）

扫描二维码阅读全文

7.3　物流包装作业智能化

7.3.1　智能包装机械

智能包装机械是指包装作业中结合先进的工控技术，融合机电一体化，为产品包装提供从自动开箱—自动套膜—自动装箱—在线称重—自动贴标—自动封箱—自动打包捆扎等自动化作业的无人化、智能化包装设备。一般也称为包装机器人。应用智能包装机械能够有效提高工作效率，提升包装品质，降低用人成本，优化工作环境。

1. 基本构成

智能包装机械能够进行开箱、装箱、封箱、捆扎、码垛、自动分包、托盘货物拉伸膜缠绕等工序流程作业，包括具有自动控制功能的缠绕机、打包机、码垛机、贴标机、托盘分配机、封箱机、真空机、收缩机和封口机等。如图 7-1 所示，即为一台包装机器人。

图 7-1　包装机器人

2. 功能特点

1）适用性强。当产品的尺寸、体积、形状及托盘的外形尺寸发生变化时，只需在触摸屏上对智能包装机械稍做设定即可适应不同产品，不会影响正常运行。而传统机械式的码垛机更改非常麻烦甚至是无法实现的。

2）高可靠性。智能化包装机械重复操作能够始终维持同一状态，不会出现类似人的主观性干扰，因此其操作的可靠性比较高。

3）自动化程度高。智能化包装机械的操作依靠程序控制，无须人工参与，自动化程度高，节省了大量的劳动力。

4）准确性好。智能化包装机械的操作控制精确，其位置误差基本处于毫米级以下，准确性非常好。

5）应用范围广。智能化包装机械的用途非常广泛，它可以完成抓取、搬运、装卸和堆垛等多项作业活动。

6）高效率性。智能化包装机械的工作速度比较快，而且没有时间间断，因此其工作效率比较高。

7）占地面积少。智能化包装机械可以设置在狭窄的空间，即可有效地使用，有利于流水线的布置，并可留出较大的库房面积。

3. 作业优势

1）控制的精确性。智能包装机械的机器人手臂被固定安装在坚固的机座之上，多轴机器人的轴均经过伺服马达和齿轮控制进行转动，这就确保了机器人在工作半径范围内可全方位灵活自由地确定工位。只需要确定抓取点以及摆放点，由计算机控制两点之间的运动轨迹，定位十分精准。伺服系统保证在实现高重复精度的动作要求下，最大程度地降低工作时产生的噪音，机器人可以移动到人操作方便的方位和高度，很容易实现灵活操作。

2）操作的简便性。系统通过PLC完成对机器人、机械手爪以及传送带的控制，系统配备了专门的触摸屏用来显示生产过程中的信息。系统采用先进的人机界面，操作人员可以很容易地在界面上进行参数修改以及程序选用的工作。

3）作业的灵活性。机器人的手爪被安装在法兰中心，它可以设计成一个固定的工具，也可通过自动换手装置进行更换不同的专业手爪，用于适应特殊的任务。多功能手爪可以适用于组合工作：抓瓶式、夹钳式、抓纸箱的真空吸盘式、装瓶和码垛一体式手爪等。只需要根据实际包装过程中的需求，机器人可以更换安装不同的手爪，满足柔性包装的需要。机器人还可以配合激光视觉检测系统，识别工件种类，帮助机器人定位工件。

7.3.2 包装箱型智能推荐

包装箱型智能推荐，即根据包装物的属性、数量、重量、体积等信息，通过智能打包系统的算法支持，自动选择合适箱型及数量进行匹配，以达到减少耗费、节约成本、方便物流的目的。当前包装箱型智能推荐系统在菜鸟物流、苏宁物流等得到充分应用。

装箱问题在物流与生产系统中是一个经典并且非常重要的优化问题。系统通过包装推荐功能找到合适大小的包装箱推荐给业务操作人员来包装客户的商品，而包装推荐就是装箱问题的一个典型应用，其本质就是如何合理地放置商品以达到包装箱的装填率最大化。

装箱问题是复杂的离散组合最优化问题。一般来说，组合优化问题通常带有大量的局部极值点，往往是不可微的、不连续的、多维的、有约束条件的、高度非线性的 NP 完全问题，装箱问题也不例外，同许多组合最优化问题一样属于 NP-hard 问题。包装箱型智能推荐，就是要求把一定数量的物品放入容量相同的一些箱子中，使得每个箱子中的物品大小之和不超过箱子容量，并使所用的箱子数目最少。通常用到数学规划法、构造法、数值优化方法、遗传算法、模拟退火算法等方法进行求解。

案例 7-2　菜鸟物流的"智能装箱算法服务"

菜鸟物流在物流作业过程中运用智能打包算法，消费者订单一来，系统会立刻对商品的属性、数量、重量、体积，甚至摆放的位置都综合进行计算，可迅速地与箱子的长宽高和承重量进行匹配，并且计算出需要几个箱子，商品在箱子里面如何摆放最节省包装。（资料来源：物流界，2018 年 7 月）

扫描二维码
阅读全文

案例 7-3　苏宁物流的"智能包装解决方案"

苏宁物流推出"智能包装解决方案"，结合客户订单信息、商品主数据，包装耗材数据等相关数据经行大数据算法模型优化，自动为顾客商品确认包装材料类型、包装应用、确定装箱顺序和装箱位置，实现包装的智能化应用。（资料来源：InfoQ，2017 年 12 月）

扫描二维码
阅读全文

7.3.3　可循环使用的智能包装系统

可循环使用的智能包装系统，即依托可回收、可折叠、可重复使用的包装箱进行物流作业活动，同时在包装箱内部嵌入传感器、控制器等智能硬件，能够实现端到端的无纸化操作、智能防护和跟踪溯源，实现包装箱的可视化管理和智能调度。

1. 功能特点

可循环使用的智能包装系统为企业提供一套完整的可追溯软硬件解决方案，内容如下。

1）面向企业的智能可循环物流箱，通过 RFID 在生产环节录入数据，实现闭环管理，循环使用。

2）面向终端消费者的智能包装盒，每一件产品都拥有一个芯片，可以通过手机等智能移动通信设备实现信息的查询及数据反馈。

3）线上智能包装数据云平台，将智能可循环物流箱和智能包装盒的数据串联，并在云端存档备份。

2. 基本构成

可循环使用的智能包装系统包括远程云服务器、移动终端、管理终端和包装盒。

1）远程云服务器包括信息接收模块、信息发送模块、数据存储模块和数据处理模块。

2）移动终端包括注册模块、支付结算模块、操作模块、信息发送模块及信息接收模块。

3）管理终端包括信息接收模块、信息发送模块、数据统计模块和支付结算模块。

4）包装盒包括可拆装盒体、密码锁和二维码。

从技术架构上看，包括感知层、传输层和应用层（人机交互）三个层次，具体如图 7-2 所示。

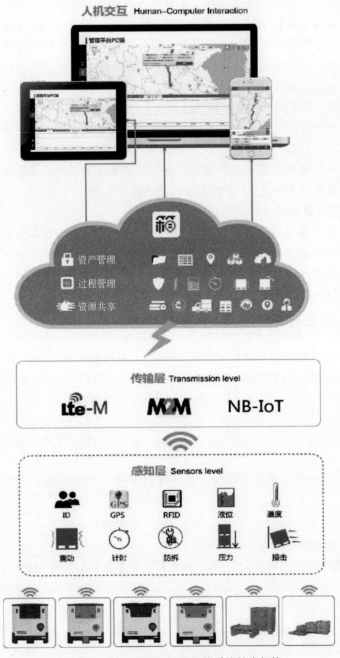

图 7-2 可循环使用的智能包装系统技术架构

3．运营模式

针对"信息不对称、数据盲区、低周转率、高丢失率"等物流包装行业痛点，可循环使用的智能包装系统可提供"管箱、租箱、拼箱"三种服务进行改善。

（1）管箱服务

可循环使用的智能包装系统可为上下游用户提供实时的数据服务。用户可以在智能终端安装 APP，或者在 PC 端对流动着的物流包装进行实时监控，上游用户可以掌握其下游客户网点中包装的数量、空满状态,它消除了双方的数据盲区,从而让上下游用户能做出相互呼应的包装调配计划,并大大提高其年周转率。

另外,结合关系网点及路径分析算法,可循环使用的智能包装系统还提供对物流包装防丢失、防偷盗的提醒功能,能及时引起管理各方的注意,帮助用户快速开展责任追查及箱体找回,降低了丢失及被偷盗的概率。

(2) 租箱服务

基于物联网化及数据透明化,可循环使用的智能包装系统,可提供包装箱租赁服务。可循环使用的智慧物流包装系统平台中,物流包装资产池、各收发箱物流及服务网点等信息都是实时公开的,系统平台为用户提供包装年租和按次租赁服务;用户可以基于自身所处地理位置调用离自己最近的空箱资源;如果用户有收箱的要求,随时可以通过平台,指示距离待收箱点最近的第三方物流公司提供收箱和清洗服务;空箱资源分布透明、服务资源在线响应、服务价格透明等特点,大大降低了获取空箱及相关服务的门槛,提高了服务效率,降低了包装成本。

(3) 拼箱服务

在传统的租赁模式下,用户无法知晓租赁服务商的物流包装资产数据,物流包装的调度和优化管理都由出租人独立完成,平均年度周转率较低。但可循环使用的智慧包装系统实现了包装实时数据的全公开,不同供应链的上下游用户的需求驱动并优化了包装资源的分布和使用,没有一个既定的数据中心点,而是一个扁平化的自组织,云端的数据分析及算法与线下的需求形成了优化资产流动的力量。对于在时间、路线以及数量等方面有较大匹配关系的不同用户群,平台将发出"同程拼箱"建议。通过加入拼箱计划,用户可以出让包装的空闲时段,免除回程费用,减少回程途中占用时间,最大化降低了过程费用,并实现了年周转率倍增的目的。

案例 7-4 "箱箱共用"数字化平台:开启了物流包装智能化时代

鸿润启动可循环物流包装物(RTP)物联网化的探索,推出智能化物流包装,并融合数据分析技术创造了数字化运营平台"箱箱共用",不仅可以帮助用户实时掌握其物流包装的流动状况,还可以促成不同用户间就近调用空箱、就近归还空箱、共享物流包装等新应用模式。(资料来源:搜狐科技,2017 年 11 月)

扫描二维码
阅读全文

7.4 智慧物流包装的应用与发展

7.4.1 国内外智慧物流包装发展现状

1. 智慧物流包装市场规模不断扩大

国际知名机构 Technavio 发布的一份报告称,预计全球智慧物流包装市场将以近 8%的复合年增长率增长,到 2019 年市场规模已超过 310 亿美元。智慧物流包装市场的主要服务对象仍将以拥有智慧物流功能的包装消费品(CPG)为主,其 10 年内的总产品数量将增至 145 亿件。智慧物流包装正日益成为产品功能的延伸,并成为集成各种创新技术手段的载体。当前国外已有相当数量的智慧物流包装成熟应用案例,并成立了相应的行业组织指导产业的发展,虽然国内智慧物流包装产业起步较晚,但对于用户需求和应用环境丝毫不亚于国外,智慧物流包装市场将成就我国包装产业里新的蓝海。

近年来,中国智慧物流包装行业快速发展为诸多传统包装印刷企业带来了新的发展机遇。未来随着印刷电子技术、RFID、柔性显示等创新技术发展与深度融合,尤其是 RFID 技术与电子标签的高速发展,将为智慧物流包装及业内企业的发展带来利好。

我国材料科学、现代控制技术、计算机技术与人工智能等相关技术的进步,带动了智慧物流包装行业的迅速发展。据统计,2010 年以来,我国智慧物流包装行业市场规模不断攀升,如图 7-3 所示。据统计测算,2018 年全年我国智慧物流包装行业的市场规模达到了 1600 亿元左右,预计到 2023 年我国智慧物流包装行业市场规模将突破 2000 亿元。

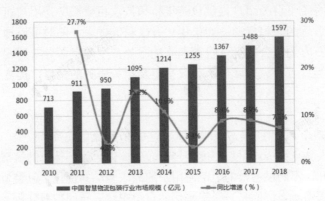

图 7-3　2010-2018 年中国智慧物流包装行业市场规模及增速

2. 智能包装技术创新力度日趋增大

智能包装通过创新思维,在包装中加入了更多机械、电气、电子和化学性能等新技术,使其既具有通用的包装功能,又具有一些特殊的性能,以满足商品的特殊要求和特殊的环境条件。因此,智能包装技术是支撑智慧物流包装发展的重要基础。

总体来看,国内智能包装技术得到了较快发展。截至 2018 年,中国有关智能包装的专利申请数量共 567 件。最近 3 年,中国智能包装行业技术创新步伐加快:2016 年,中国智能包装行业专利申请数量得到"爆发式"增长,同比增长了 4.4 倍,达到了 136 件;而后的两年,专利申请数量依然保持高位,每年均在 150 件以上,如图 7-4 所示。

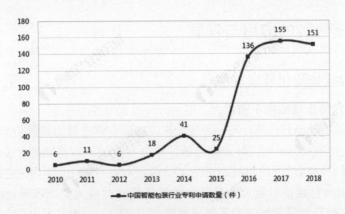

图 7-4　2010-2018 年中国智能包装行业专利申请数量(件)

从智能包装技术的发展历程来看，第一代智能包装技术基于光学/视觉识别，侧重于通过光学特性解决防伪、追踪、防盗等问题；第二代智能包装技术将融合印刷电子技术、RFID、柔性显示等新型技术，使商品及其包装对于人类更具有亲和力，更加主动地呈现出物联网特性。事实上，目前智慧物流包装细分市场规模最大的就是 RFID 市场。据统计，2011~2017 年，中国 RFID 行业市场规模高速扩张，年均复合增速高达 24%；2018 年 RFID 的市场规模约在 840 亿元，如图 7-5 所示。

图 7-5　2010-2018 年中国 RFID 行业市场规模及增速

印刷电子技术是智能包装技术中的重点领域，其将传统的印刷工艺应用于制造电子元器件和产品上，其最大特点是它们不依赖于基底材料的导体或半导体性质，可以以薄膜形态沉积到任何材料上。目前，在绝大多数的智慧物流包装应用中，都可以通过整合印刷电子技术，实现更多"智能"属性，例如在仓储、运输、销售过程中的质量信息记录与表现等，并具备柔性、环保、低成本等优势。信息型智能包装对于其在仓储、运输、销售过程中的质量信息记录与表现等"智能"属性要求较高，也对印刷电子技术提出了更高要求。未来对于印刷电子技术的整合以及深度研发或将是智能包装行业重要的技术发展趋势之一。

3. 包装机械智能化程度不断提高

目前，包装机械的特征趋于"三高"——高速、高效、高质量；发展重点趋向于能耗低，自重轻，结构紧凑、占地空间小，效率高、外观造型适应环境和操作人员心理需求、环保需求等。

近些年来，发达国家一方面为满足现代商品包装多样化的需求，发展多品种、小批量的通用包装技术及设备，同时又紧跟高科技发展步伐，发展和开发应用高新技术的现代化专用型包装机械。所应用到的新技术有航天工业技术、热管类微电子技术、磁性技术、信息处理技术、传感技术、光电及化学、激光技术、生物技术及新的加工工艺、新的机械部件结构（如锥形同步齿形带传动等）、新的光纤材料等，使多种包装机械趋于智能化。

国内包装机械发展重点是提高产品"三化"水平：做到工作高速化，包装产品规格多样化，提高可靠性以及如何使食品和药品包装机械达到无菌化。在提高包装机械产品的使用性能和可靠性前提下，走向机电一体化，控制微机化。运用可靠性设计，优化设计和计算机辅助设计等先进的设计方法，研制组合式、模块式等先进机械与部件、零件，提高产品的工艺水平以及"三化"水平。同时与国际质量体系相结合，大力发展与包装机械配套的各种自动检测技术与设备。

目前，智慧物流包装在应用推广过程中仍有诸多的制约因素，正阻碍智慧物流包装的发展。首先，我国智慧物流包装行业技术方面还有待加强，如智能包装原材料研究基础薄弱；其次，还需要通过构建智慧物流大数据平台，来推动智慧物流包装发展；第三，成本仍然是不少企业不得不面临的问题。因此，虽说智慧物流包装是包装产业的未来，但要真正把智慧物流包装普及到位，更好地开发其中的利润空间，除了加大对包装的智能技术开发的人力物力投入，更要跟紧当前我国从工业化向信息化转变的脚步，从关注智能技术新动向、推广成熟技术和降低成本等方面进行着手。

7.4.2 智慧物流包装的典型应用

1．果蔬新鲜度监控

物流中果蔬腐败智能化实时监测预警技术系统，由腐败机制与评判数据库、实时传感技术和设备、监测预警系统三个部分组成，其系统结构如图 7-6 所示。

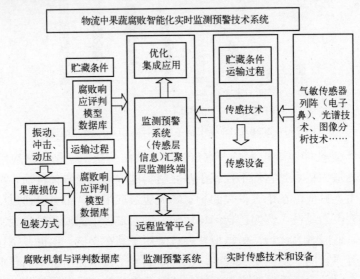

图 7-6　果蔬腐败智能化实时监测预警技术系统结构图

该系统的构建思路如下。

1) 研究贮藏环境因子（温度、湿度、气体、防腐等）与果蔬微生物群落、腐败代谢物、果蔬品质之间动态互作和过程变化规律。研究物流运输过程中振动、冲击、动压等机械环境因子作用与果蔬损伤之间的关系。研究运输包装方式与果蔬损伤之间的关系，阐明果蔬损伤导致果蔬腐败的机制。研究果蔬采后贮藏期和物流运输中腐败响应因子与果蔬损伤因子、环境介质调控因子之间的关系。研究腐败代谢挥发物（气味）与腐败响应因子的关系，筛选适用于不同果蔬的腐败评估因子，建立物流中果蔬腐败预测靶点、阈值及评判数据库和评判模型系统。

2) 基于果蔬腐败代谢挥发气味和果蔬表观色泽的变化，应用果蔬腐败传感和监测的气敏传感器列阵（电子鼻）技术、近红外光谱技术和果蔬表观色泽图像分析技术，通过比较分析，确定适合于贮藏环境和复杂物流运输环境条件下，果蔬腐败实时监测的传感技术或集成，开发相应的传感监测设备以及数据处理系统。

3) 将果蔬腐败过程传感与环境因子传感集成为果蔬贮藏和物流运输传感网络，基于物联网的原理，研发贮藏和物流运输过程中果蔬腐败智能化实时监测预警技术系统。

2. 食品溯源

通过使用 RFID 技术智能化的包装产品能够在整个供应链中轻松地实现跟踪与追溯，确保端到端（即从核心原材料到产品使用寿命结束及再利用的整个过程）的完整透明度。

这项集成技术同样能够检测智慧物流包装在达到消费者前是否已经被篡改。在送达消费者后，消费者通过智能手机，可以收到额外信息并且进行互动。

3. 防伪追溯

2015 年，Thinfilm 公司便将智慧物流包装与红酒瓶结合，打造了一款"智能葡萄酒瓶"。据介绍，此款葡萄酒瓶融入了 OpenSense™ 技术，瓶身标签含有唯一的标识，能够检测出瓶子打开的时间，并能向消费者推送定制信息。同时，这样的智慧物流包装还有助于打击假酒现象。此后，Thinfilm 公司将目光放在了医疗药品智慧物流包装上，宣布与从事医疗保健和消费品包装的 Jones Packaging Inc.合作，将 NFC OpenSense 技术与医疗药品相结合。

在国内，茅台醇的物联网感知包装也是具有代表性的一例。茅台醇包装支持 NFC 芯片防伪追溯功能，消费者可借此鉴别茅台醇真伪，通过产品生命值（PV 值）了解茅台醇全生命周期信息。此外，支持 AR 功能使茅台醇可通过 AR 向消费者展示品牌文化、3D 防伪指南、营销游戏等内容，消费者通过手机摄像头扫描即可体验。茅台醇包装支持区块链数据让茅台醇在生产、运输、仓储、销售、消费、饮用等环节具备数据采集功能，通过区块链分布式数据，协助酒厂经营管理，了解市场。

4. 物流参数监控

产品物流多参数智能监测系统，由传感层、信息汇聚层和智能监测层组成，其系统结构如图 7-7 所示。该系统可在线或远程监控物流中重要产品和危险品的状况，包括环境温湿度、振动和冲击强度、气体浓度以及产品运动等。实践表明，该系统能对物流中重要产品和危险品实施有效监控。

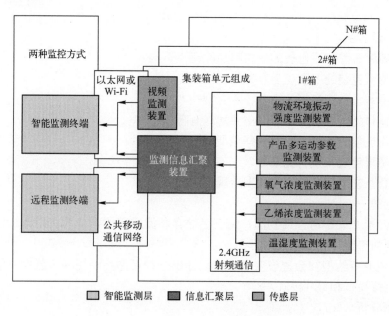

图 7-7 产品物流多参数智能监测系统结构图

5. 医疗辅助支持

在医疗领域，NFC 技术与药品标签的结合也被认为是智慧物流包装极具前瞻性的创新，因为其提高了药品的附加值。据悉，欧盟和北美在即将出台的新法律中要求将二维码作为唯一识别添加到单独药品的包装中。NFC 芯片可以通过智能手机进行非接触式读取，从而实现药物的数字识别，可实现剂量建议、通过注射系统自动识别药物、内部物流流程优化及品牌保护等用途。智能药品包装不仅可实现追踪和验证功能，还可以记录药片何时取出包装，以便客观地监控患者对治疗过程的依从性。

本章小结

智慧物流包装将物联网、大数据、信息技术、生物科技等技术手段应用于物流包装之上，具有感知、监控、记录、智能处理和信息传递的现代化功能，是满足智慧时代物流与供应链管理高效运行的重要依托。

本章重点介绍了智慧物流包装的概念和功能特点，详细阐述了信息型、功能材料型和功能结构型智慧物流包装的工作原理与基本构成，介绍了智能包装机械、包装箱型智能推荐和可循环智能包装系统等物流包装作业智能化的相关内容，最后简要介绍了国内外智慧物流包装的主要应用及发展状况。

智慧物流包装不仅仅是新材料、新技术在包装上的简单应用，而且更为重要的是通过智能物流包装识别和收集有用数据信息，通过智能控制有效促进包装节约、循环使用，最终实现整个供应链的高效化、可视化和智能化运作。

本章习题

一、思考题

1. 如何理解智慧物流包装的概念和功能特点？
2. 智慧物流包装的主要类型有哪些？
3. 信息型智慧物流包装的主要技术有哪些？
4. 功能材料型智慧物流包装的主要形式有哪些？
5. 智慧物流包装机械主要有哪些类型？
6. 如何实现包装箱型智能推荐？
7. 简述智慧物流包装的应用和发展现状。

二、讨论题

1. 选择几类个人学习生活物品，为满足储存和流通需要，请为其设计智慧物流包装，讨论思考用到的智慧物流包装技术。
2. 响应资源节约型社会建设要求，请设计出一种可循环使用的智慧物流包装系统，并分析其服务运营模式和赢利模式。

三、案例分析

无人超市让消费者"剁手"于无形，这样的事情在以前那简直就是在科幻片中才能发生的，随着近些年来科技的发展已经不是什么难事了，可以说支撑起无人超市的是智能包装技术的进步。

无人超市技术有多神？简单来说无人超市就是一个缩小的"天眼系统"，集成计算机视觉、机器学习、物联网，如今的人工智能系统让超市没有售货员和收银员，选好商品拿了就走，手机会自动结算。

在"即买即走"的极致体验背后，其实是人像识别、商品识别、自助支付、大数据分析、IoT（物联网）、区块链等技术的支持。简单来说，利用计算机视觉和生物识别身份，店内遍布的摄像头和传感器能够记录人和物品的移动。

RFID 是目前最适合无人超市的技术，如果 RFID 芯片成本进一步降低，则廉价的商品也可以采用，RFID 应用将会更加广泛。

智慧物流包装通过云计算、移动互联网、物联网等技术，实现了在产品包装上使用二维码，实现商品信息的数字化和创意营销功能。这些还是基础性的应用，商品消费背后大数据的挖掘才是真正的金矿。

无人商店对智慧物流包装的发展是绝好的机会，智慧物流包装作为新零售生态格局中的一员，技术和应用场景将不断被重构，最终会带来无人商店购物的完美体验。

问题：
1. 无人超市中主要运用了哪些智慧物流包装技术？
2. 请谈一谈智慧物流包装技术的发展将会对商业模式的改革创新带来哪些影响？

第 8 章　智慧装卸搬运

学习目标
- 了解智慧装卸搬运的概念、功能特点与作用;
- 掌握智慧装卸搬运作业系统的主要构成、系统结构和工作原理;
- 了解智慧装卸搬运的主要典型应用;
- 认识和把握智慧装卸搬运的发展现状。

引例

青岛港：从撑棍装卸到智慧转型

青岛港集装箱业务开始于 20 世纪 70 年代后期,靠泊的第一艘集装箱船只能用船方带来的撑棍进行装卸。2013 年起青岛港开始向码头自动化、智能化转型。2017 年 5 月 11 日,青岛港全自动化集装箱码头投入商业运营。2018 年 4 月 21 日,青岛港全自动化集装箱码头在"中远希腊"轮作业中创出单机平均效率每小时 42.9 自然箱、船时效率每小时 218.1 自然箱的新世界纪录。(资料来源：交通运输部官网,2018 年 11 月)

扫描二维码
阅读全文

装卸搬运是物流活动的一个重要环节,它贯穿于物流的全过程,是物流各功能环节之间能否形成有机联系和紧密衔接的关键,被称为物流流程的"润滑剂",同时又往往成为整个物流活动的"瓶颈"。智慧物流技术手段应用于装卸搬运过程中,不断提升装卸搬运的自动化、智能化水平,能够有效提升装卸搬运的效率,促进装卸搬运合理化,在当前现代物流配送中心、智能工厂流水线等运作中应用广泛。

8.1　智慧装卸搬运的概念与特点

8.1.1　装卸搬运概述

1. 装卸搬运的概念

装卸是一种以垂直方向移动为主的流通活动,是指在指定地点以人力或者机械将物品装入运输装备或者从运输装备内卸下的作业活动。搬运则是指在同一场所内,对物品进行的以水平方向移动为主的流通作业。装卸搬运是装卸活动和搬运活动的合称,是指在同一场所内改变物品的存放状态和支撑状态的活动。

装卸搬运活动是物流活动中不可缺少的环节,在物流活动中起着承上启下的作用。物流的各环节和同一环节不同作业之间,都必须进行装卸搬运作业,正是装卸活动把物流各个阶段连接起来,使之成为连续的流动的过程。在生产企业物流中,装卸搬运成为各生产工序间连接的纽带，它是从原材料设备等装卸搬运开始到产品装卸搬运为止的连续作业过程。

装卸搬运在物流成本中占有重要地位。在物流活动中，装卸活动是不断出现和反复进行的，它出现的频率高于其他物流活动。而且每次装卸活动都要花费很长时间，所以往往成为决定物流速度的关键。装卸活动所消耗的人力活动也很多，所以装卸费用在物流成本中所占的比重也较高。

2. 装卸搬运的活动特点

1）附属性、伴生性。装卸搬运是物流每一项活动开始及结束时必然发生的活动，因而有时常被人忽视，有时被看作其他操作不可缺少的组成部分。例如，一般而言的"汽车运输"，就实际包含了相随的装卸搬运，仓库中泛指的保管活动，也含有装卸搬运活动。

2）支持、保障性。装卸搬运的附属性不能理解成被动的，实际上，装卸搬运对其他物流活动有一定的决定性作用。装卸搬运会影响其他物流活动的质量和速度，例如，装车不当，会引起运输过程中的损失；卸放不当，会引起货物转换成下一步运动的困难。许多物流活动在有效的装卸搬运支持下，才能实现高水平。

3）衔接性。在任何其他物流活动互相过渡时，都是以装卸搬运来衔接的，因此装卸搬运往往成为整个物流"瓶颈"，是物流各功能之间能否形成有机联系和紧密衔接的关键，而这又是一个系统的关键。建立一个有效的物流系统，关键看这一衔接是否有效。比较先进的系统物流方式（如联合运输方式）就是着力解决这种衔接而出现的。

3. 装卸搬运的基本方式

1）"吊上吊下"方式。采用各种起重机械从货物上部起吊，依靠起吊装置的垂直移动实现装卸，并在吊车运行的范围内或回转的范围内实现搬运或依靠搬运车辆实现小搬运。由于吊起及放下属于垂直运动，所以这种装卸方式属垂直装卸。

2）叉上叉下方式。采用叉车从货物底部托起货物，并依靠叉车的运动进行货物位移，搬运完全靠叉车本身，货物可不经中途落地直接放置到目的处。这种方式垂直运动不大而主要是水平运动，属水平装卸方式。

3）滚上滚下方式。利用叉车或半挂车、汽车承载货物，连同车辆一起开上运输工具，到达目的地后再从运输工具上开下，称"滚上滚下"方式。利用叉车的滚上滚下方式，在卸货后，叉车必须离开，利用半挂车、平车或汽车，则拖车将半挂车、平车拖拉至船上后，拖车开下离船而载货车辆连同货物一起运到目的地，再原车开下或拖车上船拖拉半挂车、平车开下。

4）移上移下方式。是在两车之间（如火车及汽车）进行靠接，然后利用各种方式，不使货物垂直运动，而靠水平移动从一个车辆上推移到另一车辆上，称为移上移下方式。移上移下方式需要使两种车辆水平靠接，需要对站台或车辆货台进行改变，并配合移动工具实现这种装卸。

5）散装散卸方式。一般从装点直到卸点，中间不再落地，这是集装卸与搬运于一体的装卸方式。

4. 装卸搬运的重要性

装卸搬运活动在整个物流过程中占有很重要的位置。一方面，物流过程各环节之间以及同一环节不同活动之间，都是以装卸作业有机结合起来的，从而使物品在各环节、各种活动中处于连续运动或所谓的流动状态；另一方面，各种不同的运输方式之所以能联合运输，也是由于装卸搬运才使其形成。在生产领域中，装卸搬运作业已成为生产过程中不可缺少的组成部分，成为直接生产的保障系统，从而形成装卸搬运系统。由此可见，装卸搬运是物流活动得以进行的必要条件，在全部物流活动中占有重要地位，发挥重要作用。

1) 影响物流质量。因为装卸搬运是使货物产生垂直和水平方向上的位移，货物在移动过程中受到各种外力作用，如振动、撞击、挤压等，容易使货物包装和货物本身受损，如损坏、变形、破碎、散失、流溢等，装卸搬运损失在物流费用中占有一定的比重。

2) 影响物流效率。物流效率主要表现为运输效率和仓储效率。在货物运输过程中，完成一次运输循环所需的时间，在发运地的装车时间和在目的地的卸车时间占有不小的比重，特别是在短途运输中，装卸车时间所占比重更大，有时甚至超过运输工具运行时间，所以缩短装卸搬运时间，对加速车船和货物周转具有重要作用；在仓储活动中，装卸搬运效率对货物的收发速度和货物周转速度产生直接影响。

3) 影响物流安全。由于物流活动是物的实体的流动，在物流活动中确保劳动者、劳动手段和劳动对象安全非常重要。装卸搬运特别是装卸作业，货物要发生垂直位移，不安全因素比较多。实践表明物流活动中发生的各种货物破失事故、设备损坏事故、人身伤亡事故等，相当一部分是装卸过程中发生的。特别是一些危险品在装卸过程中如违反操作规程进行野蛮装卸，很容易造成燃烧、爆炸等重大事故。

4) 影响物流成本。装卸搬运是劳动力借助于劳动手段作用于劳动对象的生产活动。为了进行此项活动，必须配备足够的装卸搬运人员和装卸搬运设备。由于装卸搬运作业量较大，它往往是货物运量和库存量的若干倍，所以所需装卸搬运人员和设备数量亦比较大，即要有较多的活动和物化劳动的投入，这些劳动消耗要记入物流成本，如能减少用于装卸搬运的劳动消耗，就可以降低物流成本。

8.1.2 智慧装卸搬运的概念

为提升传统装卸搬运的效率，解决物流作业装卸搬运的"瓶颈"问题，人们不断将机械化、自动化、信息化、智能化作业手段应用于装卸搬运领域，装卸搬运沿着机械化、自动化、智慧化发展方向不断进步。按照装卸搬运所采用的工具，搬运装卸活动一般分为以下几种方式。

1) 人工作业。是一种传统装卸搬运作业方式，即为人力肩扛式作业来完成装卸搬运过程，在有些传统库房或小件、少量装卸搬运活动中使用，在现代工厂和仓库中应用已经较少。

2) 机械化作业。是利用机械工具替代或辅助人工进行装卸和搬运的作业活动，即人力加机械设备，如手动搬运车，手动堆高车这些搬运堆高装卸设备。

3) 半自动化作业。即依靠人力（设备操作人员）操作具有自动化特征的搬运堆高设备来完成装卸搬运物流活动。半自动化作业和机械化作业的区别在于设备的自动化水平，一个是没有自动化，一个是具备自动化，例如半电动堆高车、半电动搬运车等，具备自动起降和搬运的功能，操作起来相比机械化作业更加省力。

4) 全自动化作业。就是利用高度自动化的物流搬运装卸设备进行装卸搬运活动。自动化是在机械化基础之上加上控制系统，实现了去人工化。例如全电动堆高车、全电动搬运车、电动叉车、自动输送机等，这些设备都是高度自动化的，同时一般也都具有一定的智能化特点，只需要技术人员操作按钮即可完成整个搬运装卸过程。

5）智慧装卸搬运。是自动化装卸搬运作业发展的更高级阶段，它不仅仅实现了作业过程的自动运行与自动控制，而且应用物联网、人工智能等技术，实现作业环境的智能感知、作业方式的智能选择、作业状态的智能控制以及应急情况的智能处置，从而达到装卸搬运无人化运作要求。当前，智慧装卸搬运在智能工厂、无人仓库、智慧港口等物流作业中应用广泛，是物流场所升级改造、物流作业效率提升、物流管理水平优化的重要内容和有效途径。

8.1.3 智慧装卸搬运的功能特点

1．无人化

智慧装卸搬运的显著特点是无人操作，智慧装卸搬运设备上装有自动导向系统、自动抓取系统，依靠无线传感、定位导航、视觉识别、力觉感知、自动控制技术等，可以保障系统在不需要人工引航、人工作业的情况下就能够沿预定的路线自动装卸、自动行驶，将货物或物料自动从起始点运送到目的地，完成装卸搬运作业活动。同时，智慧装卸搬运设备一般与其他物流设备有自动接口，可以实现货物和物料装卸与搬运全过程的自动化与无人化。这种无人化的操作过程，一方面节约了人力，提高了效率，另一方面也能够满足高危、狭小空间内的智能无人搬运需求。

2．柔性化

智慧装卸搬运的另一个突出特点就是柔性好，由于人工智能的加入，智慧装卸搬运的作业路径、作业样式、力度功率可以根据仓储货位要求、生产工艺流程、物流作业环境等改变而灵活改变，可以模拟人的思维进行智能判断，不断动态调整选择优化运行方案。这种运行改变的费用与传统的、刚性的装卸搬运作业相比，减少了重新购置作业设备、作业线的时间和成本，体现出较好的经济性。

3．高效化

通过智慧装卸搬运管理系统，能够整体调度和监控整体装卸搬运作业流程，包括无人叉车、机器人、机械手以及辊道等。可支持多台机器人同时联动作业，保证相互避让以及最优路径的规划，防止拥堵；可通过作业流程节拍的控制，实现状态监控、增减机器人数量及地图布局修改及交通管制等功能，使得最大程度实现制造工厂、物流仓库的装卸搬运作业优化，大幅提高装卸搬运作业效率；可广泛应用于各生产、物流节点之间的物料搬运和工艺设备之间的水平垂直转运、自动上下料等环节，能与各种自动化设备进行对接，大幅提高物流整体作业效率。

8.1.4 智慧装卸搬运的作用

1．有利于提高作业效率，减少作业差错

现代化工厂、物流配送中心等作业环节众多、作业频繁，物品拣选、装卸搬运量极大，传统人力及机械作业无法满足作业要求，并容易出现差错。目前大型电商仓库、大型制造业企业仓库、现代港口是智能装卸搬运系统主要的应用方向。从以往的案例来看，一台智能搬运机器人可以替换 2~3 位人力，工作效率可以提高 30%左右，对于作业量比较大的仓库有较好应用效益，可以提高工作效率，节省人力成本，有效降低作业差错率。

2. 有利于适应多种复杂作业环境

智慧装卸搬运设备可以代替人工进行货物的分类、拣选、搬运和装卸工作，或代替人类搬运危险物品，如放射性物质、有毒物质等，降低工人的劳动强度，提高生产和工作效率，保证了工人的人身安全。

3. 有利于实现数据互通，高效协同

智慧装卸搬运设备不仅仅能够自动完成货物装卸搬运工作，而且在这一过程中能够全面实时记录装卸搬运作业数据、货物数据及其他相关信息数据，通过信息网络传输到数据库中实现数据采集与动态更新，实现与物流其他作业环节的高效协同。

8.2 智慧装卸搬运的体系构成

一般来说，根据作业特点的不同，装卸搬运作业包括堆垛拆垛、拣选输送、搬运移动等作业内容，智慧物流技术手段应用于上述作业场景中，由此形成智慧装卸搬运体系。因此，智慧装卸搬运体系可以从智慧装卸作业系统、智慧搬运作业系统和智慧拣选作业系统三个部分进行分析构建。

8.2.1 智慧装卸作业系统

根据装卸设备的类型和功能分类，智慧装卸作业系统主要包括码垛机器人、龙门吊自动装卸系统、卡车自动装卸系统等。

1. 码垛机器人

码垛机器人是用在工业生产过程中执行大批量工件、包装件的获取、搬运、码垛、拆垛等任务的一类工业机器人，是集机械、电子信息技术、智能技术等于一体的高新机电产品。

码垛机器人可以集成在任何生产线中，为生产现场提供智能化、机器人化、网络化的装卸作业，可以实现多种多样作业的码垛物流，广泛应用于纸箱、塑料箱、瓶类、袋类、桶装、膜包产品及灌装产品等的装卸作业。可配套于三合一灌装线等，对各类瓶罐箱包进行码垛。

（1）系统结构

码垛机器人一般为 4~6 轴机器人，主要由固定底座、连杆、连杆臂、臂部、腕部以及末端执行器组成，如图 8-1 所示。

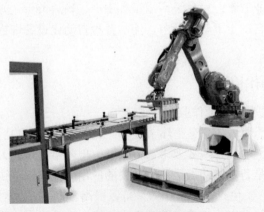

图 8-1 码垛机器人

码垛机器人主体多采用优质轻巧的铸铝材料制造和连杆式关节型的机构形式，利用CAD 和 FEM 有限元技术进行结构优化设计，具有较高的机械性能和抗震能力；驱动系统采用模块式数字化 AC 伺服电机和 RV 减速器；针对不同类型的产品和包装件，有真空吸持、夹持、叉式等多种形式的智能末端执行器。

（2）控制系统

码垛机器人多采用基于 PC 的开放式控制系统，令机器人能够高速、精准、稳定可靠地运行。

如瑞典 ABB 公司为 IRB 系列码垛机器人研发了主动安全软件和被动安全软件，可对机器人的运动和载荷情况进行监控；电子稳定路径功能可确保机器人在考虑加速度、阻力、重力、惯性等条件的同时，遵循预定运行路径；主动制动系统可以确保机器人维持运行路径的同时对制动予以控制，被动安全功能可实现机器人进行负载识别。

日本 FANUC M410i 系列码垛机器人软件体系也非常强大，PalletTool/Palle-tPROTM 用于码垛设置、仿真和操作；Supports Colli-sionGuardTM 用于减少机器人、夹持器、箱/袋以及外围设备的碰撞损坏；基于网络的软件工具用于远程联机、诊断和生产监控；还专门配备了机器视觉引导系统，用于引导机器人完成拆垛和检查工作。

（3）传感系统

采用视觉、力觉、触觉、温湿度传感器等多传感器融合技术，对目标对象和周围环境进行建模和决策控制，可实现机器人对不同类型、不同重量包装件或包装物的识别，测量三维参数，精确确定其实际位姿，检测产品和包装外观缺陷，并对后续操作做出判断和决策，如计算码垛模式，末端执行器采用何种执行方式、吸持（或夹持）力度等。

采用优化控制算法、视觉系统图像处理算法以及软件算法，提高机器视觉硬件技术水平，缩短机器人反应、处理、动作的时间，提高运动速度和工作效率。

2．龙门吊自动装卸系统

龙门吊自动装卸系统主要实现以下功能：利用机器视觉系统自动获取到达装卸位置的集卡及集装箱身份标识信息，由码头、场站操作系统根据标识将装卸位置指令发送给信息处理系统；机械运动控制系统依据激光扫描系统探测区域堆放集装箱的情况及装卸位置指令，优化装卸运动轨迹并控制机械运行，实现龙门吊自动装卸控制。龙门吊自动装卸系统如图 8-2 所示。

图 8-2 龙门吊自动装卸系统

龙门吊自动装卸系统主要适用于港口码头、铁路站台集装箱装卸过程。系统建成后，集卡到达龙门吊装卸位置下方后的数据获取、与码头（场站）操作系统的信息交互、转堆和收发箱指令执行及确认、小车装卸运动轨迹优化、运动过程驾驶控制等一系列原来由龙门吊司机操作的环节全部实现自动化，从而实现集装箱装卸高效节能、安全可靠。

系统功能模块主要包括以下内容。

1）作业指令流获取模块。该功能模块负责采集码头操作系统的生产调度数据（包括作业类型、箱号、箱型、作业箱区等），并将其转换为集装箱智能装卸系统能够识别的数据流。

2）机器视觉模块。该功能模块负责对龙门吊下方装卸区域的集卡进行实时动态视频跟踪和视频过滤图像捕捉，实现车辆自动对位和车号识别，并跟踪起升中集装箱运动轨迹的逐帧或间隔帧处理，通过获取箱号位置视频图像帧识别箱号。

3）龙门吊电控模块。该功能模块是龙门吊自动装卸执行系统。

4）作业箱区轮廓模块。该功能模块采用激光扫描测距装置测算箱区码放数据，以便满足龙门吊 20 英尺集装箱与 40 英尺集装箱切换作业的要求。

案例 8-1 全路首个集装箱装卸自动化远程智能集控系统

2017 年 8 月，中国铁路沈阳局集团有限公司应用中国铁路首个集装箱装卸自动化远程智能集控系统，涵盖门吊大小车定位、集卡车定位、铁路车辆信息采集等多项智能集控功能，实现门吊自动找箱、快速吊箱、准确落箱等智能化装卸作业流程。（资料来源：搜狐科技，2018 年 4 月）

扫描二维码
阅读全文

3. 卡车自动装卸系统

卡车自动装卸系统是一种集成在卡车和装卸平台之间的自动化输送设备，通过相互协同运作，代替人力和叉车，完成货物的全自动化装卸。对于从工厂到物流分销中心或仓储中心短距离往返运输的车辆，借助该系统可以大幅节约装卸货物时间，增加车辆往返次数，减少人工、叉车以及卡车数量，提高物流效率的同时降低物流成本。

（1）系统结构

卡车自动装卸系统主要分两部分：一部分装卸主体设备被安装在卡车内部；另一部分被集成在装卸平台上，由平台主体结构、四条平行的固定式滚轨传送系统、链式传送系统、气动提升滑轨系统、控制系统、激光扫描仪、车台对接装置和安全限位系统等组成。卡车自动装卸系统如图 8-3 所示。

图 8-3 卡车自动装卸系统

(2) 操作流程

1) 码垛。托盘货物通过输送系统依次输送到自动装卸平台上。平台上的固定滚轨式传送系统将货物移动到平台的相应位置，并进行最佳间距调整，托盘货物在平台上装载调整完成后，将自动整体移动至平台前端等待装车。

2) 卡车—平台的对接。待装货卡车到达后，倒车进入平台对接位，进行卡车—平台的对接。对接完成后，卡车位置即被平台锁定。

3) 卡车长度的测量。自动装卸平台门打开后，两台由支架固定的激光扫描仪自动下降，开始测量卡车的对接角度以及卡车车厢长度。若感应器检测出车厢深可容纳两组托盘，则两组托盘货物被自动装载进入车厢。

4) 全自动装箱。卡车司机须确认托盘货物位置准确并完成安全检查后，方可按下控制台上的装箱按钮，进行自动装箱。装箱按钮按下后，托盘限位卡销自动降下，气动滑轨开始充气，待托盘货物完成整体提升后开始滑入车厢轨道。在其完全进入车厢后，气动滑轨开始放气，托盘货物整体卸载到车厢内，最后滑轨缩回平台完成货物装车。

5) 解锁驶离。完成装箱后，卡车司机手动解开车辆位置锁，车辆即可驶离平台。

8.2.2 智慧搬运作业系统

智慧搬运作业系统是利用自动导引搬运工具（Automated Guided Vehicle，AGV）进行物流搬运的作业系统。AGV 是一种柔性化和智能化物流搬运机器人，国外从 20 世纪 50 年代在仓储业开始使用，目前已经在制造业、港口、码头等领域得到普遍应用。AGV 如图 8-4 所示。

图 8-4 智能搬运机器人（AGV）

1. 系统结构

AGV 控制系统分为地面（上位）控制系统、车载（单机）控制系统及导航/导引系统，其中，地面控制系统指 AGV 系统的固定设备，主要负责任务分配、车辆调度、路径（线）管理、交通管理、自动充电等功能；车载控制系统在收到上位系统的指令后，负责 AGV 的导航计算、导引实现、车辆行走、装卸操作等功能；导航/导引系统为 AGV 单机提供系统绝对或相对位置及航向。AGV 控制系统结构图如图 8-5 所示。

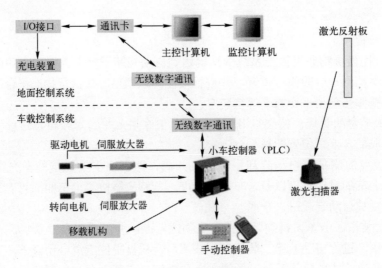

图 8-5　AGV 控制系统结构图

AGV 系统是一套复杂的控制系统，加之不同项目对系统的要求不同，更增加了系统的复杂性，因此，系统在软件配置上设计了一套支持 AGV 项目从路径规划、流程设计、系统仿真到项目实施全过程的解决方案。地面（上位）控制系统提供了可灵活定义 AGV 系统流程的工具，可根据用户的实际需求来规划或修改路径或系统流程；而地面控制系统也提供了可供用户定义不同 AGV 功能的编程语言。

2．地面控制系统

AGV 地面控制系统（Stationary System）即 AGV 上位控制系统，是 AGV 系统的核心。其主要功能是对 AGV 系统中的多台 AGV 单机进行任务分配、车辆管理、交通管理、通信管理等。

1）任务管理。任务管理类似计算机操作系统的进程管理，它提供对 AGV 地面控制程序的解释执行环境；提供根据任务优先级和启动时间的调度运行；提供对任务的各种操作如启动、停止、取消等。

2）车辆管理。车辆管理是 AGV 管理的核心模块，它根据物料搬运任务的请求，分配调度 AGV 执行任务，根据 AGV 行走时间最短原则，计算 AGV 的最短行走路径，并控制指挥 AGV 的行走过程，及时下达装卸货和充电命令。

3）交通管理。根据 AGV 的物理尺寸大小、运行状态和路径状况，提供 AGV 互相自动避让的措施，同时避免车辆互相等待的死锁方法和出现死锁的解除方法；AGV 的交通管理主要有行走段分配和死锁报告功能。

4）通信管理。通信管理提供 AGV 地面控制系统与 AGV 单机、地面监控系统、地面 IO 设备、车辆仿真系统及上位计算机的通信功能。和 AGV 间的通信使用无线电通信方式，需要建立一个无线网络，AGV 只和地面系统进行双向通信，AGV 间不进行通信，地面控制系统采用轮询方式和多台 AGV 通信；与地面监控系统、车辆仿真系统、上位计算机的通信使用 TCP/IP 通信。

5）车辆驱动。车辆驱动负责 AGV 状态的采集，并向交通管理发出行走段的允许请求，同时把确认段下发 AGV。

3. 车载控制系统

AGV 车载控制系统（Onboard System），即 AGV 单机控制系统，在收到上位系统的指令后，负责 AGV 单机的导航、导引、路径选择、车辆驱动、装卸操作等功能。

1）导航（Navigation）：AGV 单机通过自身装备的导航器件测量并计算出所在全局坐标中的位置和航向。

2）导引（Guidance）：AGV 单机根据当前的位置、航向及预先设定的理论轨迹来计算下个周期的速度值和转向角度值，即 AGV 运动的命令值。

3）路径选择（Searching）：AGV 单机根据上位系统的指令，通过计算，预先选择即将运行的路径，并将结果报送上位控制系统，能否运行由上位系统根据其他 AGV 所在的位置统一调配。AGV 单机行走的路径是根据实际工作条件设计的，它有若干"段"（Segment）组成。每一"段"都指明了该段的起始点、终止点以及 AGV 在该段的行驶速度和转向等信息。

4）车辆驱动（Driving）：AGV 单机根据导引（Guidance）的计算结果和路径选择信息，通过伺服器控制车辆运行。

4. 导航导引方式

AGV 之所以能够实现无人驾驶，导航和导引对其起到了至关重要的作用，随着技术的发展，能够用于 AGV 的导航/导引技术主要有以下几种。

1）直接坐标导引。直接坐标导引是指用定位块将 AGV 的行驶区域分成若干坐标小区域，通过对小区域的计数实现导引。直接坐标导引一般有光电式（将坐标小区域以两种颜色划分，通过光电器件计数）和电磁式（将坐标小区域以金属块或磁块划分，通过电磁感应器件计数）两种形式，其优点是可以实现路径的修改，导引的可靠性好，对环境无特别要求；缺点是地面测量安装复杂，工作量大，导引精度和定位精度较低，且无法满足复杂路径的要求。

2）电磁导引。电磁导引是较为传统的导引方式之一，仍被许多系统采用，它是在 AGV 的行驶路径上埋设金属线，并在金属线上加载导引频率，通过对导引频率的识别来实现 AGV 的导引。其主要优点是引线隐蔽，不易污染和破损，导引原理简单而可靠，便于控制和通信，声光无法形成干扰，制造成本较低。缺点是路径难以更改扩展，对复杂路径的局限性大。

3）磁带导引。与电磁导引相近，用在路面上贴磁带替代在地面下埋设金属线，通过磁感应信号实现导引，其灵活性比较好，改变或扩充路径较容易，磁带铺设简单易行，但此导引方式易受环路周围金属物质的干扰，磁带易受机械损伤，因此导引的可靠性受外界影响较大。

4）光学导引。在 AGV 的行驶路径上涂漆或粘贴色带，通过对摄像机采入的色带图像信号进行简单处理而实现导引，其灵活性比较好，地面路线设置简单易行，但对色带的污染和机械磨损十分敏感，对环境要求较高，导引可靠性较差，精度较低。

5）激光导引。激光导引是在 AGV 行驶路径的周围安装位置精确的激光反射板，AGV 通过激光扫描器发射激光束，同时采集由反射板反射的激光束来确定其当前的位置和航向，并通过连续的三角几何运算来实现 AGV 的导引。此项技术最大的优点是：AGV 定位精确，地面无须其他定位设施，行驶路径可灵活多变，能够适合多种现场环境，是国外许多 AGV 生产厂家优先采用的先进导引方式；其缺点是制造成本高，对环境要求较相对苛刻（外界光线、地面要求、能见度要求等），不适合室外（尤其是易受雨、雪、雾的影响）。

6）惯性导航。惯性导航是在 AGV 上安装陀螺仪，在行驶区域的地面上安装定位块，AGV 可通过对陀螺仪偏差信号（角速率）的计算及地面定位块信号的采集来确定自身的位置和航向，从而实现导引。此项技术在军方较早运用，其主要优点是技术先进，较之有线导引，地面处理工作量小，路径灵活性强。其缺点是制造成本较高，导引的精度和可靠性与陀螺仪的制造精度及其后续信号处理密切相关。

7）视觉导航。视觉引导式 AGV 是正在快速发展和成熟的 AGV，该种 AGV 上装有摄像机和传感器，在车载计算机中设置有 AGV 欲行驶路径周围环境图像数据库。AGV 行驶过程中，摄像机动态获取车辆周围环境图像信息并与图像数据库进行比较，从而确定当前位置，并对下一步行驶做出决策。这种 AGV 由于不要求人为设置任何物理路径，因此在理论上具有最佳的引导柔性，随着计算机图像采集、储存和处理技术的飞速发展，该种 AGV 的实用性越来越强。

8）GPS（全球定位系统）导航。通过卫星对非固定路面系统中的控制对象进行跟踪和制导。此项技术还在发展和完善，通常用于室外远距离的跟踪和制导，其精度取决于卫星在空中的固定精度和数量，以及控制对象周围环境等因素。由此发展出来的是 iGPS（室内 GPS）和 dGPS（用于室外的差分 GPS），其精度要远远高于民用 GPS，但地面设施的制造成本是一般用户无法接受的。

案例 8-2　走进菜鸟智慧仓　窥视中国最大的 AGV 机器群

2017 年 8 月，由菜鸟网络打造的中国最大的机器人仓库在广东惠阳投入使用，仓库内有上百台 AGV 移动机器人（朱雀）相互协作共同完成订单拣货任务。（资料来源：搜狐科技，2017 年 8 月）

扫描二维码
阅读全文

8.2.3　智慧拣选作业系统

智慧拣选作业系统，是按照订单要求，以基于人工智能算法的软件系统为核心，通过机器人、堆垛机、输送机等自动化、智能化拣选设备为工具手段，将商品从存储的货架或货垛中取出，并分放到指定位置，完成用户配货要求的作业系统。从拣选作业方式特点来看，智慧拣选作业系统主要包括自动分拣系统、机器人分拣系统和货到人拣选系统三类。

1. 自动分拣系统

自动分拣系统（Automatic Sorting System）是利用自动控制技术完成产品分拣与输送的输送设备，是先进配送中心所必需的设施条件之一。自动分拣系统具有很高的分拣效率，通常每小时可分拣商品 6000～12000 箱，自动分拣系统是提高物流配送效率的一项关键因素。自动分拣系统如图 8-6 所示。

图 8-6 自动分拣系统

当供应商或货主通知物流中心按配送指示发货时,自动分拣系统须在最短的时间内从庞大的高层货架存储系统中准确找到要出库的商品所在位置,并按所需数量出库,并将从不同储位上取出的不同数量的商品按配送地点的不同运送到不同的理货区域或配送站台集中,以便转运或装车配送,充分实现快速输送分拣功能。

自动分拣系统一般由控制装置、自动识别装置、分类装置、输送装置及分拣道口组成。

1)控制装置。控制装置是传递处理和控制整个分拣系统的指挥中心。自动分拣的实施主要靠它把分拣信号传送到相应的分拣道口,并指示启动分拣装置,把被拣商品送入道口。分拣机的控制方式主要是采用脉冲信号跟踪法。

2)自动识别装置。自动识别装置是物料能够实现自动分拣的基础系统。在物流配送中心,广泛采用的自动识别系统是条形码系统和无线射频系统。条码自动识别系统的光电扫描安装在分拣机的不同位置,当物料在扫描器可见范围时,自动读取物料上的条码信息,经过对码软件即可翻译成条码所表示的物料信息,同时感知物料在分拣机上位置信息,这些信息自动传输到后台计算机管理系统。

3)分类装置。分类装置是根据控制装置发出的分拣指示,当具有相同分拣信号的商品经过该装置时,该装置动作,使其改变在输送装置上的运行方向进入其他输送机或进入分拣道口。分拣设备分类包括摆臂式、弹出轮式、滑靴推块式、翻盘式、交叉皮带式、推杆式、直角移载式、斜导轮式等。不同的装置对分拣货物的包装材料、包装重量、包装物底面的平滑程度等有不完全相同的要求。

4)输送装置。输送装置的主要组成部分是传送带或输送机,其主要作用是使待分拣商品通过控制装置、分类装置。在输送装置的两侧,一般连接若干分拣道口,使分好类的商品滑下主输送机(或主传送带)以便进行后续作业。输送设备主要有皮带输送机、网带输送机、滚筒输送机、钢带输送机、链条输送机、链板输送机、伸缩式输送机、倍速链输送机。

5)分拣道口。分拣道口是已分拣商品脱离主输送机进入集货区域的通道,一般由钢带、皮带、滚筒等组成滑道,使商品从主输送装置滑向集货站台,在那里由工作人员将该道口的所有商品集中后或是入库储存,或是组配装车并进行配送作业。

2. 机器人分拣系统

基于快递物流客户高效、准确的分拣需求,机器人分拣系统应运而生。通过机器人分拣系统与工业相机的快速读码及智能分拣系统相结合,可实现包裹称重/读码后的快速分拣及信息记录交互等工作。机器人分拣系统可大量减少分拣过程中的人工需求，提高分拣效率及自动化程度，并大幅度提高分拣准确率。随着大数据算法的日趋完善化、快递邮件信息逐步标准化、智能控制系统集成化，机器人分拣系统已成为物流业由劳动密集型产业向批量智能化转型高度契合的产物。

机器人分拣系统主要应用于快递分拣领域，将大量的包裹通过快速条码扫描，连接电商物流数据平台或手工录入获取物流出口信息，通过调度分配机器人（AGV）在工作场地内进行自主定位和无人导航，以最优路径将快递运送到指定分选点，分拣出口下设集中打包站，当快递积累到量后打包并运送到上车点，实现快递的自动分拣。机器人分拣系统如图8-7所示。

图8-7 机器人分拣系统

机器人分拣作业流程主要包括以下内容。

1）揽件：包裹到达分拣中心后，卸货至皮带机，由工作人员控制供件节奏，包裹经皮带机输送至拣货区工位。

2）放件：工人只需将包裹以面单朝上的方向放置在排队等候的自动分拣机器人上，机器人搬运包裹过龙门架进行面单扫描以读取订单信息，同时机器人可自动完成包裹称重，该包裹的信息将直接显示并上传到控制系统中。

3）机器人分拣：所有分拣机器人均有后台管理系统控制和调度，并根据算法优化为每个机器人安排最优路径进行包裹投递。分拣机器人在分拣作业过程中可完成互相避让、自动避障等功能，系统根据实时的道路运行状况尽可能地使机器人避开拥堵。当机器人运行至目的地格口时，停止运行并通过机器人上方的辊道将包裹推入格口，包裹顺着滑道落入集包区域。目的地格口按照城市设置，未来随着业务量的增加，可灵活调度调节格口数量，甚至一个城市分布多个格口。

4）集包装车：集包工人打包完毕后，将包裹放上传送带，完成包裹的自动装车。

机器人分拣系统里有一种小黄人矩阵分拣系统，是把AGV放到矩阵上进行分拣，主要进行散件的分拣，比如杭州的立骠、海康等公司，京东无人仓，以及申通的分拣仓都是用的小黄人矩阵分拣系统。小黄人矩阵分拣系统如图8-8所示。

图 8-8 小黄人矩阵分拣系统

案例 8-3 快递小黄人如何"上位"代替人工分拣?

无论是 EMS、京东,还是申通等物流公司,纷纷使用"小黄人"快递分拣机器人。顶部装有自动翻转黄色托盘的"小黄人",采用相机+二维码进行精确定位,由机器人调度系统进行指挥,依靠智慧算法进行避障,将包裹精准投放到对应位置,有条不紊地进行着快件的分拣作业。(资料来源:网易订阅,2017年7月)

扫描二维码
阅读全文

3. 货到人拣选系统

"货到人"(Goods to Person or Goods to Man,G2P or G2M)拣选,即在物流拣选过程中,人不动,货物被自动输送到拣选人面前,供人拣选。"货到人"拣选是物流配送中心一种重要的拣选方式,与其对应的拣选方式是"人到货"(P2G or M2G)拣选。

"货到人"拣选有超过 40 年的发展历史。最早的"货到人"拣选是由自动化立体库完成的,托盘或料箱被自动输送到拣选工作站,完成拣选后,剩余的部分仍然自动返回立体库中储存。这种拣选方法一直沿用到现在,并逐渐显示出其重要性。

在所有涉及分拣库区的业务流程中(包括上架、补货、拣货、盘点、退货等),员工都无须进入分拣区内部,只需要在工作站等待,系统会自动指派移动机器人将目标货架运到工作站,待员工在系统指导下完成业务后,再将货架送回到分拣库区。系统会对接用户订单系统,订单下达后,所有资源调度与业务流程的推进均由系统主导,所有的数据流也由系统创建并维护,无须人工介入,员工只需要在系统的指示下,完成商品从货架上拣选、扫码、装箱等动作。货到人拣选系统如图 8-9 所示。

图 8-9 基于 AGV 的货到人拣选系统

货到人拣选系统由三部分组成,即储存系统、输送系统、拣选工作站。

(1) 储存系统

储存系统从过去比较单一的立体库存储,目前已发展到多种存储方式,包括平面存储、立体存储、密集存储等。存储形式也由过去主要以托盘存储转变为主要以料箱(或纸箱)存储。然而,不管是哪一种存储方式,存储作业的自动化是实现"货到人"的基础。存取技术的发展,焦点在于如何实现快速存取,由此诞生了许多令人眼花缭乱的存取方式和技术。

1) AS/RS:自动化立体库是最传统的存储方式,主要以托盘存储为主,其本身有很多种形式,如单深度和多深度立体库、长大件立体库、桥式堆垛立体库等。因为堆垛机本身存取能力的限制,这种储存方式主要用于整件拣选,很少用于拆零拣选。

2) Miniload:以料箱存储为对象的 AS/RS 系统被单独命名为 Miniload,这是因为它的特殊性和几乎完全不同的作业能力。Miniload 在 20 世纪 80 至 90 年代已经在日本被广泛应用于拆零拣选,其中尤其以"货到人"拣选为主。Miniload 有很多种形式,尤其是其货叉和载货台形式多达数十种,使其具有广泛的适应性,其存取能力最高可达每小时 250 次。Miniload 在今天仍然是"货到人"拆零拣选的重要存取方式。

3) 垂直旋转式货柜:这是一种更加"迷你"的货到人拣选存储系统,其形式多种多样,有数十种之多,垂直旋转式货柜,在工厂的应用最为广泛。

4) AGVS:AGV 最初是作为一种输送系统存在的,广泛应用于汽车装配、烟草等制造企业以及港口等场合。随着 AGV 的不断发展,不仅其形式发生了巨变,其应用场合亦发生了根本性的变化。亚马逊推出的 KIVA 系列机器人,实际上已将 AGV 的应用从单纯的输送转变为一个集存取与输送于一体的"货到人"系统,其应用前景广阔。

5) Multi Shuttle 多层穿梭车:多层穿梭车可取代 Miniload 完成存取作业,以满足每小时多达 1000 次的存取作业的需求。这是一个革命性的成果,将存取效率提升了一大步。随着多层穿梭车这一理念的提出,相似的技术层出不穷,比较有名的如旋转货架系统、Autostore 系统、纵向穿梭车系统等。这些系统的一个共同特点是高效、柔性,是"货到人"拣选系统的主要发展方向。

6) 2D 和 3D 密集存储系统:这是一个集 Miniload、穿梭车、提升机等多种系统于一体的全新一代存储系统,分为托盘和料箱两种方式。其存储效率是传统立体库存储的 1.5~3 倍,被称为存储系统的里程碑成果。目前的形式有多种,并已得到初步应用,其前途无量。

(2) 输送系统

"货到人"拣选系统的关键技术之一是如何解决快速存储与快速输送之间的匹配问题。对于以电子商务为特点的物流系统来说,要求匹配每小时 1000 次的输送任务,采用多层输送系统和并行子输送系统的方式,可完成多达每小时 3000 次以上的输送任务。

(3) 拣选工作站

拣选工作站的设计非常重要。一个工作站要完成每小时多达 1000 次的拣选任务,依靠传统的方法是无法想象的。目前设计的拣选工作站采用电子标签、照相、RFID、称重、快速输送等一系列技术进行拣选,已经完全可以满足实际需求。

8.3 智慧装卸搬运的应用与发展

8.3.1 国内外智慧装卸搬运的发展现状

1. 智能装卸应用与发展现状

国外是在 20 世纪 60 年代开始了对工业机器人的研究和应用，随着工业机器人技术日趋成熟，码垛机器人开始应用于装卸搬运领域。

日本和瑞典是最早将工业机器人技术应用到码放与搬运的两个国家。随着机器人技术研究的步伐不断加快，很多发达国家开始在包装码垛机器人方面进行了大量的研究，并相继研制出自己的码垛机器人。比如，德国的 KUKA 系列。在应用现状方面，码垛机器人纷纷被应用到工业生产中。在发达国家中，码垛机器人本身开始采用新的结构，控制系统的性能也日益增强，融入了很多高新技术。此外，码垛机器人在很多行业广泛被应用。比如物流、包装、化工、医药。国外码垛机器人已经使相应的生产能力以及企业经济效益得到了极大的提高。

我国在 20 世纪 70 年代开始研究和应用工业机器人。目前，我国研发的码垛机器人主要有关节型、直角坐标型两种。这两种类型的码垛机器人相比，关节型比直角坐标型更具优势。在应用现状方面，在我国码垛机器人主要应用于生产量和劳动强度比较大而工伤事故率又高的企业，如烟草、食品、物流等。

2. 智能搬运应用与发展现状

世界上第一台 AGV 是美国 Barrett 电子公司于 20 世纪 50 年代初开发成功的，它是一种牵引式小车系统，可十分方便地与其他物流系统自动连接，显著地提高了劳动生产率，极大提高了装卸搬运的自动化程度。1954 年英国最早研制了电磁感应导向的 AGV，由于它的显著特点，迅速得到了应用和推广。到了 70 年代中期，由于微处理器及计算机技术的普及，伺服驱动技术的成熟促进了复杂控制器的改进，并设计出更为灵活的 AGV。到了 20 世纪 80 年代末，国外的 AGV 达到发展的成熟阶段。到目前为止，在全球范围内已经装备了至少 15 万辆 AGV。AGV 在我国的研究和应用比国外晚 20 年，可以说是到了 21 世纪初才逐步开始应用。

目前 AGV 的使用场景主要分为三大方向：物流仓储方向，加工制造业方向，以及最新的港口运输、停车设施和导引服务方向。据高工产研机器人研究所（GGII）数据显示，2018 年我国 AGV 销量达 2.35 万台，同比增长 49.65%，其中制造及仓储 AGV 领域，快递/电商领域需求仍持续强劲，在制造及仓储 AGV 类型占比 43.44%，较 2017 年同比上升 6.48%。

受益于智能仓储物流的需求带动，中国 AGV 行业开始进入快速发展期，新晋厂商的不断增加也导致了同质化竞争日益显现，AGV 产品的应用从工业领域延伸至服务领域。从行业增速来看，2018 年电商行业 AGV 增速同比增长 75.86%，增速远超其他行业，其次分别是汽车及其零部件、烟草、食品饮料等行业。

截至 2018 年底，从企业累计销量来看，制造业领域 AGV 应用依靠长时间的累积，累计销量较大；同时，受益于仓储行业的自动化改造升级及下游消费市场升级等因素的拉动，快递/电商领域 AGV 销量增长迅速，以快仓、Geek+、立镖机器人、海康机器人为代表的企业市场份额快速提升。随着机器视觉、传感器、大数据等人工智能技术的不断进步，AGV 领域的技术路线逐渐明朗，AGV 领域的竞争开始由技术和产品之争转移到应用与服务之争，厂商之间的比拼更多集中在顶层设计能力、市场渠道、客户结构、服务质量以及品牌力等方面。

通过对《中国机器人产业发展报告》进行分析可以了解到，AGV 机器人应用领域正由传统的汽车车间、电子加工等领域逐渐向仓储物流等新兴领域加快布局。

在国内电商行业如京东、苏宁、阿里、圆通等电商行业都加大了对仓储 AGV 的布局，特别是京东布局无人仓已经获得相当可观的收入。紧随京东的步伐，苏宁、圆通等仓储物流领域也在暗暗发力，加快智能化仓储物流和仓储管理的布局。表 8-1 所示为各大厂商对仓储 AGV 的应用布局情况。

表 8-1 我国主要企业仓储 AGV 布局情况

企业	仓储 AGV 布局
京东	武汉亚一小件无人仓、华北物流中心 AGV 仓、昆山无人分拣中心、上海亚一三期无人仓
菜鸟	惠阳无人仓、嘉兴立体仓
苏宁	苏宁云仓
圆通	仓库自动分拣线
申通	小黄人仓储
百世	智能分拣中心

在国外，电商巨头亚马逊也加大对仓储 AGV 的布局，收购了 KIVA 并发布了仓储货件分拣和搬运的智能仓储方案，仓库实现了人机配合作业，"货到人"的分拣方式，节省人力和时间，引领了电商行业仓储和分拣的改革方向。

8.3.2 智慧装卸搬运的典型应用

1. 在智慧仓储领域的应用

仓储领域是智慧装卸搬运设备及技术应用的主要领域，从具体应用案例上看，通过智慧装卸搬运技术的应用可以实现仓储货物的自动卸车、自动输送、自动分拣、自动取货、自动装车以及信息数据的自动更新等业务工作。以下以京东昆山无人分拣中心为例进行介绍，如图 8-10 所示。

图 8-10 京东昆山无人分拣中心整体布局

1）自动卸车。京东物流车将昆山无人分拣中心周边地区所覆盖的 13 个仓内打包好的快递包裹（规格小于 500mm×500mm×500mm，种类为非液体、易碎品外的全品类商品）以带笼箱运输的方式运抵昆山无人分拣中心站台，系统自动为 AGV 派发卸车任务。AGV 将笼箱从车厢内叉取出来之后根据业务繁忙程度将笼箱直接运至倾倒区或者送至暂存区。

2）自动供包。AGV 利用自动倾倒设备将笼箱内的货物放置在输送线上，货物随输送线被送至单件分离区，空笼箱由 AGV 送至空笼存放区。

3）自动分离。输送线将包裹分流到三条皮带机，通过自动化单件分离设备将包裹进行分离，并让包裹在输送线上自动靠边。包裹在到达分拣系统输送线的过程中自动居中，并由测量光幕测量包裹体积、重量等信息，上传 IPMS 智能生产管理系统，同时可追踪视频监控系统（SVDT）可以实时查询追踪所有数据。

4）自动扫描。包裹随分拣系统输送线先经过底面扫描，后经过五面扫描装置，实现对包裹的六面扫描，保证面单信息被快速识别，并上传系统。货物经输送线及六面扫描后进入交叉带分拣机系统。如果出现扫描异常件，系统则直接将其分配到异常件格口，落入笼箱后等待后续处理。

5）自动分拣及落包。系统根据包裹信息分配格口，同时控制交叉带分拣机使其落入相对应的笼箱。由于格口与地面有一定距离，为了防止包裹跌落在笼箱外，同时对高速滑落的包裹进行一定缓冲从而保护包裹，在笼箱上部装有防跌落卷帘，当笼箱满半时，防跌落卷帘自动升起。

6）自动取货。笼箱内的感应装置可以感应货物装载情况，当装满时，会自动发送信号给控制系统，控制系统中止该格口的落包作业，并调度 AGV 前来取货。与此同时，系统会给另外的 AGV 下达指令，将暂存在空笼等候作业区的笼箱送至该格口，系统同时恢复该格口的落包指令。期间，笼箱会持续从存放区补货到待作业区。

7）自动装车。AGV 将装满货品的笼箱叉取至笼箱输送导轨上，导轨的电机提供动力将笼箱输送至 AGV 自发货区，同时导轨也能起到一定的笼箱缓存作用。发货站台上的 AGV 将笼箱从导轨上取下，经过 RFID 识别区，由系统识别是否有异常发货订单，如无异常，AGV 直接将笼箱送至等候在月台的京东物流车。京东物流车共有两种类型，一种在车厢里加装有笼箱输送导轨，AGV 将笼箱放入导轨即完成装车作业；另一种未加装导轨，AGV 则需要开进车内放置笼箱。为了更好地保护笼箱内的商品，车厢内两侧壁环进行了特殊处理，便于进一步用绳带固定笼箱。

昆山无人分拣中心可以显著提升分拣效率，分拣能力达到 9000 件/小时，同时大幅节省人员——同等场地规模和分拣货量的前提下，据测算该分拣中心可以节省 180 个员工。

2．在智能工厂领域的应用

智能工厂必备的硬件包括多轴机械手臂工业机器人、全自动化生产线和对料箱进行自动识别的自动化立体仓库。除了这些定点的智能装备之外，还需要连接器，包括来回穿梭的智能 AGV 小车、使用高速巷道式堆垛机等。智能工厂是集智能化、自动化、模块化、数字化、精益柔性制造于一体的数字化工厂。

智能工厂中的每个环节都需要智能化，而智慧装卸搬运工具如 AGV 起到了连接各个环节的作用，因而成为智能制造工厂中不可或缺的智能装备。由多个 AGV 组成的自动运输系统，是实现物流自动运输的重要手段，对于提高灵活性，降低成本、生产时间和资源耗费方面具有重要意义。无论是大型无人工厂，还是熄灯工厂（只有机器工作无须照明的工厂）我们都可以看到 AGV 的身影，可以说只要有搬运的地方，都有 AGV 小车的用武之地。

目前智慧装卸搬运设备在制造业的应用还处于初级阶段，主要用于仓库与生产线之间或生产线之间的物料自动运输，取代传统的叉车。一些比较有实力制造业把智慧装卸搬运工具（AGV）作为智能化工厂建设的一部分，与装配工艺、ERP 系统结合在一起。智慧装卸搬运设备（AGV）在智能工厂的主要应用范围有如下几个方面。

1）柔性装配线。传统生产线一般都是由一条连续的刚性传送设备组成的，短则数米，长则数千米，如汽车装配线等。采用 AGV 之后，生产线更加灵活，当产品发生变动时，生产线做少量改进或做程序调整就能随产品的变化而变化。不仅作为无人自动搬运车辆使用，也可当作是一个个可移动的装配台、加工台使用，它们既能自由独立地分开作业，又能准确有序地组合衔接，形成没有物理隔断，但是能起动态调节作用，高度柔性的生产线。目前这种AGV 柔性装配线在轿车总装线、家电生产线、发动机装配线、试车线、机床加工线均有应用。

2）物料搬运。在工厂的物料搬运中，AGV 小车能轻松运载车间物料，不需要人的参与，可以根据设定的站点随意放置物料。一台 AGV 的工作量是一个工人加一台叉车的 3~3.5 倍。使用 AGV 物料搬运，不仅能节约成本，更能提升产能。在生产线往往需要 4 个人才能完成的搬运任务，只需要配备 1 台 AGV 小车就可以轻松搞定。

3）特殊应用场合。AGV 无人自动搬运解决了一些不适宜人在其中生产或工作的特殊环境问题。如核材料、危险品（农药、有毒物品、腐蚀性物品、生物物品、易燃易爆物品）等。在钢铁厂，AGV 用于炉料运送，减轻了工人的劳动强度。在核电站和利用核辐射进行保鲜储存的场所，AGV 用于物品的运送，避免了危险的辐射。在胶卷和胶片仓库，AGV 可以在黑暗的环境中，准确可靠地运送物料和半成品。

AGV 系统是智能工厂一个重要组成部分，它能高效地完成原材料的供送、成品的转移输送、仓储货物柔性配送等。在生产制造过程中，AGV 系统还可以与 MES（制造执行系统）、WMS（仓储管理系统）、LCS（生产线控制系统）等进行数据交换与对接。同时，图像识别技术、激光导引技术、导航技术等的技术结合将推动 AGV 的发展，从而推动柔性生产线、自动化工厂、智能物流的快速前进与发展。

3. 在自动化码头领域的应用

自动化码头是智慧装卸搬运系统应用的重要领域之一。自动化码头与传统码头最大的区别在于，通过使用先进的管理和控制软件使得运营设备部分或全部替代通常由人工完成的集装箱搬运和装卸工作。AGV 则作为取代传统码头内集卡的全自动无人驾驶的水平运输设备。目前自动化码头发展大致可以分为以下三代。

第一代自动化码头的代表是荷兰鹿特丹 ECT 港。ECT 港在 1993 年所建成投产的第一期 ECT Delta Sealand 是世界上第一个自动化码头，该码头有 187 台 AGV，成为当时欧洲最大的集装箱码头，也是当时世界上最大的自动化集装箱码头。ECT 港也成为第一个将 AGV 运用于自动化码头的港口。

第二代自动化码头的代表是德国汉堡港 HHLA−CTA 码头。该码头一期工程 2002 年建成并投产。设备包括有 70 台 AGV。第二代自动化码头相较第一代明显改进在于 AGV 行车线路由第一代的单一固定路线升级成更为灵活、更为智能化的不固定路线行车方式，减少了 AGV 的等待时间，大大提高了行车运输效率。

第三代自动化码头的代表是荷兰鹿特丹港 Euromax 码头。该码头于 2008 年 9 月投产。设备包括有 96 台 AGV。第三代自动化码头的显著发展得益于控制和导航等关键技术的突飞猛进使得 AGV 更加智能化，作业效率也取得了显著提升。

中国的自动化码头起步比较晚，但发展极为迅猛。2007 年底，上海长兴岛基地建立了世界上第一个高效智能型立体装卸集装箱码头示范区。并提出了全新的高效智能型立体装卸集装箱码头系统概念。现在已经建成的和在建的自动化码头有厦门远海港、青岛前湾和上海洋山港。

上海洋山港四期自动化码头是当前世界最大的自动化码头，目前已投入生产 10 台桥吊、40 台轨道吊、50 台自动导引车，根据规划最终将配置 26 台桥吊、120 台轨道吊和 130 台自动导引车。以下主要以上海洋山港四期自动化码头为例进行介绍。

洋山四期码头集装箱的装卸转运全部由智能设备完成。码头装卸作业采用"远程操控双小车集装箱桥吊+轨道吊+AGV"的生产方案，主要由码头装卸、水平运输、堆场装卸的自动化装卸设备及自动化码头生产管控系统构成。

（1）码头装卸

岸桥从岸边的集装箱船上抓起了自动化码头运作的集装箱，集装箱移动到码头后，在计算机的控制下，岸桥将集装箱放置到中转平台。

中转平台的门架小车就位，将集装箱稳稳抓起移动到已经在地面等候的 AGV 自动导航卡车上方，当集装箱缓缓落下，箱子四角的锁扣与 AGV 自动导航卡车连接，整个过程耗时不到两分钟。

（2）水平运输

AGV 自动导航卡车（如图 8-11 所示）在地面磁钉的引导下，载着集装箱开往目标箱区域。AGV 根据磁钉位置可以准确找到所在位置，并且根据预设规划路径高精度运作。

通过"智能"大脑，AGV 可以自定行车路线，有效规避碰撞。洋山四期的锂电池驱动 AGV 采用了当今最前沿的技术，除了无人驾驶、自动导航、路径优化、主动避障外，还支持自我故障诊断、自我电量监控等功能。

图 8-11　AGV 自动导航卡车

（3）堆场装卸

到达指定的堆场之后，堆场机械、轨道吊准备就绪，把集装箱吊到指定的堆场位置。所有过程通过自动程序完成。

针对运量结构和装卸特点，洋山四期的自动化堆场装卸设备采用无悬臂、单悬臂、双悬臂三种轨道吊，无悬臂箱区和带悬臂箱区间隔混合布置。无悬臂轨道吊可在箱区两端与水平运输设备进行交互，而悬臂式轨道吊在具备无悬臂轨道吊所有功能的同时，还可以直接和位于自身悬臂下的水平运输设备进行交互，让现场作业的机动性和灵活性大大增强，目前这一模式在全球的自动化码头中是独一无二的。

（4）智能控制

上港集团自主研发的 TOS 全自动化码头智能生产管理控制系统，成为洋山港四期码头的"大脑"。TOS 系统覆盖了自动化码头全部业务环节，衔接上海港的各大数据信息平台，可以提供智能的生产计划模块、实时作业调度及自动监控调整，高效率地组织码头现场生产，现时 TOS 还可以实现桥吊边装边卸作业，大大提高作业效率。

本章小结

智慧装卸搬运不仅实现了作业过程的自动运行与自动控制，而且应用物联网、人工智能技术，实现作业环境的智能感知、作业方式的智能选择、作业状态的智能控制以及应急情况的智能处置，具有无人化、柔性化、高效化的功能特点，是智慧物流发展与应用的重要领域。

本章重点介绍了智慧装卸搬运的概念和功能特点，详细阐述了智慧装卸作业系统、智慧搬运作业系统、智慧拣选作业系统的基本构成和工作原理，简要介绍了国内外智慧装卸搬运的主要应用及发展状况。

当前，智慧装卸搬运在智能工厂、无人仓库、智慧港口等物流作业中应用广泛，是物流场所升级改造、物流作业效率提升、物流管理水平优化的重要内容和有效途径，需要不断推进技术创新和应用。

本章习题

一、思考题

1. 如何理解智慧装卸搬运的概念和功能特点？
2. 简述智慧装卸作业系统的构成和工作原理。
3. 简述智慧搬运作业系统的构成和工作原理。
4. 简述智慧拣选作业系统的构成和工作原理。
5. 简述国内外智慧装卸搬运的应用现状。

二、讨论题

1. 通过现场调查，了解智慧装卸搬运在生产企业或物流企业具体运作环节中的应用情况，并讨论如何进行优化。
2. 结合技术发展及应用实践，讨论思考智慧装卸搬运的发展趋势。

三、案例分析

快仓智能机器人广泛应用于电商、新零售、小件物流、汽车物流、医药物流等各个领域，大大提升了仓储搬运效率。

电商：天猫超市智慧仓。由快仓打造的广州惠阳菜鸟天猫超市智慧仓，可保障华南地区天猫超市当日达和次日达的业务，仓库内运行两百台智能机器人，日均能处理 8 万个订单，大促时每天可以处理 12 万个订单，拣选效率相当于人工作业的 3 倍，大大提升了客户满意度，为提高电商物流时效做出重要贡献。

电商：eWTP 东南亚智能机器人仓。2017 年 11 月，菜鸟联合 Lazada、马来西亚邮政设立的 eWTP 首期智能机器人仓库在吉隆坡投入运行。该仓库内启用的智能仓储机器人由快仓公司自主研发生产完成，通过机器人来完成全自动拣货作业，在智能算法的指引下，机器人精准地运送货架，可减少仓库内工人拣货、上下架等环节的人力，工作效率提升 3 倍，从而显著提升仓库运营效率。

新零售：盒马鲜生。盒马鲜生是阿里巴巴对线下超市完全重构的新零售业态，通过智能化物流及输送设备来替代人工，颠覆了传统零售业的业务模式。目前，快仓为盒马打造的新零售智能机器人系统已经成功在全国部署多个智慧物流仓，通过智能调度、动态优化，完成订单拣选作业仅需 9 分钟，为盒马 30 分钟达、天猫超市 60 分钟达等分钟级配送保驾护航。

新零售：大润发。大润发作为国内知名的商超零售企业，也是阿里新零售重要战略成员之一，正在进行向新零售的转型，此次由快仓打造的智能机器人项目是大润发智能物流仓，面积 1000 平方米，存储商品 900 多种，日均出库 7000 拣货次。机器人区按拣货任务单拣选，同一拣选单同时包含整箱及拆零拣选，拣选完成后与其他区域任务合并，然后统一装车配送至门店。

新零售：东南亚某办公用品供应商。办公用品市场变化很快，每个季度甚至每个月的畅销品都不同，拣选员只需要留在工作站，无须行走，系统会自动指派移动机器人将目标货架移至工作站，待员工在系统指导下完成业务后，再将货架送回分拣库区。同时根据门店订单波次以及业务特性，动态调整货位位置，根据不同商品 SKU 的热销度来安排货架位置，以最大程度优化机器人搬运距离，提高出入库效率。本项目存在多个货主，同一个出库单会存在多个货主的货物，快仓智能仓储系统支持不同货主的独立管理模式。

小件物流：菜鸟美妆智能仓。阿里巴巴菜鸟网络武清园是阿里巴巴华北运营中心，给天猫超市及其商家提供的"当日达""次日达""夜间配送"等服务覆盖范围。2017 年"双 11"前首批自主研发的快仓智能仓储机器人在这里率先投入使用，使快件分拣打包速度更快，每个订单只需 3 分钟就可完成分拣和打包，据悉目前武清园日均出单量已超过 10 万单。

汽车物流：长安民生智能仓。面积达 6000 平方米，投入 40 台快仓智能机器人——玄武 M100，采用机器人替代人工进行零件搬运，减少人员走动距离，实现零件的自动化归位、拣选管理，由"人找货"到"货找人"进行转变，在国内处于行业领先水平，引领汽车物流行业的转型升级，向智慧物流、智能仓储发展。

医药物流：国药集团。快仓与国内知名系统集成商一同携手打造的国内医药行业"货到人"机器人项目——国药平顶山智能仓储机器人系统，项目面积 1600 平方米，机器人 10

台，实现了由"人找货"到"货找人"的转变，解决了传统医药物流劳动强度大、作业效率低、运作可拓展性低等弊端，提升了国药平顶山的物流整体运作水平，率先在医药行业树立了标杆，加速推动了整个医药行业智能化发展进程！

问题：

1. 智能机器人应用于物流装卸搬运的意义和作用是什么？
2. 请思考智能搬运机器人的应用领域和主要功能。

第 9 章　智慧物流配送

学习目标
- 了解智慧物流配送的概念和功能特点；
- 掌握智慧物流配送的工作原理与基本构成；
- 理解智慧物流配送的主要应用模式；
- 认识和把握智慧物流配送的发展状况。

引例

京东无人配送站投入使用，无人物流时代到来？

2018 年 2 月，京东自主研发的全球首个无人智慧配送站在陕西西安落成并投入使用。该配送站运行时，无人机将货物送到无人智慧配送站顶部，并自动卸下货物。货物在内部实现自动中转分发，从入库、包装，到分拣、装车，全程 100%由机器人操作，最后再由配送机器人完成配送。无人智慧配送站的广泛应用，能够帮助城乡山区等地区的用户更有效地解决城乡"最后一公里"的配送难题。（资料来源：百度新闻，2018 年 3 月）

扫描二维码阅读全文

配送是现代物流的重要功能之一，是直接面向用户满足物流服务需求的末端关键环节。作为现代物流运营关键领域的物流配送，在物联网、云平台、大数据等新信息技术手段相继推广应用的背景下，智慧物流配送体系的构建已引起了政府、行业、企业和消费个体的高度重视。尤其是电子商务模式的日新月异，B2B、B2C、B2M、O2O 等迅速发展，与其虚拟运作相对应的实体配送如何实现智慧运行，如何在多样化、个性化的物流需求中提高用户的满意度，对智慧物流配送模式的创新发展提出了迫切的要求。

9.1 智慧物流配送的概念与特点

9.1.1 配送概述

1. 配送的概念

配送是物流活动中一种非单一的业务形式，它与商流、物流、资金流紧密结合，并且主要包括了商流活动、物流活动和资金流活动，可以说它是包括了物流活动中大多数必要因素的一种业务形式。

从物流来讲，配送几乎包括了所有的物流功能要素，是物流的一个缩影或在某小范围中物流全部活动的体现。一般的配送集装卸、包装、保管、运输于一身，通过这一系列活动完成。

可以从两个方面认识配送的概念。

从经济学资源配置的角度，可以将配送表述为：配送是以现代送货形式实现资源的最终配置的经济活动。配送是资源配置的一部分，在社会再生产过程中的位置是处于接近用户的那一段流通领域，接近顾客是其经营战略至关重要的内容。

从配送的实施形态角度，可以将配送表述为：配送是按用户订货要求，在配送中心或其他物流结点进行货物配备，并以最合理方式送交用户。

我国国家标准《物流术语》中，将配送定义为：在经济合理区域范围内，根据用户要求，对物品进行拣选、加工、包装、分割、组配等作业，并按照要求送达指定地点的物流活动。

2．配送的特点

1）配送提供的是物流服务，满足顾客对物流服务的需求是配送的前提。由于在买方市场条件下，顾客的需求是灵活多变的，消费特点是多品种、小批量的，因此从这个意义上说，配送活动绝不是简单的送货活动，而应该是建立在市场营销策划基础上的企业经营活动，是多项物流活动的统一体。有些学者认为配送就是"小物流"，只是比大物流系统在程度上有些降低和范围上有些缩小罢了。从这个意义上说，配送活动包含所有的物流功能。

2）配送是"配"与"送"的有机结合。配送与一般送货的重要区别在于，配送利用有效的分拣、配货等理货工作，使送货达到一定的规模，以利用规模优势取得较低的送货成本。"配"涉及配货、配装、配载，"送"涉及送货车辆、时间、路线规划。所谓"合理的配"是指在送货活动之前必须依据顾客需求对其进行合理的组织与计划。只有"有组织有计划"的"配"才能实现现代物流管理中所谓的"低成本、快速度"的"送"，进而有效满足顾客的需求。

3）配送是在经济合理区域范围内的送货。配送不宜在大范围内实施，通常仅局限在一个城市或地区范围内进行。

3．配送的作业活动

配送是物流中的综合性作业活动，包括集货、分拣、配货、配装、配送运输、送达服务和配送加工等一系列作业过程。

1）集货。集货是将分散的或小批量的物品集中起来，以便进行运输、配送的作业。集货是配送的重要环节，为了满足特定客户的配送要求，有时需要把从几家甚至数十家供应商处预订的物品集中，并将要求的物品分配到指定容器和场所。集货是配送的准备工作或基础工作，配送的优势之一，就是可以集中客户进行一定规模的集货。

2）分拣。分拣是将物品按品种、出入库先后顺序进行分门别类堆放的作业。分拣是配送不同于其他物流形式的功能要素，也是配送成败的一项重要支持性工作。它是完善送货、支持送货准备性工作，是不同配送企业在送货时进行竞争和提高自身经济效益的必然延伸。所以，也可以说分拣是送货向高级形式发展的必然要求。有了分拣，就会大大提高送货服务水平。

3）配货。配货是使用各种拣选取设备和传输装置，将存放的物品，按客户要求分拣出来，配备齐全，送入指定发货地点。

4）配装。在单个客户配送数量不能达到车辆的有效运载负荷时，就存在如何集中不同客户的配送货物，进行搭配装载以充分利用运能、运力的问题，这就需要配装。跟一般送货不同之处在于，通过配装送货可以大大提高送货水平及降低送货成本，所以配装也是配送系统中有现代特点的功能要素,也是现代配送不同于以往送货的重要区别之一。

5)配送运输。运输中的末端运输、支线运输和一般运输形态的主要区别在于:配送运输是较短距离、较小规模、额度较高的运输形式,一般使用汽车做运输工具。与干线运输的另一个区别是,配送运输的路线选择问题是一般干线运输所没有的,干线运输的干线是唯一的运输线,而配送运输由于配送客户多,一般城市交通路线又较复杂,如何组合成最佳路线,如何使配装和路线有效搭配等,是配送运输的特点,也是难度较大的工作。

6)送达服务。将配好的货运输到客户还不算配送工作的结束,这是因为货物送达和客户接货往往还会出现不协调,使配送前功尽弃。因此,要圆满地实现运达货物的移交,并有效地、方便地处理相关手续并完成结算,还应讲究卸货地点、卸货方式等。送达服务也是配送独具的特殊性。

7)配送加工。配送加工是按照配送客户的要求所进行的流通加工。在配送中,配送加工这一功能要素不具有普遍性,但往往是有重要作用的功能要素。这是因为通过配送加工,可以大大提高客户的满意程度。配送加工是流通加工的一种,但配送加工有它不同于流通加工的特点,即配送加工一般只取决于客户要求,其加工的目的较为单一。

4. 配送的作用

1)推行配送有利于物流运动实现合理化。
2)完善了运输和整个物流系统。
3)提高了末端物流的效益。
4)通过集中库存使企业实现低库存或零库存。
5)简化事务,方便用户。
6)提高供应保证程度。
7)配送为电子商务的发展提供了基础和支持。

9.1.2 智慧物流配送的概念

智慧物流配送是指一种以互联网、物联网、云计算、大数据等先进信息技术为支撑,能够在物流配送各个作业环节实现系统感知、自动运行、全面分析、及时处理和自我调整等功能的,具备自动化、智能化、可视化、网络化、柔性化等特征的现代化配送系统。

智慧物流配送在配送管理业务流程再造基础上,进一步强调信息流在配送过程中的作用,充分利用感知识别、网络通信、GIS 等信息化技术及先进的管理方法,实现配货、提货、送货、退货、回收管理等的智能化管理,能够有效降低配送成本,提高配送效率。信息化、自动化、协同化、敏捷化、集成化镶嵌在配送活动之中,使配送活动更加便捷、更加高效、更加宜人。因而,智慧物流配送可以看作是以现代信息技术为支撑,有效融合了物流与供应链管理技术,使效率、效果和效益持续提升的配送活动。

智慧物流配送,对于发展柔性制造,促进消费升级,实现精准营销,推动电子商务发展有重要意义,也是今后物流业发展的趋势。

9.1.3 智慧物流配送的特点

1. 敏捷性

智慧物流配送体系是建立在互联网、物联网、车联网、大数据、云平台以及 RFID 等现代技术基础之上的，各节点要素是在科学选址、优化决策的流程下进行的，必然能够对客户的个性化需求做出快速响应。作为智慧物流配送体系，其资源要素必然需要有效整合，体系内的节点在对外竞争时具有一致合作性，但内部节点间又存在竞争性，这种竞合状态无疑强化了配送体系的反应能力。因此，敏捷性构成了智慧物流配送体系的主要特征。

2．协同性

智慧配送是在信息共享的前提下展开的活动，是以需求拉动的各环节同步运作，这促成了配送企业的协同合作，降低了成本，提升了效益。智慧配送体系的市场终端，在电商平台支撑下，其个性化色彩更加浓厚。因此，智慧配送体系的高效运作必然依赖系统各要素自发调整，在整体绩效上协同一致。所以，协同性构成了智慧配送体系的又一重要特征。

3．开放性

智慧物流配送体系是一个开放的系统。通过开放，推进社会参与，在开放的公共物流配送信息平台上，实现与消费者密切相关的信息共享，同时，也为末端配送市场提供了一个开放、平等和便捷的平台。在政府宏观政策引导下，数据平台、服务流程、质量监控和诚信交易等环节更加透明。一方面公共设施的数字化水平迅速提升，城市无线网的覆盖范围快速扩大，在宏观上提供了系统开放的条件。另一方面是企业的经营管理理念更趋于供应链化，而供应链管理本身就是一种开放性管理。因此，智慧物流配送体系具有开放性特色。

4．安全性

互联网平台高效、便利，但同时在互联网营销、购买、支付、验货和收货等环节也引来了诸多风险，城市配送体系的安全性引起了人们的高度重视。智慧物流配送体系的物流、资金流和信息流必须是在安全的环境下完成的。物流的作业流程是在全程监控之下的，作业设施和设备具有较为鲜明的数字化特征，云平台时刻汇聚相关信息，不安全的因素会及时排除。资金流伴随风险的预测和严密监管，第三方金融支付及监管平台确保交易双方的合法转移。信息流设置了严格的操作流程，对产品信息的假冒伪劣经过了严格的过滤。随着O2O商务的推进，其线下体验店进一步强化了对产品质量的监督。因此，安全性已成为智慧物流配送体系的又一内在属性。

5．经济性

所谓经济性就是指在提供一定量的产品和服务过程中所占用的资源和费用最小。智慧物流配送体系作为智慧物流这一大系统的子系统，其自身的构建和运作均达到了科学优化的水平，无疑提升了体系自身的绩效，增加了该体系的内部经济性。同时，对节点企业和全体用户均产生成本降低，资源优化，获得便利的作用，这就产生了巨大经济性，同时构成了智慧物流配送体系的又一鲜明特征。

6．生态性

智慧物流配送体系作为现代经济文明建设的重要组成部分，必然在生态性方面呈现优势。首先，优化的节点选址有利于配送路径的优化，这在客观上降低了能源的消耗，为经济生态做出贡献。其次，智能化的调度系统强化了共同配送和协同配送，减少了不必要的重复运输。再次，现代化的通信技术提升了配送体系节点间的信息沟通，有利于产品和服务的资源整合。因此，生态性成为智慧物流配送体系的重要标志特征。

9.2 智慧物流配送的体系构成

智慧物流配送体系是现代物流运行的重要组成部分,由智慧物流配送节点、智慧物流配送设备、智慧物流配送信息平台,及智慧物流配送管理优化构成。

9.2.1 智慧物流配送节点

在实体领域,智慧物流配送体系由各种节点、配送线路、供应链网络组成,而智慧物流配送节点则是这个体系中最关键的要素之一。在智慧物流配送体系中,最重要的节点是物流配送园区、配送中心和末端配送站点。

1. 智慧配送园区

智慧配送园区是一种现代化的特殊物流园区(基地),它承担着为智慧物流配送体系提供货物集聚和仓储、快递邮品中继分拣、电商平台营建、配送功能孵化、配送技术研发等功能。

智慧配送园区是集中建设的物流配送设施群与众多物流配送业者在地域上的物理集结地,具有智慧配送物流设施集约化、智慧配送物流设施空间布局合理化、智慧配送物流运作共同化的特点。

2. 智慧配送中心

在一般意义上,配送中心是物流、信息流和资金流的综合设施,它在流通领域具有很重要的地位。配送中心作为运输的节点,它把干线运输与支线运输衔接起来,把运输的"线"变成了配送的"面",把分散的物流节点编制成为密密麻麻的"网"。配送中心把单一的运输、仓储、装卸搬运、包装、流通加工和信息通信有效地结合了起来,使物流各项作业之间协调运作,形成了一个十分精细而科学的运行系统,由原来单一功能的提高变成各项功能的整体发挥,使系统得到了升华。

智慧配送中心是基于"互联网+"的理念、建立在先进的物流技术和信息技术基础之上的、从事配送业务的物流场所或组织,是城市智慧配送体系的重要节点。它同时满足一般配送中心的基本要求,即:主要为特定的客户服务;中心配送功能健全;拥有完善的信息网络;以配送为主,储存为辅;多品种、小批量;辐射范围小。

3. 智慧配送站点

智慧配送站点是智慧配送体系中最接近最终用户的末端配送服务场所。它是配送企业独立设置或与社区服务机构、具有一定规模的住宅小区、连锁商业网点、大型写字楼、企业营销机构、机关事业单位和大学校园等单位开展广泛合作设立的物流末端配送服务节点,有时还体现为自助电子快递箱、智能快递站等形式。

智慧配送站点要求现代物流技术的支撑,应严格遵循城市智慧配送流程运作规范,尤其是有自动寄存功能的站点设施,还应具有自动安全监测装置。所有智慧配送站点均应具有全程监控功能。

一般来说,在物流配送体系中,在选址条件上,智慧配送园区的规划选址主要基于城市道路网的布局,有利于供应商、生产商和经销商等商家的集货运输;智慧配送中心的选址规划则是基于城市道路管网和配送区域用户分布的综合考量;末端智慧配送(存取)站点选址布局则侧重于用户集聚的密度。在服务功能上，智慧配送园区侧重于发挥集货调配功能，智慧配送中心侧重于专业配送功能，智慧配送站点侧重于对最终用户提供存取服务功能。

9.2.2 智慧物流配送设备

物联网、人工智能、VR/AR 等技术的应用，促进物流配送设备的更新换代，越来越多的智慧物流配送"黑科技"应用于物流配送领域，智慧物流配送设备成为智慧物流配送体系的重要支撑。

1. 智能快递柜

智能快递柜是指在公共场合（小区），可以通过二维码或者数字密码完成投递和提取快件的自助服务设备。如图 9-1 所示。

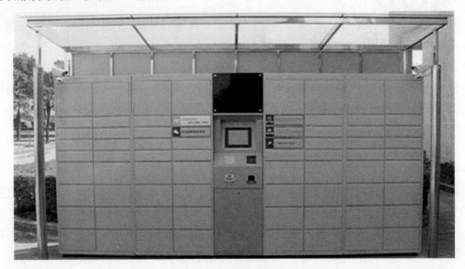

图 9-1 智能快递柜

智能快递柜提供 24 小时自助式服务，当收件人不在时，派送员可以将快件放在附近的快递箱中，等收件人有空时再去取回。用户通过自助终端，结合动态短信，凭取件码取件，智能快递柜还可以通过微信公众号提醒收件人取件，自动通知快递公司批量处理快件。

智能快递柜的推行使用，使快递行业的配送业务得到了明显的改进，彻底解决了无人在家、重复投递、收件难等问题，方便了消费者和派送员，同时又规避了物业管理处代收快递的风险，解决了困扰物流行业多年的快递投递及代收难题。

智能快递柜主要的功能有寄件、取件、暂存、广告、监控、照明和语音提示等。

（1）寄件功能

操作流程：线上下单填写寄件信息；到柜扫码/输入寄件码；支付运费开箱投递；快递员取件打印运单；发件。

寄件是快递柜最基本的功能，主要是方便个人用户。传统的寄快递模式是用户要找到快递员才能寄快递，可供用户选择的快递公司少，价格不能进行比较，而且相对麻烦，有了智能快递柜之后，用户只需要选择好理想的快递公司，根据格口大小，再把要寄的物品放进快递柜，扫二维码支付快递费用就可以了，快递员在投递快件的时候，看到有物品要寄出，快递员就会通过智能快递柜揽收快件，整个流程简单方便。

（2）取件功能

操作流程：快递员选择货品对应格口大小；扫描运单；输入手机号；开箱放入快件；触发取件微信/短信消息；扫描/输入取件码，取出快件。

取件是智能快递柜的主要功能，将快件放进快递柜，一能节省时间，也就是说一天之内快递员能投递更多的快递，提升了配送效率；二是方便了消费者，比如说上班族、学生等没有办法守在家里等快递，有了智能快递柜之后，大大方便了这部分人群的收件，从另一方面看，这也是一种促进消费的行为。

（3）暂存功能

除了寄件和取件的功能以外，智能快递柜还有暂存的功能，企业可以通过智能快递柜完成物品的多次存和取，轻松实现物品交换、库存管理，例如玩具租用、家电租用、洗衣、租书等；个人用户也可以用其暂存物品，只要填写好存件人、取件人的信息，选择所需的格口尺寸，设置好取件时间就可以了，这样的功能有点类似于储物柜。

（4）广告功能

智能快递柜的主柜屏幕在没有人取件或寄件时会放映广告，也就是说有人走近快递柜或者在准备使用快递柜之前，映入眼帘的就是广告，同时副柜上可以贴上广告贴纸等，有一种非常直观的宣传效果，广告既属于智能快递柜的一项功能，又是其利润来源之一。

（5）监控、照明和语音提示功能

每一个智能快递柜的上方都会有一个监控器，可以实时记录寄件人、取件人的时间，这对于货物遗失等问题提供了有效的证据。

在夜间，当用户靠近使用智能快递柜时，快递柜自用灯会自动亮起，当用户走了之后会自动熄灯，这样的感应系统既可以方便用户，又不会浪费电源。

智能快递柜还配有语音提示功能，在用户的每一步操作之前，同时会有语音提示，比如说在取件时，会语音提醒用户"请打开二维码或按取件码取件"，当取件完成后，会提醒用户"柜门已打开，取件后请关好柜门"，这样的语音提示及时提醒用户该做什么，怎么做，极大地减少了差错事故的发生，十分人性化。

为做好快递包装回收等逆向物流工作，一些智能快递柜同时也具备包装回收功能，用户可将快递包装箱置于智能快递柜中，由快递人员统一进行回收处理。

2. 配送机器人（无人配送车）

配送机器人是智慧物流体系生态链中的终端，其具备高度的智能化和自主学习能力，面对的配送场景非常复杂，能够应对各类订单配送的现场环境、路面、行人、其他交通工具以及用户的各类场景，进行及时有效的决策并迅速执行。如图9-2所示。

具备人工智能的配送机器人，具有自主规划路线、规避障碍的能力，可以自如地穿梭在高校的道路上。收货人通过 APP、手机短信等方式收到货物送达的消息，在手机短信中直接点击链接或者在配送机器人身上输入提货码，即可打开配送机器人的货仓，取走包裹，同时配送机器人也可以支持刷脸取货以及语音交互，让用户能够感受到科技在智能物流中的应用。

图9-2 无人配送车

配送机器人进行无人配送的关键技术主要包括以下内容。

(1) 高精度地图数据

在无人驾驶体系中的高精度地图,是完全面向机器人的地图信息,在数据内容、关键信息表达方式上与传统地图都有较大差异,因此高精度地图的采集、制作工艺以及数据应用上,均有很大的差异。

高精度地图数据的获取方式,与传统地图相比也体现了很大的差异。传统地图数据大多通过全站仪、卫星图匹配等手段,能够实现地图数据的批量采集。而高精度地图数据由于在精度方面的更高要求,采集方式上主要依赖激光点云数据的采集以及其他高精度感应装置获取的数据加工而来。

(2) 智能导航系统

1) 高精度导航行动指引。针对无人配送车的导航,主要原理是通过服务器端向无人配送车下发导航关键地点的信息,并通过高精度传感器来判断车辆当前位置是否偏离预定航向,来对无人配送车的行动进行实时引导。同时,由于无人配送车的业务场景,导航的区域需要从传统的室外道路向室内扩展,因此室内导航技术在无人配送中也拥有广泛的应用场景。

2) 以配送任务为核心的智能路径规划。无人配送车的核心任务是将货物配送到用户手中,因此无人配送车的导航路径规划需要综合考虑用户的订单,这里面涉及地址解析功能,以及多途径点的配送规划。

- 地址解析。由于无人配送的目标为订单,因此订单地址需要转化为配送的地址。目前主流地图数据服务商均提供地理编码服务(Geocoding Service),能够将地址转化为经纬度信息。
- 到达点分析。由于无人配送的目的是将货物送到用户手中,因此对于目标地址的解析需要精细到可停靠或可进入的精准位置信息。例如,对于住宅楼,需要精确地停靠在楼栋门口，来等待用户取货。因此，对于每一个地址（POI），需要分析出可停靠的精准位置，这样配送机器人才可以将此位置作为停靠点。
- 多点配送。为了提高配送效率，无人配送车或配送机器人每次行程会针对某个区域进行沿途多点配送。进行多点配送时，需结合无人车自身的货舱容量，来制定多点配送量，并确保配送路线能够以最短路径原则或最短耗时原则来进行统一规划。

（3）大数据技术的应用

高精度地图数据是无人车导航运行的数据基础，只有详细而全面的高精度数据，才能对无人车行驶提供可靠的行动指引。同时，无人车运行本身也是数据的感知行为，借助车身的各种传感器，无人车能够对于实际道路情况有实时的感知，并且随着无人车运营数量的规模化，数据感知的范围能够覆盖更多的区域和场景，从而实现数据的实时感知更新。这种借助海量行驶感知数据的数据更新模式，被称为"众包式"数据更新，是目前无人驾驶领域实现地图更新的主要技术方式。

除了地图数据的更新之外，海量行驶感知的大数据能够给无人车带来以往调度模式无法实现的技术创新。在运营中的无人配送车辆能够通过摄像头等传感器对周边人流量、车流量以及交通状况进行数据感知，实现神经感知网络，从而对车辆的导航起到引导作用，例如：对于拥堵路段能够提前感知并提供躲避拥堵的导航路径规划。

在无人车调度资源的优化方面，基于车辆大数据的分析系统同样能够起到辅助决策的作用。由于无人配送车的行动需要以订单为基础，因此对于海量历史订单信息的大数据分析，能够给无人车的调度和监控人员提供合理的资源分配方案，例如：对于订单密集的区域，需要提前部署更多的无人车运力资源，来确保运输效率。

（4）无人配送技术的安全措施

1）无人车物流调度与监控。无人配送的物流系统，需要把安全作为首要因素。因此，尽管配送过程能够实现无人化，但是在无人配送车的背后仍然需要有调度以及监控人员的介入，来应对突发状况。以京东为例，京东的无人车调度与监控系统主要担负以下功能。
- 无人车的车辆调度。对于无人车的车辆调度，需要由调度系统统一调配，该系统能够实现对所有车辆的行动调配。
- 车辆状态监控。监控系统能够对所有运行中的车辆进行状态查询，对于无人车辆在行进中遇到的情况，监控系统能够实时感知到紧急情况的上报，并且提示监控人员对紧急情况进行处理。
- 人工接管对于各种紧急情况，监控系统将允许监控人员以人工接管的方式来对无人车辆进行远程遥控，包括远程喊话功能、遥控驾驶功能、路径修改等。

2）多种验证方式的融合。在安全验证方面，无人配送车采用多重验证方式，用于确保货物准确地送达目标用户。目前已经采取的验证方式有以下几种。
- 验证码方式。这是目前使用最多、最通用的验证方式，用户接到短信内容后在无人车车身上的屏幕上输入验证码，无人车验证之后进行开箱。优点是快捷简单，但是存在一定的安全隐患，且要求用户在接收货物时需要带着手机，一般是用于低保值商品的配送。
- 人脸识别。人脸识别的前提是必须由用户本人来接收快递，且需要在系统里提前进行面部采样。目前面部识别的成功率已经可以满足验证的精度，但是面部识别本身容易被破解，尽管已经有面部活体检测技术来应对"照片欺骗"，但仍然存在不少的技术漏洞。

- 声纹识别。由于面部识别存在诸多缺陷，因此希望能够将声纹技术加入识别验证的环节。所谓声纹，指的是利用每个人的发声器官（舌、牙齿、喉头、鼻腔）在尺寸和形态方面的个体差异性，来确定发声人的身份。声纹识别对语音识别、表情捕捉、图像分析都有较高的技术要求，这种验证方式的安全度也是非常高的一种方式，适用于高价值商品的多重验证，来确保安全性。

3．配送无人机

无人机（又称无人航空器），就是非载人、由地面控制人员通过无线信号控制飞行，或者在飞行器上事先设定好航线进行自主飞行的飞行器。最初，无人机多用于军事领域的战场侦察，或是在科研领域代替各专业人员进行对应的信息采集工作。随着无人机技术的不断发展，其应用领域也在不断拓展中。近些年来，无人机开始应用于物流配送领域，如美国的谷歌、亚马逊、UPS 等科技、物流公司，德国的 DHL 邮政巨头以及中国的顺丰快递公司均在进行"无人机快递"项目的研究实验和应用。如图 9-3 所示。

图 9-3　配送无人机

无人机配送，即通过利用无线电遥控设备和自备的程序控制装置操纵的无人驾驶的低空飞行器运载包裹，自动送达目的地，其优点主要在于解决偏远地区的配送问题，提高配送效率，同时减少人力成本。缺点主要在于恶劣天气下无人机会无法送货，在飞行过程中，无法避免人为破坏等。

无人机技术在物流领域的运用，不仅可以提升物流服务的质量和效率，而且能够在解决快件的三大痼疾："延误率""遗失率""损坏率"等问题上有更好的预期效果。同时无人机技术在快递递送领域的应用还可以快速提升物流行业的整体技术水平，为物流公司和客户带来双向的受益。无人机技术在物流配送领域的使用，不仅是物流产业发展的必然趋势，也是物流产业智能化、智慧化的必然结果。

无人机多采用四旋翼或八旋翼飞行器，配有 GPS 自控导航系统、iGPS 接收器、各种传感器以及无线信号发收装置。无人机具有 GPS 自控导航、定点悬浮、人工控制等多种飞行模式，集成了三轴加速度计、三轴陀螺仪、磁力计、气压高度计等多种高精度传感器和先进的控制算法。无人机配有黑匣子，以记录状态信息。同时无人机还具有失控保护功能，当无人机进入失控状态时将自动保持精确悬停，失控超时将就近飞往快递集散分点。

无人机通过 4G/5G 网络和无线电通信遥感技术与调度中心和自助快递柜等进行数据传输，实时地向调度中心发送自己的地理坐标和状态信息，接收调度中心发来的指令，在接收到目的坐标以后采用 GPS 自控导航模式飞行，在进入目标区域后向目的快递柜发出着陆请求、本机任务报告和本机运行状态报告，在收到着陆请求应答之后，由配送站点（快递柜）指引无人机在停机平台着陆、装卸快递以及进行快速充电。无人机在与调度中心失去联系或者出现异常故障之后将自行飞往快递集散分点。

案例 9-1　20 分钟吃外卖！饿了么无人机配送上线

2018 年 5 月，"饿了么"首批无人机配送航线在上海金山工业园区开启，无人机配送正式商业运营。这不仅方便快递人员，对消费者也会节省更多的时间。（资料来源：ZOL 新闻中心，2018 年 6 月）

扫描二维码
阅读全文

9.2.3　智慧物流配送信息平台

智慧物流配送体系的核心是智慧物流配送信息平台。

智慧物流配送信息平台一般具有以下功能。

1）智能仓储管理与监控功能。运用条码技术、无线传感器技术对产品出入库、库存量和货位等环节进行智能管理；运用 GPS/GIS、RFID、智能车载终端和手机智能终端技术监控货物状态及装卸、配送和驾驶人员的作业状态，实现智能调度。

2）智能配送管理与监控功能。在运输过程中，通过运用 GPS/GIS、传感器技术实现货物及车辆的实时监控；运用动态导航技术与云计算技术实现运输路径的智能规划与调度；运用互联网、4G/5G 通信技术实现监控与调度人员、运输人员和货主的各类信息交换功能等。

3）智能电子交易平台。运用网络安全与监控技术、电子支付平台实现在线订货与支付功能。

4）统计与智能数据分析平台。通过条形码、无线传感器、智能终端和数据库等信息技术及管理系统，实现数据采集与储存管理；运用云计算、知识数据库等技术实现各类数据信息的统计与分析预测功能。

此外，为保证智慧物流配送信息平台的有效运作，智慧物流配送信息平台还需具备业务流程标准、功能服务标准、数据储存标准、设备技术标准等标准体系，保证系统信息安全的安全体系，以及保证正常运行和维护的运维体系。

9.2.4　智慧物流配送管理优化

智慧物流配送管理优化涉及车货匹配、车辆配载、路线优化、配送协同、配送流程优化等多个决策优化问题，需要运用大数据、云计算等现代信息技术，提高配送管理优化的智能化、科学化水平。

1. 车货匹配

现代物流配送要求提高分拨效率，促进物流园区、仓储中心、配送中心货物信息的精准对接，加强人员、货源、车源和物流配送服务信息的有效匹配。车货匹配问题在智慧物流运输中同样存在，前已述及，在此不再赘述。

2. 车辆配载与路线优化

车货配装优化问题（Vehicle Filling Problem，VFP）和车辆路径优化问题（Vehicle Routing Problem，VRP）都是物流配送中的重要环节，车辆路线安排影响货物装载方案是否有效；车货配载方案决定车辆路线安排的高效性。

货物在配送中心进行装配的过程中，根据需求订单上一系列的相关客户要求对货物进行加工、分拣及聚集，再根据配送路径将货物进行合理的装载。合理的配装不仅可以有效提升货车的载重利用率和空间利用率，减少空间浪费，避免出现超重的现象，保证驾驶员、车及货物的安全，而且能够较为直接有效地降低物流成本，而且提前制定货物配装计划可以有效提高配送效率。货物配装是传统的背包问题，其中的原理为一个有限体积背包放入不同体积及不同价值的货物，最后需要达到背包总价值最大化。例如，大中型海港港口和机场里对集装箱进行配装时，利用体积和载重两个约束条件来约束不同种类和不同数量的货物进行装配，追求目标为载重利用率和容积利用率最大化来提高物流配送效率以及降低物流配送成本。

配送路线优化也是配送过程中重要的组成部分，制定配送路径也需要考虑货物与车辆的配装计划，合理的配送路径和车辆货物配装计划可以降低时间成本和配送成本，提高配送车辆利用率和配送服务水平。基于不同的情况与不同约束条件，车辆路线问题包括随机车辆路线问题（SVRP）、模糊车辆路线问题（FVRP）、带能力约束的车辆路线问题（CVRP）、带时间距离约束的车辆路线问题（DVRP）和带时间窗口的车辆路线问题（VRPTW）等。

3. 配送环节协同

配送环节协同是指实现配送资源的自动调配，运用北斗等导航定位技术，实时记录配送车辆位置及状态信息，利用云计算技术，做好供应商、配送车辆、门店、用户等各环节的精准对接。

配送环节协同是利用信息平台对各物流配送中心、用户等的资源和数据进行统一整合，根据实际的物流配送任务按需分配资源，此外，利用先进的云计算技术实现物流数据的处理和物流资源的科学配置，同时，经各配送中心、用户协商确定物流配送的协作方式和协作流程，提升了各物流配送中心的配送效率。

延迟生产（Postponed Production）是实现生产与配送协同的重要方式，目的是使产品在接近用户的地点实现差异化战略。大规模定制的推广强化了延迟生产的地位，尤其是供应链管理环境的形成，使延迟生产、柔性制造技术受到人们的高度青睐。

4. 配送流程优化

物流配送体系从订单处理到配货作业、流通加工，再到送货，存在客观的流程关系，尤其是对于多品种、多供应商、多用户的情况，各作业程序间是否搭配合理、存货是否经济、补货是否及时、配货是否科学等，都直接关系着配送企业的效率和效益。

现代配送强调加强配送流程控制，运用信息技术，加强对物流配送车辆、人员、环境及安全、温控等要素的实时监控和反馈。

配送流程优化的主要途径是设备更新、资源替代、环节简化和时序调整。大部分流程可以通过流程改造的方法完成优化过程。对于某些效率低下的流程，也可以完全推翻原有流程，运用重新设计的方法获得流程的优化。

配送流程设计涉及时序优化、服务优化、成本优化、技术优化、质量优化等优化指标。在进行流程优化时，应根据需要，针对某一个或多个指标进行优化。

配送流程优化可采用以下方法。

1）标杆瞄准法。标杆瞄准法/基准化分析法（Benchmarking，BMK），又称竞标赶超、战略竞标，是将企业各项活动与从事该项活动最佳者进行比较，从而提出行动方法，以弥补自身的不足。

2）DMAIC 模型。DMAIC 是 6sigma 管理中最重要、最经典的管理模型，主要侧重在已有流程的质量改善方面。所有 6sigma 管理涉及专业统计工具与方法，都贯穿在每一个 6sigma 质量改进项目的环节中。

3）ESIA 分析法。所有企业的最终目的都应该是为了提升顾客在价值链上的价值分配。重新设计新的流程以替代原有流程的目的，就是为了以一种新的结构方式为顾客提供这种价值的增加及其价值增加的程度。反映到具体的流程设计上，就是尽一切可能减少流程中非增值活动，调整流程中的核心增值活动。其基本原则就是 ESIA。

4）ECRS 分析法。ECRS 分析法，即取消（Eliminate）、合并（Combine）、重排（Rearrange）、简化（Simplify）。

5）SDCA 循环。SDCA 循环就是标准化维持，即"标准、执行、检查、总结（调整）"模式，包括所有和改进过程相关的流程的更新（标准化），并使其平衡运行，然后检查过程，以确保其精确性，最后做出合理分析和调整使得过程能够满足愿望和要求。

9.3 智慧物流配送的应用与发展

9.3.1 国外智慧物流配送的发展

在智慧物流配送体系的运作上，发达国家已形成了独特的模式：一种是以欧美国家为代表的低密度城市配送模式，另一种是以日本为代表的城市高度聚集型配送模式。欧美国家城市规划空间宽松，道路密度相对较高，硬件建设优势明显；日本作为岛国，城市功能相对聚集，道路密度较低，更重视在"软"性潜力上挖掘。

概括来说，以美国、欧盟、日本为代表的发达国家，工业化体系比较完善，现代物流业的发展引领了世界物流产业的演进，尤其是在信息技术领域的不断创新，为智慧物流配送体系不断注入新的活力，逐步形成了比较系统的智能配送理论、技术和管理体系。

1. 美国：政府顶层设计，企业创新发展

美国的城市智慧物流配送体系，可以看作是其国家顶层设计的智慧地球的一个子系统。

1）IBM 的智慧地球战略应用观。2008 年 11 月，IBM 首次提出"智慧地球"的概念：智慧地球是由各个智慧行业、智慧机构构成的，这种智慧是由可感应、可度量的信息源作基础，通过一系列互联互通的公共或专业信息平台，将镶嵌在各个模块中的信息源链接起来。智慧物流配送可看作是智慧地球战略在物流配送领域的具体应用，在城市配送的各个环节及要素，利用电子标签、POS 系统等软硬件设施设备，形成对客户端的快速响应从而实现敏捷、准确的配送，整个过程可查询、可追踪、可双向对接。

2）微软公司的云端观。智慧物流配送是一个系统工程，涉及各种商品的供应商、售货商、物流商、城市交通运管部门、城市公共信息平台、终端客户等，信息量巨大。这些大数据需要云端储存、筛选、计算等。而这种为海量数据与超大规模数据中心提供关联交易及服务的平台被微软称之为云端。借助云端，可以快速地开通和释放资源。面对城市配送市场的巨大需求，其智慧配送系统的操作是一种基于云端架构的作业过程，云平台、云计算、云管理使城市配送面对稠密的居住人群和繁忙的业务，能高效率、高效益地完成一笔笔业务。

3）甲骨文公司的卓越城市服务观。甲骨文认为，智慧城市建设需要整合城市价值链，需要营造社会创新的风潮，以带动社会、经济、产业管理等城市生态圈全方位的城市服务和城市管理创新。甲骨文公司强调了政府在智慧产业运作中的主导作用，开发了 Oracle I-Government，增加了政府部门信息化的手段。而城市智慧物流配送更需要政府的统一规划布局，借助云计算，融合通信、物联网、情景感知、人机物交互等软硬件技术，更好地实现对城市末端客户的优质配送服务。

2. 欧盟：联盟整体规划，成员有序推进

为推进欧洲智慧物流配送的发展，欧盟分三步，即通过实施"i2010"战略、"欧洲2020 战略"和"智慧城市和社区欧洲创新伙伴行动"，循序推进并资助成员国智慧城市、智慧物流配送的发展。

1）2005 年，欧盟出台"i2010"五年规划。该规划包含三个关键词，即信息、通信、技术，目标是在欧盟框架内以政策融合支持技术融合，创建开放、竞争的单一市场；加大信息通信技术领域的资金投入，提高中小企业的参与度；利用信息通信技术，提高公民的生活质量，为用户提供优质的生活和就业环境。该规划营造的信息化环境奠定了欧盟城市智慧物流配送的基础。

2）2010 年，欧盟推出"欧洲 2020 战略"。该战略强调了智慧、可持续与包容性的增长战略。重点发展基于知识和创新的智能经济，实施以生态环保和绿色节能为导向的可持续发展模式，推进向劳动力提供新技能培训，提高劳动就业率的包容性举措。该战略的实施为城市智慧物流配送注入了新活力。

3）2012 年，欧盟启动"智慧城市和社区欧洲创新伙伴行动"。该行动提出了加大物联网技术的应用力度和智慧城市、智能社区、智能交通等领域的投入力度，进一步明晰了城市智慧物流配送的建设路径。

3. 日本：政府协调推动，内涵不断创新

在城市智慧物流配送体系构建过程中，日本政府侧重于推动和协调，极力将企业推到前台，充分利用企业的先进技术和管理经验，发挥企业的主导作用。政府制定总体规划，确定发展智慧城市、智慧物流配送的重点区域和重点项目，指导日本智慧物流城市配送走过了从"e-Japan"到"u-Japan"再到"i-Japan"的发展进程，实现了智慧物流配送建设的"三级跳"。

1）"e-Japan"：为智慧物流配送建设奠基。2001 年，日本通过了《IT 基本法》和"e-Japan"战略规划。利用五年时间，大力推进电子商务和电子政务，在全国范围内建设信息化基础设施，培养信息化人才，保障信息化安全。

2）"u-Japan"：完善智慧物流配送网络环境。2004 年，日本制定"u-Japan"战略。用"u"取代"e"，这里的"u"是指无处不在，处处皆有网络，处处皆可应用互联网。根据"u-Japan"战略，到 2010 年，日本要营造出在任何时间、任何地点、任何人都可以上网的环境。

3）"i-Japan"：在智慧物流配送等专业领域推广应用信息化。2009 年，日本正式推出期限到 2015 年的信息技术发展战略，即"i-Japan 战略 2015"，简称"i-Japan"。该战略的重点在于通过数字化技术与产业的融合，创造更大的附加值。提出制定提高应用服务提供商能力与普及软件，即服务的各种指导性政策，促进中小企业的业务发展，推广绿色 IT 与智能道路交通系统，强化了信息化在智慧物流配送等专业领域的推广及应用。

9.3.2 我国智慧物流配送的发展现状

据中国智慧物流研究院调查分析，我国末端配送的重要性已经上升到关乎国计民生的重大问题，但整个行业发展仍然存在诸多弊端和痛点，亟待创新变革。物流配送的未来形态将以"降本增效"和"用户体验"为核心，呈现智能化、多元化、绿色化、脸谱化、品质化发展趋势。智能化已经成为全行业转型升级的基础，需要更多技术和研发的投入；多元化配送、多元场景解决方案正在成为常态；绿色化通过行业共识全面提速。

1．智能快递柜日益普及

凭借时间配置灵活、效率高、成本低以及安全性高等优点，智能快递柜近年受到市场的大力追捧。目前，国内快递柜的"玩家"有菜鸟网络、京东物流、苏宁易购、丰巢、中集e 栈、速递易、日日顺乐家等。据国家邮政局官方统计数字，至 2017 年上半年，全国城市地区各企业投入运营快件箱数量已超过 17 万组。

2．"末端+社区 O2O"多元发展

在各种末端服务探索中，深入社区的商业机构一直被认为是嫁接快递功能的最好载体之一。"WOWO 便利"与百世集团达成全面战略合作；圆通在上海开设了国内首家"妈妈菁选"便利店；中国邮政也推出了"友邻居便利店"，在提供各种零售服务的同时承担"最后一公里"功能。

3．"物流+众包 O2O"模式萌芽

新经济环境下，众创、众包、第四方物流等协同经济新业态层出不穷，为电商物流末端配送发展提供了新的动力。京东战略投资即时配送企业"达达"，打造众包物流平台+超市生鲜 O2O 平台的最后一公里的同时，也开始尝试将末端配送环节外包。"双 11"期间，达达就承担了京东 30%的最后一公里的配送。圆通也尝试将业务外包给即时配送平台蜂鸟；即时配送企业"点我达"正陆续承接菜鸟网络末端的派件和揽件业务。

4．无人机、机器人配送起步

无人机末端配送在全行业已呈"多点开花"之势。不仅京东、顺丰的无人机应用获得重大进展，同时亮相的还包括苏宁、邮政、中通、菜鸟网络无人机。以京东为例，在无人机物流体系的搭建方面，京东已规划了干线、支线、终端三级网络，在宿迁建成全球首个无人机调度中心，并获得覆盖陕西省全境的无人机空域书面批文，全球首个通航物流网络正在落地。京东宿迁全球首个全流程智慧化无人机机场正式启用，意味着京东已经实现了无人机末端配送运营全流程的无人化与自动化。

京东物流、菜鸟公开各自自主研发的末端配送机器人，希望未来能解决部分场景化配送，帮助快递员缓解末端配送压力；唯品会、苏宁的智能快递无人车也相继亮相。

9.3.3 智慧物流配送的典型应用

1. 城市地下物流配送系统

地下物流配送系统是一种新兴的运输和供应系统，是现代物流创新发展的新技术，是一种具有革新意义的物流配送模式。在城市道路日益拥挤，拥堵越来越严重的情况下，地下物流配送系统具有巨大优越性。

目前世界上的一些发达国家，包括美国、德国、荷兰、日本等在地下物流配送系统的可行性、网络规划、工程技术等方面展开了大量的研究和实践工作。研究表明，地下物流配送系统不仅具有速度快、准确性高等优势，而且是解决城市交通拥堵、减少环境污染、提高城市货物运输的通达性和质量的重要有效途径，符合资源节约型社会的发展要求，是城市可持续发展的必要选择。

地下物流配送系统是指运用自动导向车和两用卡车等承载工具，通过大直径地下管道、隧道等运输通路，对固体货物实行运输及分拣配送的一种全新概念物流系统。在城市，地下物流配送系统与物流配送中心和大型零售企业结合在一起，实现网络相互衔接，客户在网上下订单以后，物流中心接到订单后，迅速在物流中心进行高速分拣，通过地下管道物流智能运输系统和分拣配送系统进行运输或配送。也可以与城市商超结合，建立商超地下物流配送。

地下物流配送系统末端配送可以与居民小区建筑运输管道相连，最终发展成一个连接城市各居民楼或生活小区的地下管道物流运输网络，并达到高度智能化。当这一地下物流配送系统建成后，人们购买任何商品都只需点一下鼠标，所购商品就像自来水一样通过地下管道很快地"流入"家中。

（1）系统构成

地下物流配送系统的开发技术主要包括管道和轨道两种。管道运输又分为气力管道运输和液体管道运输。由于国外一些国家，如英国、德国等已经存在了大量的地下管道设施，而且它们的管道运输技术也比较成熟，因此，在这些国家和地区，地下物流配送系统开发技术的侧重点放在整合原有管道系统、扩大系统应用范围等方面。其他国家的地下物流配送系统规划和建设起步较晚，主要关注于轨道运输，结合地铁的轨道运输有很大的发展空间。

地下物流配送系统可分为如下三个模块。

模块1：结合轨道交通完成从港口、火车站、高铁站、空港城到各城区的主干道输送。

模块2：结合综合管廊增加物流输送功能，一次开挖，共享复用，完成从区集散点经次干道至各小区、各建筑物的输送。

模块3：与园区地产结合，通过楼宇自动化完成到户到家的终极目标。以上三个模块也可以反向运行。

（2）创新模式

近年来，地下物流配送系统技术开始向智慧化和自动化方向发展，出现了一些新的创新模式。如荷兰出现了创新性的地下物流配送系统实施方案和概念。

多核系统（Multi-core System）：该系统是指在一个管道内放置几根小的管子和电缆，

可以在其中传输不同的物质。采用这种多核系统的好处是，在该系统内增加铺设一些小的管子和电缆，不会增加太多的成本。

共同承运人（Common Carrier）：这是一个新的组织概念，指管道由几家公司合资经营。这种方式避免了过去那种由每家公司独立经营自己的管道系统的弊端，把原来各个独立的管道连接起来，形成一个管道网，大家共同经营。

与此同时，原有的地下物流配送系统技术也出现了一些新的特点。

1）开始使用卷桶型集装箱和托盘。
2）实现了全自动运输和自动导航系统，包括自动转换到无轨系统。
3）管道长度扩展到 50km。
4）形成一个独立的运输环境。

这些新的概念和实施方案对我国的地下物流配送系统建设提供了很好的启示和借鉴。

（3）应用意义

地下物流配送系统可以有效地解决经济发展和环境污染、道路拥挤之间的矛盾，提高城市居民的生活质量，减少环境污染、道路拥挤及交通事故的发生率，保护城市的历史风貌和各级文物古迹。另外，从投资成本来看，建设地下物流配送系统比地铁和地上高架路的投入低，其未来收益很大。因此，地下物流配送系统是一种可行的、新的绿色物流方式，是可以替代中短距离道路运输的一种有发展前途的运输方式，值得推广建设。

地下物流配送系统凭借其低成本、高效、准时的优势，很好地解决了制约电子商务发展的城市物流配送最后一公里"物流瓶颈"问题。一方面，地下物流能够对地面货运交通进行分流，促进货物运输的通畅性；另一方面，地下物流不受气候和天气的影响，可以实现智能化、无中断的物流运输，使运输过程得到有效衔接。未来，地下物流配送系统将作为一种可行的、创新的绿色物流方式，成为物流行业进行模式创新的重要方向。

据悉，在我国雄安新区的建设中，我国地下物流配送系统的科学家已经提出了在雄安新区建设和运营中开始建设智能地下物流配送系统的规划方案，提出了雄安新区应用地下物流配送系统来解决城市物流配送带来的拥堵问题的建议，希望从雄安新区开始，探索和应用智慧的地下物流配送创新模式，让我国地下物流配送系统取得跨越式发展。

2．基于无人机、自助快递柜的无人机配送系统

该无人机配送系统主要应用于快件配送服务，能有效提高配送效率，减少人力、运力成本，提高服务的品质和质量。

（1）系统构成

主要由无人机、自助快递柜、快递盒、集散分点、调度中心组成，如图9-4所示。

1）无人机。四旋翼或八旋翼飞行器，配有 GPS 自控导航系统、iGPS 接收器、各种传感器以及无线信号发收装置。

2）自助快递柜。快递柜配备有一台计算机、无人机排队决策系统、快递管理系统、iGPS 定位系统、无人机着陆引导系统、装卸快递停机台、临时停机台、一套机械传送系统、自助快递终端和多个快递箱等。快递柜顶部的所有停机台都具有快速充电功能。无人机向快递柜发送着陆请求、本机任务报告和本机运行状态报告后，快递柜将无人机编号、该机任务以及任务优先权等信息输入系统，由排队决策系统分配停机平台，再由无人机着陆引导系统引导无人机降落，或者向无人机发出悬停等待指令。无人机收到快递柜接受着陆指令

后,将持续地将本机上 iGPS 接收器收到红外激光定位信号和本机编号回传给快递柜,快递柜将精确掌握无人机坐标信息,并引导无人机精准着陆。

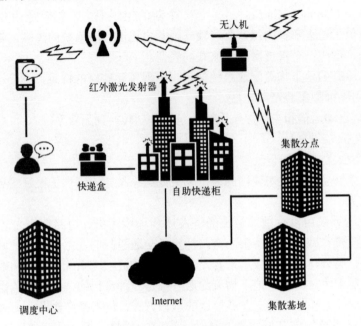

图 9-4　无人机配送系统组成

3)快递盒。快递盒内配置蓝牙和信息存储模块,主要用于装载快件,便于无人机运输。

4)集散分点。各快递集散分点负责不同区域间的快件集散。无人机接收调度中心的指令,将异地快件运往分点,分点发出相关指令引导无人机进行降落、卸件,卸下的快件将被整理运往机场。同时调度中心将相关快递信息更新到目的区域的调度中心。另外,快递集散分点还负责对辖区内无人机的安检、维修、临时停放、快速充电。

5)快递集散基地。异地快递在送达本区域后将先运往快件集散基地,基地根据快递盒所输入的快件信息将快件进行分类,并将其运往相关快递集散点,同时快递基地实时将到达的快递信息更新,并将数据发送到公司调度中心。

6)调度中心。调度中心管理本区域所有快件的接收与投放,同时对无人机进行系统维护、数据更新。调度中心也实时监测无人机和自助快递柜的链接状态,对出现的问题进行及时维护。

(2)运作流程

根据无人机的续航能力、快递业务量的地理分布、通信的实时可靠性、系统的容积能力以及建设成本等诸多因素的综合考虑,将整个无人机快递系统划分为若干区域,区域内部独立运作,区域之间协同运作。

1)区域内快递收发。终端自助快递柜在收到用户放入的快件后向调度中心发送收件请求,调度系统自动派出合适的无人机,并向无人机发送相关任务指令以及目的地坐标,无人机收到任务指令后飞往目的地,终端自助快递柜将实时引导无人机着陆并进行自动装卸快件,快件在送达目的快递柜之后,终端自助快递柜智能系统将向用户发送领件信息。配送流程如图 9-5 所示。

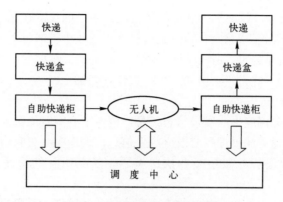

图 9-5 区域内无人机配送流程

2）区域间快递收发。调度中心在收到发往其他区域的快递信息后，将指引无人机收件后就近送往本区域的快递集散分点，分点自动将快递按区域分类，并装箱后送往机场，由大型飞机送往目的区域的快递集散基地，基地在收到快递箱以后拆分，集中将同一片区的快递送往该片区的快递集散分点，再由调度中心调度无人机送往目的自助快递柜。配送流程如图 9-6 所示。

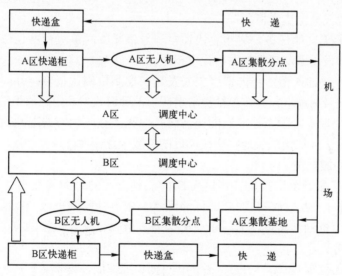

图 9-6 区域间无人机配送流程

（3）系统调动策略

系统调动策略的核心是建立无人机状态列表，包括无人机编号、当前坐标、当前任务状态、运行状态、续航能力等。建立自助快递柜状态列表，包括快递柜编号、地理坐标、运转状态、拥塞程度等。

其具体方法为，关联无人机状态列表和快递柜状态列表，为每一部快递柜生成一张预设半径范围内无人机到达时刻表，此表包括无人机编号、预计到达时间（通过对停泊装卸时间、平均飞行速度的统计，以及无人机当前坐标、当前任务和快递柜坐标估算求得）、预计无人机续航能力、停机位状态等，停机位包括三种状态：停在装卸平台、停在临时平台以及悬浮态。该表按到达时间、续航能力和停机位排序。半径的设定视无人机群规模统计优化而定，目的在于优化系统、缩减响应时间，无人机群规模较小的情况下可设为全区域。建立快递投送队列表，包括快递编码、所在快递柜编号、目的快递柜编号、所需续航能力、快递优先级等，按优先级排序，优先级由快递等级和收件时间确定。

调度流程的步骤如下。

1）无人机实时地向调度中心发送状态信息，调度中心实时更新无人机状态列表。

2）快递柜收到快递后向调度中心发送收件信息，调度中心更新快递投送表。

3）从投送表中取出优先级最高的快递编码，及其所在的快递柜编号和目的快递柜编号。

4）从此部快递柜的无人机到达时刻表中取出具备续航能力且最快到达的无人机编号。

5）调度中心给无人机发送指令，给出收件坐标位置和投件坐标位置。

6）无人机到达目标位后，向快递柜发送着陆请求。

7）利用 iGPS 定位系统，快递柜精确引导无人机对接着陆装卸快件。

8）无人机装卸后将向调度中心发送快递到位报告（或无人机收件成功，或快件送达目的地）。

9）无人机如任务未完成或有其他任务，将继续进行，如飞往目的快递柜投送快递，在此快递柜收件，或飞离此快递柜。

10）无人机如无其他任务，将接收快递柜引导停靠临时停机台的让位指令，快递柜会在收到其他无人机发出着陆请求时发出让位指令。

11）快递柜在快递入柜后将向调度中心发送快递到位确认报告，并同时向用户发送手机短信，提醒用户及时收取，内容包括提取密码以及超时收费和退还原地的提示。

12）超过系统设定时限未被取走的快递将按照无人查收的方式退回原地，并短信通知用户。退回后超时无人取走的快递将送往就近的集散分点储存。

3. 互联网+同城配送

同城配送是指配送范围控制在市区范围内点到点间的短距离货物运输服务，被称为"最后一公里配送"。"互联网+"时代的同城配送，依靠互联网平台，以信息技术为支撑，整合海量社会运力资源，实现运力与企业配送需求精准、高效匹配，为各类客户提供城市范围内的配送服务。

（1）主要服务范围

基于互联网的同城配送大致需求如下：

1）电商类包裹。在"互联网+"时代下，人们生活消费习惯深受互联网经济影响，电子商务蓬勃发展，伴随而生的电商包裹成为同城配送的主要货源之一。目前，国内有超过一半的包裹来自电商平台，而这些包裹的同城配送则是由快递员（司机）将包裹从网点（分拨中心）配送到消费者手中。

2）同城 O2O 类包裹。可分为两种需求：一种为确定性订单需求，要求司机在指定时间去商户（客户）处提取货物并在指定时间内配送至消费者手中；另一种为随机性需求，如"网约车"随时接单服务，客户随机叫车服务，司机根据平台推送接单并快速响应服务，上门取货并配送至目的地。

3）生产物资同城配送。互联网技术从消费端延伸到生产端，生产资料同城配送需求在城市配送的前景更是广阔。司机在"公路港"集货（取货），并在指定时间将生产物资送到客户处（最后一公里配送），或是在客户手中提取生产物资并送到"公路港"（第一公里配送）。

（2）运行模式

1）货运版"滴滴打车"模式。通过互联网的方式撮合"货车"与"货源"，减少货车的空驶率，降低运输成本，增加货车的运输效率。这种平台是一种线上线下货运资源整合型平台，分为货主版和车主版，货主发布用车需求（包括路线、时间、货物类型、重量体积、车型需求等）后，车主选择是否接单。但目前市场上大部分这类 APP 并不能完成闭环交易，交易双方对平台的黏性值得商榷，交易和货物的安全性也并没有因为移动互联网技术手段的使用而发生本质上的改变。

2）货运版"专车"模式。选择车型进行整车租用交易，可以单点直送，也可以一点多送。此模式的定价清晰且标准化，交易闭环也能完成。但同城货运最大特征是货源分散、对运输时效要求很高，最好的"互联网+"新模式应该是同时解决集货和拼货，依然需要评估装载空间和运力浪费的问题。

3）整车平台招标模式。此模式也是以整车作为交易单元，用户在平台发布货运需求，司机展开竞价，价低者得。此种模式，在竞拍过程中能在交易心理上满足货主和司机，双方对平台有黏度。但需要斟酌的是时间成本和效率问题，且不同的交易价格意味着可能存在不同的服务质量和标准。

4）"拼货+整车"的模式。也就是"速派得"模式。改变以往传统物流行业以"重量"计费的成本结构，按"体积"来出售空间，同时，移动智能路由的规划能满足实时上货卸货、多取多送的客户需求，较为灵活，让某些中小型商户可以彻底取消仓储，实现柔性配送，实现交易闭环，标准化服务。

4. 互联网+众包物流

随着"互联网+"与共享经济的兴起，众包模式开始进入物流领域并受到越来越多的重视，这种模式的运营不仅在衣食住行等方面为广大消费端用户带来了便利，还为企业创造了可观的利润。

（1）基本含义

"互联网+众包物流"是将原来需要由专职专业的配送人员完成的工作，以自由、自愿、有偿的方式，通过互联网平台外包给社会上的一些群体来完成，众包人员相对于专职专业人员来说是利用自己的空闲时间从事兼职工作，他们根据自己的时间、配送地点等因素自行选择是否承担物流任务，到指定地点取件将货物送到指定顾客手中并取得相应的酬劳。

众包物流作为一种新兴的第三方配送模式，其主要流程是由各类 O2O 商户发单、配送员抢单后，将货物送到消费者手中的配送形式，能够有效提升外卖等企业的配送能力和服务水平。市面上比较盛行的人人快递、京东到家、达达，以及一些类似于美团外卖的电商平台等，皆采用众包物流的配送模式。众包物流的本质其实就是"互联网+物流"。在这种模式下，人们只需一部智能手机，完成注册、接单、配送，即可按完成订单数量获得酬劳。

（2）运作流程

从事众包物流活动的主体主要有订单发起人、众包承运人、众包物流企业、货物接收者、保险公司、金融机构等。从事承运业务的人员可以是社会兼职人员，众包物流企业提供服务平台，其性质类似于物流中介。

"互联网+"环境下的众包物流，实际运作流程共包括六个环节：

1）发起人提交物流需求订单；

2）抢单，根据众包承运人所处位置、到取货点收货点距离等因素分配承运人；

3）上门取货，众包 APP 根据移动客户端 GPS 定位为承运人规划最合理的路线，到达取货地点后确认信息完成包装扫码；

4）配送，同样根据 APP 所提供的路线到达指定地点，核对个人信息后完成货物的投递，更新订单信息，以短信的方式通知订单发起人已完成货物投递；

5）结算，根据委托配送物品的重量、体积、路程、时间等因素在 APP 完成结算货款，向众包承运人支付一定的酬劳；

6）若承运过程中出现货物损坏丢失应根据责任划分进行赔偿。

(3) 主要特点

1）优势。

- 人力资源配置最优化。众包模式在人力资源优化方面主要体现为合理利用了社会的闲散劳动力，优化社会可利用资源。以京东众包为例，作为创新型的社会化物流体系，京东众包将原应分配给专职快递员的配送工作，经由互联网平台转包给兼职人员来做，最大限度地利用了社会闲置的人力资源，实现资源配置最优化。

- 物流成本最小化。传统的物流配送模式其成本一般是固定的，且支付给物流人员的费用较高，而众包模式则可以通过对物流配送人员需求预测，适时变动配送人员数量，达到降低物流成本的目的。如 UU 跑腿，融合"互联网+跑腿"的特点，同样采用社会化众包模式，打通需求者与闲散者之间信息沟通的障碍。在为城市个人与商户提供更高效的物流及跑腿服务的同时，也在一定程度上降低了物流成本。

- 配送过程高效化。众包物流平台经过对客户信息与快递员信息的收集整理，依托"互联网+"与"大数据"，能够定位到客户附近的兼职快递员，从而对客户进行精准服务。与传统配送方式不同的是，众包模式将大大缩短快递在途运输的时间，让配送变得更加高效与精确。利用互联网与 GPS 系统的结合可以参考距离、路况等情况快速拟定出最快的配送路线来实现货物零担物流和门到门服务。同时，客户可以通过平台的 APP 追踪商品的所在位置，掌握收货时间，及时签收，减少不必要的配送等待时间。

- 社会效益最大化。众包物流模式最大限度地整合了社会可利用资源，并运用于电商平台"最后一公里"的整个物流体系。它为许多失业者创造了大量的就业机会，一定程度上维护了社会稳定。同时也改变了人们的生活方式以及物流企业的运营模式，对我国物流市场的发展创新具有重要的实践意义。

2）劣势。

- 服务质量问题。保障服务质量是现阶段众包物流企业发展中最重要的一个问题。虽然一些大型众包物流企业在制定规章时都有相应的规范和体系，但由于配送人员多为兼职，准入门槛较低，缺乏系统化、专业化培训。在配送过程中，时常会出现因操作失误或保管不当而导致货物的损坏等现象。因接单后未能及时配送等违反约定的情况也时有发生。

- 技术水平问题。众包物流平台能够平稳运行主要归功于先进的技术支持。若技术水平落后,则会阻碍众包物流的发展。众包物流对技术的要求相对较高,而在不久的将来,想要更好地完成订单和定价的动态结合,必定会驱使企业在软件系统和硬件设施等方面做出更优质的提升。
- 法律与安全机制不够完善。配送人员的不固定性,无论是对物品本身还是各方利益安全将会构成相应的威胁。除此之外,各大众包平台的兴起,也使众包物流行业竞争加剧,不法分子也可能会利用此行业的法律与安全机制尚不健全这一大弊病,扰乱行业及市场秩序以达到其非法目的。

案例 9-2　盘点国内 7 家众包物流公司　满城尽是快递员

人人快递:以众包同城配送为切入的电商信息服务平台;达达:为 O2O 行业提供最后三公里物流配送服务;闪送:为用户提供全程可监控的直送服务;京东众包:携手如风达力推众包服务,实现同城快速送达;E 快送:提供智能定位准时送达的同城配送服务;您说我办:一款以"跑腿"为核心业务的同城 C2C 服务平台;51 送:以餐饮外卖为切入点,基于 LBS 的短距即时配送的众包平台。(资料来源:搜狐财经,2015 年 7 月)

扫描二维码
阅读全文

本章小结

智慧物流配送系统是以互联网、物联网、云计算、大数据等先进信息技术为支撑,能够在物流配送各个作业环节实现系统感知、自动运行、全面分析、及时处理和自我调整等功能的,具备自动化、智能化、可视化、网络化、柔性化等特征的现代化配送系统。通过智慧物流配送技术手段的应用,实现配送的信息化管理、自动化作业和智能化决策,将大大提升配送作业效率,降低配送成本。

本章重点介绍了智慧物流配送的概念和特点,详细阐述了智慧物流配送节点、设备、信息平台及管理优化的概念、构成及原理,介绍了城市地下物流配送系统、无人配送系统、互联网+同城配送、互联网+众包物流等智慧物流配送的典型应用模式,最后简要介绍了国内外智慧物流配送的发展状况。

智慧物流配送不仅仅是无人化、自动化技术在配送领域的简单应用,更为重要的是通过技术的引入促进配送模式的创新,通过数据分析与管理优化提升配送运作的智慧水平。

本章习题

一、思考题

1. 如何理解智慧物流配送的概念和特点?
2. 智慧物流配送的主要节点有哪些?
3. 智慧物流配送设备主要有哪些?其工作原理是什么?
4. 简述智慧物流配送信息平台的基本功能。
5. 简述国内外智慧物流配送的现状及发展。
6. 城市地下物流配送系统是如何运行的?

7. 简述无人机配送系统的基本构成和工作流程。
8. 简述互联网+同城配送的原理及流程。
9. 简述互联网+众包物流的原理及流程。

二、讨论题

1. 无人机配送系统在当前具有良好应用前景，请进一步讨论与思考无人配送系统的创新模式。

2. 互联网+环境以及物联网、大数据的技术发展为物流配送带来机遇与挑战，请进一步讨论和思考这一环境下如何推进物流配送模式创新。

三、案例分析

自从京东的无人配送车在北京海淀区京东上地配送站上路之后，美团也紧追其后，发布了自己的美团无人配送车。"无人配送的落地，会带来技术挑战，但在这其中最难的挑战是将技术与商业、用户体验有效结合，这也是我们推出无人配送开放平台的原因。"美团相关负责人说。

根据美团相关负责人介绍，美团所发布的无人配送车不同于京东，美团是一个开放的平台。美团希望通过这一无人配送平台，构建一个完整的产业生态圈，通过开放自身多重场景与能力，联合各界合作伙伴共同打通无人配送在"产学研用"全生命周期链上的关键环节。美团所指的开放平台，主要是指与无人配送企业的合作。据了解，在美团的开放合作平台中，优地、Segway 配送机器人、智行者-蜗Ω、Roadstar、AutoX、深兰科技-小蚂哥等均已加入该开放平台，这些无人车的服务范围覆盖了酒店、餐馆、医院等众多日常生活服务场景。

通过数据看到，2018 年，美团的单日外卖交易数超过 2100 万笔，截至 2017 年第四季度，每日平均活跃配送骑手数量 53.1 万人。骑手与订单比例严重失衡。骑手的短缺，成为制约用户体验的重要因素。美团的骑手成本由 2016 年的 51 亿元增加至 2017 年的 183 亿元，人工骑手的配送成本不断增加。无论是美团的外卖订单还是京东的商品配送订单，订单的增加也意味着配送员的增加。急剧飙升的人工成本已经成为企业的一项重大支出。

然而，无人配送并不能真正代替人工。"未来很长时间内，都会是人车混送的方式。"美团无人配送部总经理表示。无人配送车是对骑手的有效补充，它可以持续工作，比如承担更多夜间配送的工作；而骑手更为灵活，可以处理一些较为复杂的场景，骑手与无人配送车可以发挥各自优势，提升效率与优化用户体验。

在流量增速放缓的背景下，如何维持现有市场，提升用户体验成为各大平台所面临的新的问题。提升最后一公里的配送效率也就成为这其中的重要一环。

根据美团负责人的介绍，随着无人配送车的逐渐成熟，平台将需要大量的维护人员，此时各地的部分外卖骑手可以很快转化为无人配送车运营团队，与无人配送落地无缝衔接。在美团的生态中，占比高达 62%的外卖业务是美团流量的重要来源。服务好这部分客户，也就意味着留住了流量。

问题：

1. 如何理解美团所构建的无人配送产业生态圈？
2. 结合个人认识，请谈一谈无人配送的应用前景及发展重点。

第10章 智慧物流园区

学习目标
- 了解智慧物流园区的概念和特点;
- 掌握智慧物流园区的总体架构和功能结构;
- 认识和把握智慧物流园区的现状及发展趋势。

引例

探访"亚洲最大智慧物流基地":你的快递7分钟就能出库

南京苏宁云仓是目前亚洲最大的智慧物流基地,从进货、存储、到分拣、配订单、包装、发货等全链条实现了智能化,日处理包裹可达到181万件,是行业同类仓库处理能力的4.5倍以上。(资料来源:今日化工商城,2018年9月)

扫描二维码
阅读全文

物流园区是物流业规模化和集约化发展的客观要求和必然产物,是为了实现物流运作的共同化,按照城市空间合理布局的要求,集中建设并由统一主体管理,为众多企业提供物流基础设施和公共服务的物流产业集聚区。物流园区作为重要的物流基础设施,具有功能集成、设施共享、用地节约的优势,促进物流园区健康有序发展,对于提高社会物流服务效率、促进产业结构调整、转变经济发展方式、提高国民经济竞争力具有重要意义。随着物联网、云计算及移动互联网等新一代信息技术的发展应用,综合性、专业性的物流信息服务和物流交易平台不断建立并优化完善,有效地促进了传统物流园区服务模式的变革。在这一背景下,智慧物流园区应运而生。

10.1 智慧物流园区的概念与特点

10.1.1 物流园区概述

1. 物流园区的概念

物流园区最早出现在日本东京,又称物流团地。日本从1965年起在规划城市发展的时候,政府从城市整体利益出发,为解决城市功能紊乱,缓解城市交通拥挤,减轻产业对环境压力,保持产业凝聚力,顺应物流业发展趋势,实现货畅其流,在郊区或城乡边缘带主要交通干道附近专辟用地,确定了若干集运输、仓储、市场、信息、管理功能的物流团地,通过逐步配套完善各项基础设施、服务设施,提供各种优惠政策,吸引大型物流(配送)中心在此聚集,使其获得规模效益,对于整合市场、降低物流成本起到了重大作用,同时,减轻大型配送中心在市中心分布所带来的种种不利影响,成为支撑日本现代经济的基础产业。

在欧洲，物流园区被称之为货运村（Freight Village）。货运村是指在一定区域范围内，所有有关商品运输、物流和配送的活动，包括国际和国内运输，通过各种经营者实现。这些经营者可能是建在那里的建筑和设施（仓库、拆货中心、存货区、办公场所、停车场等）的拥有者或租赁者。同时，为了遵守自由竞争的规则，一个货运村必须允许所有与上面陈述的业务活动关系密切的企业进入。一个货运村也必须具备所有公共设施以实现上面提及的所有运作。如果可能，它也应当包括对员工和使用者的设备的公共服务。为了鼓励商品搬运的多式联运，必须通过更适宜的多样性的运输模式（陆路、铁路、深海/深水港、内河、空运）。最后，一个货运村必须通过一个单一的主体经营（RUN），或者公共的或者私有的。

在国内，第一个物流园区是始建于1998年的深圳平湖物流基地，第一次提出了物流基地这个概念，叫作"建设物流事业基础的一个特定区域"，它的特征有三：一是综合集约性；二是独立专业性；三是公共公益性。物流基地即从事专业物流产业、具有公共公益特性的相对集中的独立区域。

国家标准《物流术语（GB/T18354）》中，对物流园区的概念做了较全面的解释：物流园区是指为了实现物流设施集约化和物流运作共同化，或者出于城市物流设施空间布局合理化的目的而在城市周边等各区域，集中建设的物流设施群与众多物流业者在地域上的物理集结地。

2．物流园区的特点

物流园区具备以下5个特点。

1）集合多模式运输手段：多模式运输手段即多式联运，以海运-铁路、公路-铁路、海运-公路等多种方式联合运输为基本手段发展国际国内的中转物流。物流园区也因此呈现一体化枢纽功能。

2）综合多状态作业方式：物流园区的物流组织和服务功能不同于单一任务的配送中心或具有一定专业性的物流中心，其功能特性体现在多种作业方式的综合、集约等特点，包括仓储、配送、货物集散、集拼箱、包装、加工以及商品的交易和展示等诸多方面。同时也体现在技术、设备、规模管理等方面的综合。

3）协调多种运行系统：运行系统的协调表现在对线路和进出量调节上。物流园区的这一功能体现为其指挥、管理和信息中心功能，通过信息的传递、集中和调配，使多种运行系统协调共同为园区各物流中心服务。

4）满足多种城市需求：物流园区与城市发展呈现互动关系，物流园区如何协助城市理顺功能，满足城市需求是物流园区又一功能特征。物流园区的配置应着眼于其服务区域的辐射方向、中心城市的发展速度，从而保证物流园区的生命周期和城市发展协调统一。

5）配套多种服务手段：物流园区应具备综合的服务性功能，如结算功能、需求预测功能、物流系统设计咨询功能、专业教育与培训功能、共同配送功能等。多种服务手段的配套是物流组织和物流服务的重要功能特征。

3．物流园区的功能

现代物流园区主要具有两大功能，即物流组织管理功能和依托物流服务的经济开发功能。作为城市物流功能区，物流园区包括物流中心、配送中心、运输枢纽设施、运输组织及管理中心和物流信息中心，以及适应城市物流管理与运作需要的物流基础设施；作为经济功能区，其主要作用是开展满足城市居民消费、就近生产、区域生产组织所需要的企业生产和经营活动。

物流园区的内部功能可概括为八个方面，即综合功能、集约功能、信息交易功能、集中仓储功能、配送加工功能、多式联运功能、辅助服务功能、停车场功能。其中，综合功能的内容为：具有综合各种物流方式和物流形态的作用，可以全面处理储存、包装、装卸、流通加工、配送等作业方式以及不同作业方式之间的相互转换。

4．物流园区的类型

1）货运枢纽型物流园区。依托交通枢纽，具备两种（含）以上运输方式，能够实现多式联运，具有提供大批量货物转运的物流设施，为国际性或区域性货物中转服务。

2）商贸服务型物流园区。依托城市大型商圈、批发市场、专业市场，能够为商贸企业提供运输、配送、仓储等物流服务以及商品展示、电子商务、融资保险等配套服务，满足一般商业和大宗商品贸易的物流需求。

3）生产服务型物流园区。毗邻工业园区或特大型生产制造企业，能够为制造企业提供采购供应、库存管理、物料计划、准时配送、产能管理、协作加工、运输分拨、信息服务、分销贸易及金融保险等供应链一体化服务，满足生产制造企业的物料供应与产品销售等物流需求。

4）口岸服务型物流园区。依托口岸，能够为进出口货物提供报关、报检、仓储、国际采购、分销和配送、国际中转、国际转口贸易、商品展示等服务，满足国际贸易企业物流需求。

5）综合服务型物流园区。具有两种（含）以上运输方式，能够实现多式联运和无缝衔接，至少能够提供货运枢纽、商贸服务、生产服务、口岸服务中的两种以上服务，满足城市和区域的规模物流需求。

10.1.2 智慧物流园区的概念

李芏巍教授在 2013 年 11 月《中国首届智慧物流和智慧物流产业园区发展论坛》上提出"智慧物流和智慧物流产业园区的概念与特征"，认为智慧物流产业园区概念是：以"智慧化"的创意状态和"智能化"科学技术去策划、规划、开发、建设、提升、管理和运营的物流企业集结聚合服务基地；其核心特征是：能够利用产业及其土地的物业和服务功能与增值服务等资源，以"智慧化"状态和"智能化"技术，通过策划实现价值最大化的资源整合体。

据此可以给出智慧物流园区的概念：智慧物流园区是指面向物流产业链，应用互联网、物联网和大数据技术手段，通过系统集成、平台整合，将园区相应的控制点与政府部门、供应链上下游企业、物流企业、金融机构等互联互通，实现物流数据交换和物流服务整合，具备信息感知、传递和处理能力，智能分析与智能决策能力，以及提供全方位服务能力的先进物流园区。

智慧物流园区是智慧物流系统的重要组成部分，在智慧物流园区中，通过智慧化的物流系统的应用，协调园区内部企业的运作，共享信息资源，实现智慧化、一体化、柔性化和社会化的特点。同时，智慧物流园区也体现了现代物流技术发展的四个主要方向，即物流技术装备的自动化、物流运作管理的信息化、物流运作流程的智慧化以及多种技术和软硬件平台的集成化。

通过与传统物流园区的对比，可以加深对智慧物流园区内涵的理解。

1）传统物流园区对于园区建设只做到基本的水电气、交通、建筑等基础设施建设，信息化、智能化都由入驻企业自行完成。智慧物流园区是园区开发、经营、管理的一整套系统解决方案，更加注重管理理念与服务体系创新，更加关注运营流程优化及客户关系管理，培养和扶持物流企业成长。

2）传统物流园区的建设过程中重商业开发，轻产业培育，从而导致园区的规模化建设受到了土地空间的限制和投资成本的制约。智慧物流园区围绕优化管理流程，全面提高科技园区管理和服务水平，通过科技要素应用为园区客户提供安全、高效环境空间。

3）传统物流园区经营过程中重硬件设施，轻软件投入，主要通过车货交易流量收取服务费，致使园区无法形成核心竞争力。智慧物流园区提高园区基础设施智能化，带动高附加值物流产业的培育和发展，将产业融入空间之中，提高单位面积的车货流转率，效率和特色成为园区核心竞争力。

10.1.3 智慧物流园区的特点

智慧物流园区是成熟物流园区转型升级的典范，智慧化不仅提升园区的吸引力，而且促进园区可持续发展，给予了物流产业发展的基础，顺应信息技术创新与应用趋势，这是传统物流园区所不具有的。智慧物流园区的基本特征主要体现在下面几个方面。

1. 智慧技术泛在化

智慧型物流园区以"智慧"理念，充分运用大数据、物联网、云计算技术，广泛采用GPS监控、GIS地理服务、ASP租赁、RFID射频扫描、无线视频传送、一卡通服务等技术手段，将信息化管理覆盖到园区每个角落、每个控制点，使人、车、物从入园到离开都实现数字登记、网络查询、数据库管理，使园区业务人与车、车与货、货与路在智慧的网络中运行，相互互动、信息撮合、服务集成。

2. 数据服务系统化

智慧物流园区依靠感知节点及网络设施部署，为用户提供数据采集服务；依靠采集而来的海量数据，加大信息存储能力，使物资流、信息流和资金流等数据得到有效收集并储存，从而为用户分析决策提供数据支撑；构建包含各业务环节、全面覆盖物流园区的数据管理平台以及信息公用模型，使园区数据实现无缝流转，提高数据中心结构化数据、空间数据、非结构化数据、实时数据的计算能力，从而提高数据集成管控能力；运用先进的数据分析挖掘技术实现数据的使用价值。这样，智慧物流园区将人工的、延时的、碎片化的数据分析转化成智能的、即时的、系统的数据分析，为园区各业务主体的问题分析、回应能力、运营优化以及设备评估等提供稳定、客观、迅速的依据，从而实现在大数据基础上的智能分析、智能决策，使得信息数据服务成为物流园区重要的产品利润来源和增值服务内容。

3. 整体运营智能化

智慧物流园区运营管理的智能化主要分为三个层面：一是园区管理智能化，通过车辆智能道闸系统、月台等物联网信息采集设备，使园区操作与仓库运营一体化，实现园区导航、自动打单、自动计量等；二是仓库运营管理智能化，仓库内装卸、分拣、包装等通过采用自动化设备降低人力输出，提升运作效率；三是货物管理智能化，通过WMS系统，打通客户端，实现数据实时共享，建立库存策略，实施安全库存与循环补货等存货管理方案，把整个物流系统和产销系统进行有效的连接，做到真正的物流一体化管理，降低库存，提高服务品质。

4. 资源共享平台化

智慧物流园区作为有效的集合点，需要建立服务平台和服务窗口，通过协调多方资源的共享智能服务平台，进行运力整合、设备共享，以有效的平台化运作去解决客户的服务、信息、金融需求。智慧物流园区可以利用产业及其土地的物业和服务功能与增值服务等资源，以"智慧化"状态和"智能化"技术，整合资源，并实现价值最大化。概而言之，智慧物流园区最大的特征是利用物联网、云计算等先进技术将整个与本园区相关的物流要素、信息连接起来，从而实现信息的高度共享，有效解决当下各物流园区存在的信息孤岛、资源浪费等问题，同时帮助园区解决在车源、交易、零担、商机、仓储配送、后勤保障、行政服务、物业管理等方面面临的种种难题和困惑，全面提升物流园区的管理质量和核心竞争力。

5. 产业服务全程化

智慧物流园区以"网上交易、业务管理、商务协同"为核心，面向物流产业链，整合上游货运厂商、下游物流公司客户，以全程电子商务平台为载体，融入电子商务交易、大屏幕货运信息交易、园区物业管理系统、园区公共服务管理系统、智能停车场、智能一卡通等子业务模块，有效提供物流产业链的全程服务，全面提升园区价值及竞争力。智慧物流园区依托全程物流电子商务平台，园区与平台双向协调，园区与园区信息共享，建设成为具有高效物流处理能力的智慧节点。

10.2 智慧物流园区体系结构

10.2.1 智慧物流园区的总体架构

智慧物流园区将大数据、物联网、云计算等信息技术应用于物流园区建设与管理的各个环节，通过感知节点全面采集园区各方面信息，通过信息网络实现数据有效传输与共享，通过平台和数据中心分析处理数据信息并提供决策支持，通过应用系统解决物流园区业务管理中的若干问题，从而实现物流园区的智能化、网络化、自动化、可视化、系统化。从总体架构上看，智慧物流园区主要包括感知层、传输层、平台和计算层、应用层四个层次，如图10-1所示。

1. 感知层

感知层通过各种类型的信息采集装置，利用 RFID、条码、视频识别、传感器、GIS、GPS 等先进的物联网技术，完成初始数据的采集，并实时跟踪物流动态，及时反馈数据，实现初步的智慧感知，并为高层级的数据应用积累原始资料。

2. 传输层

传输层依靠物联网、互联网、通信网，实现采集数据的实时传输、资料信息的及时传递、用户资源的互联互通。

3. 平台与计算层

平台与计算层主要提供统一身份认证、统一用户管理、数据分析、GIS 引擎、门户引擎、M2M、移动互联支持等基础服务。其核心是运用大数据技术进行数据分析，并实现对传入数据进行过滤和存储。通过电子数据交换、云计算、数据挖掘、数据仓库等技术，对海量信息储存、管理，并利用虚拟化技术、分布式处理技术、NoSQL、实时流数据处理、智能分析技术等为数据分析提供强大快速的技术支持。通过自配置处理及决策支持处理对物流业务中产生的海量数据进行运输分析、仓储分析、交易分析、金融分析、管理分析，直观获得路线、拼车、库存、自动分拣等优化方案。

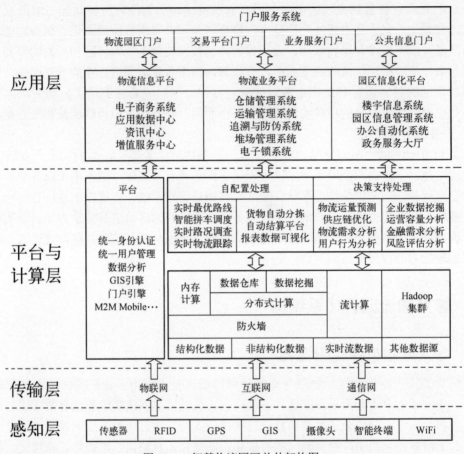

图 10-1 智慧物流园区总体架构图

4. 应用层

应用层为最终用户提供应用服务，其目的是支持用户联网的应用要求，其中包括物流信息平台、物流业务平台、园区信息化平台和门户服务系统四个部分。

1）物流信息平台主要由电子商务系统、应用数据中心、资讯中心、增值服务中心构成。电子商务系统为园区用户提供交易平台服务，包括车货匹配、电子商务、软件应用服务租赁、设备租赁、仓库租赁等服务。应用数据中心为园区用户提供信息查询服务，包括交易、路况、空运、水运、铁路、气象、物流标准等信息服务。资讯中心为园区用户提供行业资讯服务，包括市场动态、行业新闻、物流招标、行业政策等。增值服务中心为园区用户提供增值服务，包括货运跟踪、金融服务、报关代理、需求预测、应用托管等服务。

2）物流业务平台是物流运输、仓储等园区业务智能运行的管理系统，主要包括仓储管理系统、运输管理系统、追溯与防伪系统、堆场管理系统和电子锁系统等。物流业务平台基于业务活动的基本流程，依托自动化、智能化物流设施设备和技术手段，利用数据智能分析与智能处理结果，实现业务管理的网络化运行、自动化实施和智能化处理。

3）园区信息化平台是对物流园区进行信息化、智能化管理的依托平台，主要包括楼宇信息系统、园区信息管理系统、办公自动化系统、政务服务大厅等。楼宇信息系统主要对园区办公场所进行信息化管理，具有智能楼宇管理、电子巡更、报警系统、楼宇自控等功能。园区信息管理系统主要对园区设施进行信息化管理，具有智能安防、智能路灯管理、智能交通管理等功能。办公自动化系统主要为园区日常办公活动提供自动化技术支持，具有呼叫中心、融合通信、桌面云、视频会议等功能。政务服务大厅为物流园区企业和工作人员提供日常行政审批事项办理，增强服务便捷性，提高办事效率，实现一站式服务。

4）门户服务系统既是提供业务解决方案的平台，也是用户与信息平台进行信息交互、使用大数据资源的直接界面。用户通过计算机客户端、手机客户端、短信、电子屏幕及其他终端访问物流园区门户、交易平台门户、业务服务门户以及公共信息门户，获取各项服务。

10.2.2 智慧物流园区的功能结构

依据上述总体架构，智慧物流园区除应提供传统物流园区所具有的水电气、交通、建筑等基础设施服务及日常办公服务外，还应具备以下信息化、智能化服务功能，主要包括以下内容。

1. 基础功能

1）数据处理：运用大数据技术对信息平台产生的海量数据进行数据分析及数据挖掘，并对感知层传入的数据进行过滤及存储。

2）安防电子监控：应用视频监控等技术从摄像到图像显示和记录构成独立完整的系统，能实时、形象、真实、智能地反映园区移动资产及园区固定资产的情况，为信息安全防护提供有效保障。

3）信息发布服务：通过人为操作或自动地发布物流园区及行业动态、招投标、物流培训、自适应决策方案等信息。

4）园区资产管理：借助大数据技术及物联网技术，实现物流园区物业收费、停车管理、档口出租等资产的现代化、信息化和智能化管理。

5）办公自动化服务：为入驻企业提供办公自动化服务，包括单证管理、信息传达、视频会议、业务办理、交易统计、信用评估等。

2. 核心功能

1）智能运输管理：对订单信息及货物实时位置信息进行分析，给出最优化配送方案，解决路线的选择、配送的顺序等问题，实现对运输资源最大化的有效利用。对园区车辆进行智能监控，实现统一集中管理和实时监控调度。

2）智能仓储管理：采用传感器技术、RFID 技术、图像采集技术，实现货物入库、出库、盘点、货位、仓库环境的智能化管理，提高自动化作业水平。利用信息平台对整个供应链进行整合，对大量库存历史数据积累和分析，在考虑客户服务水平、库存成本、运输成本等因素情况下，使园区内物流企业库存量达到最优。支持货物可追溯、可追踪，保障货品质量，具备缺陷召回功能，可迅速实现缺陷货物召回，将损害与损失降至最低。

3）在线交易：为用户提供线上交易平台，交易双方利用平台发布供求资讯，实现信息的及时更新。同时，用户可以在系统上直接进行下单、付款、退订等商业行为，大大提高交易效率。

4）交易撮合：根据客户需求、浏览记录、历史交易等在用户页面上为其推送相关资讯、个性化产品、物流企业、物流方案、车货匹配方案等，以提高交易成功率，为客户节约搜寻时间。

5）决策分析：通过建立数学模型，在分析数据控制变量条件下比较不同策略的优劣，并提供不同方案的结果预测，辅助管理人员制定决策。

3. 拓展功能

1）金融服务：通过完善安全的金融服务系统，对供应链金融数据及企业信用数据进行分析及评估；通过物流信息平台网络为园区内物流企业提供诸如金融决策分析、保险、融资及质押业务等服务。

2）政府监控：政府部门通过监管信息系统对园区物流企业进行监管，并提供政策法规、行业标准等服务，包括网上报关、报检、许可证申请、结算、缴（退）税等，通过与政府部门的无缝对接，大大简化行政手续，缩短业务办理时间。

3）环境实况识别：各种传感器连接到运载工具、物流供应链中，会产生丰富的环境统计数据，其数据集可以包含货物状况、环境温湿度、交通密度、噪音、停车位利用率等。通过大数据技术，提取实时的传感器数据和视频等结构化、非结构化数据，对环境实况进行识别，不仅向物流供应商提供有价值的数据服务，而且还可以为社会提供有用的环境信息，形成新的由数据驱动的商业模式。

4）其他园区服务：通过加强与其他物流园区的联动，以实现园区间的资源共享、业务协作，构建智慧型物流网。

5）数据接口服务：为智慧物流园区今后的升级改造预留的标准化、可拓展的数据接口，如与政府、银行等的信息系统接口。

10.3 智慧物流园区的建设与发展

10.3.1 智慧物流园区建设现状

2013年，国家发展和改革委员会会同有关部门编制发布《全国物流园区发展规划（2013—2020年）》（以下称《规划》），是当前物流园区建设的指导性文件。通过近些年的发展，我国物流园区建设取得长足进步，在提高物流组织化水平和集约化程度，转变物流企业运营方式，促进经济结构调整和发展方式转变等方面，正在发挥越来越重要的作用。据2018年《第五次全国物流园区（基地）调查报告》，目前我国拥有各类物流园区共计1638家。

物流园区作为物流企业及相关产业在空间上的聚集点，历来重视物流信息化和智慧化建设。《规划》指出，应加强物流园区信息基础设施建设，整合物流园区现有信息资源，提升物流园区信息服务能力。在《规划》指导下，近些年来智慧物流园区的建设在全国各地纷纷展开。例如，2016年12月，浙江嘉兴建造未名智慧物流产业园，重点建设"三区一平台":物流生产区、生活配套区、信息交易区和现代物流公共信息平台,融合线上物流信息平台与线下物流实体平台为一体、集聚供应链物流企业为核心,定位于"产业物流、科技物流",打造集物流公共信息平台、陆路货运枢纽、物流金融服务、物流企业总部、电子商务产业为一体的智慧物流产业基地。2017年9月,申通南京智慧物流科技产业园项目投入建设,建设投资30亿元,包括智能分拨、智能仓储、电商+商户贸易、供应链金融、物联数据平台和配套服务"六大区块",致力于成为长三角运营平台中心、电商贸易平台中心、"物联网+大数据"平台中心。2017年12月,国家发展改革委、商务部组织评选和发布"国家智能化仓储物流示范基地",具体包括京东上海亚洲一号物流基地、南京苏宁云仓物流基地、顺丰华北航空枢纽(北京)中心、九州通武汉东西湖现代医药物流中心、长春一汽国际物流有限公司物流园区、日日顺物流青岛仓、菜鸟网络广州增城物流园区、招商物流北京分发中心、怡亚通供应链深圳物流基地、荣庆上海嘉定冷链物流园区10家单位,代表了当前我国智慧物流园区建设的先进水平。

总体来看,目前国内智慧物流园区建设刚刚起步,各地智慧物流园区建设工作陆续启动,正处于规划设计和升级建设阶段。而作为构建智慧城市的重要内容之一,智慧物流园区的建设对发展地方经济,构建现代化、信息化社会起着重要的作用。但存在有的物流园区以"智慧"为噱头进行招商引资的情况,实际上信息化、智能化水平并不高。主要表现在以下方面。

1. 园区普遍建有信息平台,但平台服务功能不够完善

从2018年《第五次全国物流园区(基地)调查报告》情况看:约70.4%的园区建立了公共信息平台。物流园区的信息平台功能主要集中在信息发布、货物跟踪、数据交换、物业管理等方面,而支付结算、融资保险、ISP服务、企业建站服务等增值服务功能实现较少。50%的信息平台服务功能数量不超过4项,仅有11.6%的信息平台服务功能数量在10项以上,反映出物流园区信息平台提供的服务项目相对较少。

2. 园区信息化建设投入逐步加大,但总体上比例偏低

园区信息化及设备投资占园区投资总额的比例,可以在一定程度上反映出园区信息化和智能化发展水平。调查显示,该指标的平均值仅为8.2%,其中51%的园区信息化及设备投资占园区投资总额在5%以下。而国家评选的10家"国家智能化仓储物流示范基地"中,信息化及设备投资占比均值在25%以上。可见我国物流园区信息化、智能化水平还有很大发展空间。

3. 园区智能化初步体现,但整体上智能覆盖率太差

从自动化、智能化设备的应用上,京东、菜鸟、苏宁等企业的物流基地均强调大力发展智能分拣、智能搬运、智能仓库系统,无人仓、无人机、无人车等先进技术在园区仓储、配送过程中得到初步应用,但从总体上看,智能覆盖率还不够高,仅应用于园区运作的部分货物范围、部分作业环节,智能化发展空间还很大。有些智慧物流园区项目,仅是把园区的某些事务工作线上化,甚至仅仅是给一些园区服务加上了APP,就打出了各种"智慧XX"的噱头,而实际工作还是依赖人工去操作,非但没有解放物流园区工作者的劳动,反而增加了监控与维护任务。在园区智能监控方面,由于改造成本等限制,某些大型物流园区往往只是在关键的出入口、仓库中加入智能传感与智能监控设备,且监控力度往往不足,传感与监控设备监控和覆盖的空间比率很低,难以覆盖整个园区。

4. 园区数字化程度日趋提高，但智能处理水平相对不高

通过传感器、信息平台、业务信息系统的普遍应用，园区在运营过程中产生、采集了大量信息数据，在将园区内所有信息进行数字化处理之后如何运用，是智慧物流园区建设中面临的一个普遍问题。存在的问题主要有：一是从摄像头信息到更多环境、物流、车辆、人流信息，都是相互孤立的收集与输出，经常出现信息孤岛现象，共享应用程度不高，无法进行整体分析判断；二是有些感知、收集和存储的状态信息仅仅是上传云端、远程可看以及能够再次调用，起到事后作为证据留存的意义，不能自主判断问题、主动干预，谈不上真正的智能；三是信息系统中缺少智能分析、智能决策功能，缺少对数据的过滤交换、数据挖掘、数据分析等智能处理，为用户提供的智能化事务办理和决策支持不够。

10.3.2 典型智慧物流园区介绍

以下主要对国家第一批评选的 10 家"国家智能化仓储物流示范基地"进行介绍。

1. 京东上海"亚洲一号"物流中心

京东上海"亚洲一号"物流中心位于上海市嘉定区，是当今中国最大、最先进的电商物流中心之一，2014 年 10 月投入使用，总面积 4 万平方米。如图 10-2 所示。

图 10-2 京东上海"亚洲一号"物流中心

京东上海"亚洲一号"物流中心应用了全球首个全流程无人仓，从入库、上架、拣选、补货，到包装、检验、出库等物流作业流程全部实现无人化操作，具有高度自动化、智能化。其操控全局的智能控制系统，为京东自主研发的"智慧"大脑，仓库管理、控制、分拣和配送信息系统等均由京东开发并拥有自主知识产权，整个系统均由京东总集成。

2. 南京苏宁云仓物流基地

南京苏宁云仓是汇聚全球智慧物流技术的行业标杆项目，2016 年 11 月 1 日正式投入运营，建筑面积 20 万平方米，主要负责苏宁华东地区的区域配送中心、门店、快递点以及零售客户的商品配送服务，同时向全国其他中心仓进行商品调拨，商品出货形式分为整箱和拆零。如图 10-3 所示。

苏宁云仓实现了高度自动化、无人化、数据化、智能化，融合了全流程的智能技术，应用了全球最先进的高密度存储系统和 SCS "货到人"拣选系统，高速分拣输送线总里程达到 27 千米，日处理包裹最高达到 181 万件，拣选效率达到每人每小时 1200 件，物流作业效率大幅提高，相比行业同等规模的仓库可减少员工千人以上。

图 10-3　南京苏宁云仓物流基地

案例 10-1　苏宁云仓：树立电商行业智慧物流中心典范

苏宁云仓是苏宁智慧物流中心建设的开山之作，其有精细严谨的规划布局，顺畅的作业流程，强大的智慧物流大脑，以及智能高效的物流装备，是苏宁物流进入智慧物流时期的重要标志。（资料来源：搜狐科技，2017 年 9 月）

扫描二维码
阅读全文

3. 顺丰华北航空枢纽（北京）中心

顺丰航空目前拥有以 B767、B757 和 B737 机型为主的全货机机队，构建了以深圳、杭州为双枢纽，辐射全国的航线网络。顺丰华北航空枢纽（北京）中心作为重要的物流节点，为时效快件空运、定制化包机运输等业务提供了有竞争力的航路保障。如图 10-4 所示。

图 10-4　顺丰华北航空枢纽（北京）中心

顺丰华北航空枢纽（北京）中心以智慧物流提升空地转运效率，着力发挥航空业务优势。这一全自动分拣中心依托首都机场空港基地，实现航空快件的快速交运及互转，依托首都机场高速、二高速等快速货运通道，满足客户需求差异化的多层次货运服务。同城即日达，跨省即日达、次晨达、次日达，派送准时率得到很好保障。

4. 九州通武汉东西湖现代医药物流中心

九州通是一家以西药、中药、器械为主要经营产品，以医疗机构、批发企业、零售药店为主要客户对象，并为客户提供信息、物流等各项增值服务的大型企业集团。九州通武汉东西湖物流中心于 2014 年建成投入使用，搭建以电子商务信息系统和物流配送系统为核心，以武汉为区域中心，辐射全省及周边地区的医药物流公共服务平台。如图 10-5 所示。

图 10-5　九州通武汉东西湖现代医药物流中心

九州通武汉东西湖现代医药物流中心是全球单体最大医药物流中心，同时也是亚洲技术最为先进的医药物流中心，箱式穿梭车库、螺旋输送机、自动条码复核系统、自动输送分拣系统等均为国内乃至亚洲最先进和首次使用的技术。物流中心由自动化立体仓库、楼库和穿梭车库三部分组成。整个物流中心的存量为 60 万件，品规数达到 3 万个，订单处理能力及出库能力均可实现 10 万条每天，差错率控制在万分之一，支持年销售额达 120 亿元。

案例 10-2　九州通上线全球单体最大医药物流中心

九州通武汉东西湖物流中心，于 2014 年正式运营，是全球最大的单体医药物流中心。物流中心集成了自动仓储系统（AS/RS）、自动调度装车系统、自动拆合盘系统、自动码（拆）垛系统、自动条码复核系统、自动输送分拣系统、自动贴标系统、符合人机工学的拣选系统等众多自动化物流系统，应用了智能转向穿梭车、悬挂导轨牵引车等多种物流装备，以及无线射频识别（RFID）、红外感应、编码认址、激光扫描及测距、三维影像读码、动态称重及外形检测、无接触式供电等多项先进物流技术，实现了高度的自动化作业，极大地提高了物流运作效率和准确性，降低了成本。（资料来源：搜狐科技，2018 年 9 月）

扫描二维码
阅读全文

5. 长春一汽国际物流中心

长春一汽国际物流中心拥有 17 万平方米集装箱场地，仓储能力为 12000TEU（国际标准集装箱单位），具有 5000 平方米的集装箱拆箱作业区，年吞吐能力为 10 万 TEU，主要业务包括集装箱业务、产前配送业务、出口包装业务、保税业务、代理报关报检等。如图 10-6 所示。

图 10-6　长春一汽国际物流中心

长春一汽国际物流中心拥有 3 套现代化的物流管理信息系统，分别为德国 FABLOG 公司开发的 WMS 库房管理系统、CYS 堆场管理系统、SAP-R3 库房管理系统，打造一流信息平台，为物流发展提供更有利的信息支持，有力地体现了物流中心在服务领域的技术力量与雄厚实力。

6. 日日顺物流青岛仓

日日顺物流专门从事家电大件物流业务，建立物联网场景物流生态平台，为品牌商和用户提供"仓、干、配、装、揽、鉴、修、访"全链路、全流程最佳服务体验。日日顺物流青岛仓，占地面积 238 亩，物流库面积 6 万平方米，主要存储产品为家用电器（如海尔冰箱、洗衣机、空调、热水器等）。如图 10-7 所示。

图 10-7　日日顺物流青岛仓

日日顺物流青岛智能仓是国内首个大件物流智能仓，破解了大件物流领域智慧化发展难题，其不只是在技术方面的升级，更是在流程、模式、管理上的全面升级，率先实现了物联网时代大件物流的创新引领。该仓依托一系列互联互通、自主控制的智能设施设备，在 WMS、WCS、TMS 等业务运作智能系统的调度下，实现仓储、运输、配送各环节作业的智能高效运行。

案例 10-3　日日顺物流智能仓全新亮相　大件物流仓储进入"智"时代

2018 年 11 月，日日顺物流青岛智能仓全新亮相，该仓是国内首个大件物流智能仓，破解了大件物流领域智慧化发展难题。仓库内，AGV、RGV、堆垛机、输送机等针对大件商品定制化的多种不同功能和特性的机器人全流程无缝隙协同运转，实现了商品入库、上架、摆放、出库等全过程都由自动化设备在大数据的精准指引下完成。（资料来源：东方资讯，2018 年 11 月）

扫描二维码
阅读全文

7. 菜鸟网络广州增城物流园区

菜鸟网络广州增城物流园是菜鸟网络的首个全自动化仓库，中心占地超过 10 万平方米，可以对 4 万多个品类的商品进行拣选，具备日处理百万件商品的能力。如图 10-8 所示。

图 10-8 菜鸟网络广州增城物流园区

菜鸟网络广州增城物流园采用菜鸟自主研发的 WMS/WCS 系统驱动，应用自动化拣选输送系统、复核包装系统、滑块分拣系统和智能拣货机器人等先进自动化设备，仅需在拣选、条码复核、分拣机监护等环节投入人力跟进，物品的运输、仓储、装卸、搬运等七个环节都可实现一体化集成。

8. 招商物流北京分发中心

招商物流北京分发中心自有仓库 56000 平方米，车辆 25 台。设计有立体仓库、平仓、业务办公楼和位于南北大门的门卫房五个单体建筑，设计总建筑面积 60633 平方米。立体仓库建筑面积为 56031 平方米，总高 12.8 米、檐口高 8.9 米、东西长 231 米、南北宽 227.5 米，主要面向京津冀地区提供高端专业化的第三方物流服务。如图 10-9 所示。

图 10-9 招商物流北京分发中心

招商物流引进了世界领先的 SAP 系统，成功构建了以 SAP 为基础的物流信息管理系统，与大型客户系统实现了无缝对接；打造了先进的可视化运营监控技术平台，能够为客户提供全面的物流信息化服务。

9. 怡亚通供应链深圳物流基地

怡亚通供应链深圳物流基地，由五栋大楼组成，占地面积 41377 平方米，总建筑面积 105592 平方米，仓库建筑面积 44853.22 平方米，是集办公、研发、展览、仓储于一体的现代化多功能综合性基地。如图 10-10 所示。

图 10-10　怡亚通供应链深圳物流基地

怡亚通以移动互联网、云计算、大数据等互联网新技术与供应链服务结合，实施"O2O 生态战略"，致力打造全球供应链商业生态圈。构建五大服务平台：B2B/O2O 分销平台、B2C/O2O 零售平台、O2O 金融服务平台、O2O 传媒营销平台、O2O 增值服务平台，将全面覆盖流通行业终端门店，聚合品牌（产品）企业、物流商、金融机构、增值服务商等各大群体，打造共享共赢、共荣共生的流通行业供应链生态圈。

10. 荣庆上海冷链物流园区

荣庆物流是一家集冷链、化工、普运为核心业务的综合物流企业，为客户提供全国仓储、运输、配送于一体的供应链服务。冷链物流是其核心业务，被中国物流与采购联合会评为"中国冷链物流第一供应商"。如图 10-11 所示。

图 10-11　荣庆上海冷链物流园区

荣庆上海冷链物流园区采用自动化存储、自动化分拣、机器人作业等方式，运用大数据、云计算、物联网等先进信息技术和设备在仓储物流领域应用，建立了 TES 创新研发中心，提高了仓储、配送等环节运行效率和安全管理水平，加快推动传统仓储物流转型升级，促进仓储物流商贸园、制造业融合发展，成为中国冷链物流全程温湿度监控可视化的先行者和领跑者。

10.3.3　智慧物流园区发展趋势

智慧物流园区建设虽然取得了长足进步，但总体上看仍处于初步建设阶段，随着物联网、大数据、人工智能等技术发展，将会带来园区运营模式、技术手段、管理水平等方面的全面变革，智慧物流园区的建设越来越呈现出以下三个方面的发展趋势。

1. 无人化将是智慧物流园区的终极未来

智慧物流最重要的应用则是无人化——通过无人化提高物流运营效率、降低物流成本、创新经营模式。当前不少园区仓库都引入了机器人和物联网技术，通过无人化的智能分拣，提高效率并降低分拣员的劳动强度。在配送环节，无人机、无人车等无人配送体系也被提上日程。在 AT200 物流无人机成功首飞后，顺丰等公司在无人配送上进行了大手笔投入，并制定了明确的时间表。京东明确要把智能化提高到战略高度，继无人仓、无人机、配送机器人等的常态化运营后，京东物流的无人轻型货车、无人配送站点也将开始运营。苏宁在 2016 年就成立了物流 S 实验室，主要围绕精益生产和人工智能进行研究，如仓库自动作业技术、绿色包装技术、智能拣选机器人、智能配送机器人、无人机园区智能巡检、AR/VR 技术等。因此，用机器替代人，实现园区重要物流环节运营的无人化，将是智慧物流园区发展的终极未来。

无人化代表未来园区仓储以及物流运作的三大关键技术：物联网、机器人和大数据。物联网让每个包裹乃至其中的商品拥有自己的 ID，且可被实时识别，基于此可实现存储、打包和物流三大环节的智能化。机器人可实现包裹传送、商品分拣、商品包装等过程的自动化，还有仓库商品搬运、上架等过程的自动化。大数据可实现智能分仓，调度社会化物流，这样就能大幅缩短商品在途中的时间以及各种物流成本。物联网、机器人和大数据三大技术的进步，最终可实现智慧物流园区的无人化。

2. 大数据驱动的人工智能将得到普遍应用

物流大数据相当于智慧物流系统的血液，它贯穿在整个智慧物流系统，而且越来越多的园区都在挖掘大数据能带来的附加值，未来大数据的竞争会成为物流园区进一步的竞争热潮。大数据技术是人工智能发展的核心，大数据通过数据存储、建立数据中心，同时对数据进行分析和变现，把不同的数据聚合在一起，通过算法以及算力的支持，从而驱动人工智能的发展。大数据以及人工智能的发展势必为物流园区发展带来前所未有的变革。

大数据驱动的人工智能在未来智慧物流园区中的主要应用场景主要有以下几方面。

1）需求预测：通过收集用户消费特征、产业链历史信息等大数据，利用算法提前预测需求，前置仓储与运输环节。

2）设备维护预测：通过物联网的应用，在设备上安装芯片，实时监控设备运行数据，并通过大数据分析做到预先维护，增加设备使用寿命，随着机器人在物流园区的广泛使用，这将是未来应用非常广的一个方向。

3）供应链风险预测：通过对异常数据的收集，对诸如贸易风险，不可抗因素造成的货物损坏等情况进行预测。

4）网络及路由规划：利用时效、覆盖范围等数据构建分析模型，对园区仓储、运输、配送网络进行优化布局。

5）智能运营规则管理：未来将会通过机器学习，使运营规则引擎具备自学习、自适应的能力，能够在感知业务条件后进行自主决策，如将对电商高峰期与常态不同场景订单依据商品品类等条件自主设置订单生产方式、交付时效、运费、异常订单处理等运营规则，实现人工智能处理。

6）园区选址：人工智能技术能够根据现实环境的种种约束条件，如顾客、供应商和生产商的地理位置、运输经济性、劳动力可获得性、建筑成本、税收制度等，进行充分的优化与学习，从而给出理想的选址解决方案。

7）决策辅助：利用机器学习等技术来自动识别场院内外的人、物、设备、车的状态和学习优秀的管理和操作人员的指挥调度经验和决策等，逐步实现辅助决策和自动决策。

8）图像识别：利用计算机图像识别、地址库、合卷积神经网提升手写单证机器有效识别率和准确率，大幅度地减少人工输单的工作量和差错可能。

9）智能调度：通过对商品数量、体积等基础数据分析，对各环节如包装、运输车辆等进行智能调度，如通过测算百万 SKU 商品的体积数据和包装箱尺寸，利用深度学习技术，由系统智能地计算并推荐耗材和打包排序，从而合理安排箱型和商品摆放方案。

3. 基于协同共享的物流园区生态体系将会建成

物流园区生态系统是园区管理机构、园区运营企业、园区入驻企业、产业链企业、物流用户以及其他相关服务提供者、竞争者、政府及其他利益相关者——相互作用为基础的联合体。在这个体系中，每个组织和个人基于利益的驱动，各司其职地担当不同功能，但又资源共享、互利共存、互依共生，共同维持系统的延续和发展。

智慧技术的快速发展和深度应用，互联网的去中介化、去中心化及聚合特性，为打造物流园区生态体系提供了良好的条件。通过先进的电子商务技术和网络平台，可以灵活地建立起各种组织间的、高效的网络化连接，将伙伴企业各个业务环节孤岛连接在一起，使组织间的信息和知识的交换量与交换速度大大提高，园区对各种信息和环境变化的快速准确感知变得越来越敏锐，园区生态系统内所有参与者"共同进化"的平台变得越来越容易。

本章小结

智慧物流园区是指面向物流产业链，应用互联网、物联网和大数据技术手段，通过系统集成、平台整合，将园区相应的控制点与政府部门、供应链上下游企业、物流企业、金融机构等互联互通，实现物流数据交换和物流服务整合，具备信息感知、传递和处理，智能分析与智能决策，以及全方位服务提供能力的先进物流园区。

本章重点介绍了智慧物流园区的概念与特征，详细阐述了智慧物流园区的总体架构和功能结构，研究分析了智慧物流园区的建设现状与发展趋势，并对典型智慧物流园区进行了简要介绍。

智慧物流园区是以信息化、智能化、自动化、透明化、系统化的运作模式运营的物流园区，是利用"物流+互联网+大数据"相融合的一体化生态运作体系，是产业链、功能、服务、信息、资源融合交流的"大舞台"。

本章习题

一、思考题

1．如何理解智慧物流园区的概念和特点？
2．智慧物流园区的体系架构是怎样的？
3．智慧物流园区的系统功能应主要包括哪些？

4. 试述智慧物流园区的发展趋势。

二、讨论题

1. 讨论和思考智慧物流园区中运用了哪些物联网、大数据技术。
2. 调查和分析所在地区某一物流园区智慧化建设的基本情况，讨论和思考如何推进其智慧物流园区建设。

三、案例分析

林安智慧物流园由广东林安物流集团创办，通过建设"网上+网下"有机结合的网下物流信息交易市场和网上中国物流信息交易平台，优化资源配置，实现了物流与金融、电商、产业的融合发展。园区由林安平台（含物联网应用、信息服务、电商网购）、物流金融中心、第三方总部经济中心、城市配送中心、甩挂调度中心、农产品冷链调度中心、电商仓储中心、生活配套中心等组成。

林安平台将当地特色产业信息与一、二、三方物流企业及相关企业需求整合起来，通过先进的信息处理技术，打造厂家、商家直接面向物流供应商的网络物流集中采购渠道、物流供应商面向厂家和商家的网络营销渠道、物流供应商之间的同行网络共赢合作渠道，提供供应链一体化服务方案，实现物流、信息流、商流、资金流、技术流"五流合一"。

物流金融中心。搭建物流行业首个征信平台——林安征信，为物流业甚至制造业提供信贷评估，解决行业诚信难题，促使企业获得金融机构的贷款支持。拥有物流行业第一张互联网支付牌照——林安支付，拓宽物流企业的融资渠道，解决中小型物流企业融资难题，促进物流业发展。

第三方总部经济中心。建设物流总部经济孵化基地，培育扶持中小物流企业，以高质量的物流服务，降低制造企业成本，优化资源配置，推动供应链管理一体化。

发展面向流通企业和消费者的社会化共同配送。通过全国城际配送的林安班车、同城配送的林安货的以及高效便捷的林安支付，解决城市快递、配送车辆进城通行、停靠和装卸作业等问题，打造O2O一站式物流信息交易平台，构建物流供应链上中下游服务体系。重点做好食品、农产品、日用品、药品、食盐和烟草等商品"五统一"配送（统一品牌、统一标志、统一规程、统一标准、统一结算的服务标准），从而降低物流费用，提高物流运作效率，提高城市配送的专业化水平。

根据案例回答问题：

1. 分析林安智慧物流园的主要服务功能。
2. 思考如何优化和发展智慧物流园供应链服务体系。

第11章 智慧港口

学习目标
- 了解智慧港口的发展背景;
- 理解智慧港口的概念和特征;
- 掌握智慧港口的功能与结构;
- 熟悉智慧港口的建设与发展情况。

引例

亚洲首个无人码头,这个港口太高级了!

2017年5月,一座全球领先、亚洲首个真正意义上的全自动化集装箱新码头在青岛港正式启用。与传统人工码头相比,青岛港自动化码头拥有全球领先的智能生产控制系统,为码头赋予了一颗会思考、能决策的"大脑",工作效率提高了30%,但工作人员却减少了70%,9个远程操控员承担了传统码头60名员工的工作。(资料来源:搜狐科技,2017年5月)

扫描二维码
阅读全文

港口作为全球综合运输网络的关键性节点,承担着85%以上的进出口物资的装卸运输,在全球贸易和航运中发挥着举足轻重的作用。在当今全球经济高度一体化互联网经济的时代,港口对现代信息化技术的应用能力和智能化程度,在一定意义上体现了一个国家的科学技术发展水平与现代物流的进步程度,也决定了港口的可持续发展能力和在国际市场中的竞争地位。随着科技的进步和港口发展理念的提升,智慧化将是全球各国港口发展的必然趋势与选择。

11.1 智慧港口概述

智慧港口是近几年提出的新概念,是在信息感知、处理、共享的基础上,能够促进实施港口功能创新、技术创新和服务创新,进而提升港口的综合服务能力的现代港口运作和管理模式。

11.1.1 港口及其功能

港口英文"Port"一词源于古拉丁文"Porta",原意为"位于海岸的门户,有水、陆接运"的含义,现在指位于海、江、河、湖、水库沿岸,具有水路联运设备以及条件供船舶安全进出和停泊的运输枢纽,是水陆交通的集结点和枢纽,工农业产品和外贸进出口物资的集散地,船舶停泊、装卸货物、上下旅客、补充给养的场所。

港口历来在一国的经济发展中扮演着重要的角色。运输将全世界连成一片,而港口是运输中的重要环节。世界上的发达国家一般都具有自己的海岸线和功能较为完善的港口，港口也成为一个国家或地区的门户。

港口按用途分为商港、军港、渔港、工业港、避风港等；按所在位置可分为海岸港、河口港和内河港，海岸港和河口港统称为海港；按潮汐的影响分为开敞港、闭合港和混合港；按地位分为国际性港、国家性港和地区性港。

港口的功能一般包括物流服务、信息服务、商业和产业四个方面的功能。物流服务功能是指港口首先应该为船舶、汽车、火车、飞机、货物、集装箱提供中转、装卸和仓储等综合物流服务，尤其是提高多式联运和流通加工的物流服务。信息服务功能是指现代港口不但应该为用户提供市场决策的信息及其咨询，而且还要建成电子数据交换（EDI）系统的增值服务网络，为客户提供订单管理、供应链控制等物流服务。商业功能是指港口的存在既是商品交流和内外贸存在的前提，又促进了它们的发展，同时现代港口应该为用户提供方便的运输、商贸和金融服务，如代理、保险、融资、货代、船代、通关等。产业功能是指港口作为国内市场与国际市场的接轨点，已经实现从传统货流到人流、货流、商流、资金流、技术流、信息流的全面大流通，是货物、资金、技术、人才、信息的聚集点。

11.1.2 智慧港口的概念

智慧港口是以信息物理系统（Cyber Physical Systems，CPS）为结构框架，利用物联网、云计算、大数据及移动互联网、人工智能等新一代信息技术，在信息全面感知和互联的基础上，使物流供给方和物流需求方共同融入港口集疏运一体化系统，实现车、船、货、港、人五大基本要素之间无缝连接与协同联动，以智能监管、智能决策和自动装卸为主要工作模式，并能为现代物流业提供高安全、高效率、高品质服务的现代港口形态。智慧港口的管理与生产运营模型如图11-1所示。智慧港口不是简单的技术应用，而是通过业务模式变革与发展理念创新，重构多边界、系统化的港口生态圈，以实现便捷可靠的客户体验、智能化的可靠运营、高效的组织和供应链协作、开放式的业务创新，促进提升港口物流链效率，降低贸易成本和增强可靠性。

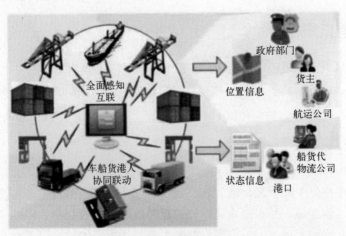

图11-1 五位一体协同联动的智慧型港口管理与生产运营模型

智慧港口通过系统信息化、设备智能化、决策智慧化,提供更为便捷高效的现代港口服务。港口系统信息化是智慧港口建设的基础。如何消除信息孤岛,减少港口大数据中的冗余和无效数据,实现港口各环节信息有机融合,是智慧港口建设的重点。港口设备自动化是提高港口产能的重要手段,尤其是关键设备的全自动无人控制,例如堆取料机、装卸船机、前沿起重机、堆场起重机等设备,如何利用感知技术、遥感技术、智能决策技术等实现自动化作业,是智慧港口设备自动化的关键。设备智能化是设备自动化的高级阶段,以工业4.0为基础,利用信息技术、互联网、物联网等,构建信息物理融合系统,港口设备间可自主通信、控制与协同作业,这是未来发展的方向,有助于形成新的生产作业模式和服务模式。决策智慧化是智慧港口发展的目标,要在港口大数据中挖掘有用信息,对港口不确定信息进行预测,智能安排生产作业计划,例如货物集港、船舶靠泊、作业线安排、设备调度、船舶配载、堆场计划等,规避不确定因素对港口作业的干扰,通过港口整体效率提升,促进货物在港换装作业效率的提高。

智慧港口的内涵包括以下几个方面。

- 智慧港口是港口发展的高级阶段。基于"客户为中心"的服务理念,客户成为港口服务链上的核心。利用新一代信息技术,以整合、系统的方式进行港口管理和经营,为客户提供更高质量的服务。
- 智慧港口的发展前提是现代管理方法、信息技术和自动化技术等在港口服务中的充分应用。以技术作为保障,才能够优化服务流程,提升服务水平。
- 智慧港口建设的核心内容是基于物联网等技术,在信息感知、处理、整合和共享基础上的战略决策优化和生产计划安排。在信息整合处理的基础上,促使港口生产的多个环节相互配合、协调一致,并能够完成生产流程自适应调整、生产设施自动分配、生产过程自动监控等。
- 智慧港口的建设范畴涉及码头泊位生产、集疏运组织以及腹地货运管理等多个方面,是一个具有多重衡量指标的复合系统。
- 智慧港口的建设目标是通过利用现代信息技术与港口业务的深度融合,提升港口效率,降低成本,增强可靠性,打造港口组织生态圈,实现港口的可持续发展。

11.1.3 智慧港口的发展背景

按照联合国贸发会对整个港口的分类,现在港口的发展一共分四个阶段(当然现在也有人提出第五代港口)第一代港口最简单,就是两个功能:船舶靠泊、货物装卸;第二代港口是在这个基础上增加了若干商贸和专业化功能,码头分为了集装箱码头、原油码头、散杂货码头等一些专业化码头;第三代港口在第二代港口的基础上增加了物流和金融方面的功能,港口成为物流中心;从21世纪开始,不再把港口看成一个物流中心,而是把港口看作供应链上的一个节点,从整个供应链的基础上来看待港口的功能,涉及的包括物联网、服务、技术等各个方面的创新,此为第四代港口。"智慧港口"是在第四代港口基础上的产物。

在国家战略层面,2014年我国提出建设"丝绸之路经济带"和"21世纪海上丝绸之路"两大国家倡议,港口作为我国连接国内外货运商贸、物流仓储以及信息服务等环节的重要载体,是"一带一路"倡议的关键节点,这为我国智慧港口提供了历史性的发展机遇;在行业政策层面，2014 年全国交通运输工作会议上指出，当前和今后一个时期要全面深化改革，集中力量加快推进综合交通、智慧交通、绿色交通、平安交通等"四个交通"的发展。港口作为重要的交通枢纽，大力发展智慧港口，成为"四个交通"建设的重要内容；在市场环境层面，随着全球航运市场进入"船舶大型化""联盟超级化""港口网络轴辐化"以及"码头高等级化"的新常态，我国港口要想在激烈的市场竞争中赢得生存空间，推进智慧港口建设势在必行。2014 年 6 月提出的《交通运输部关于推进港口转型升级的指导意见》，进一步促进智慧型港口建设，大力推进物联网、云计算、大数据等新一代信息技术在港口推广应用。目前，国内外许多港口结合物联网技术对港口进行了自动化建设与改造。2017 年年初，交通运输部发布了《关于开展智慧港口示范工程的通知》，提出发挥信息化引领和支撑作用，加快港口信息化、智能化进程，促进港口提质增效升级，这对传统的港口企业提出了新要求和新挑战，也蕴含着新机遇。

目前，浙江宁波舟山港、山东青岛港、辽宁大连港、天津港、深圳盐田港、江苏无锡江阴港、连云港、广东虎门等相继提出建设港口物联网或智能港口项目规划，并陆续实施示范工程，为推动我国智慧港口的创新进行了积极探索和大胆实践，智慧港口建设高潮在我国已悄然兴起。

11.1.4 智慧港口的特征

智慧港口能自动感知港口各类信息，并具备信息整合和自动处理能力，通过实时发布系统实现信息共享和透明。最关键的是应具有基于信息分析和处理的决策能力，能够为港口经营企业、港口服务企业及其他客户提供战略及运作决策支持。

1. 全面感知

全面感知是所有深层次智能化应用的基础，港口相关方根据作业流程需要，利用物联网和传感器网络等技术，全面感知、获取各生产环节及各作业对象的位置信息、状态信息，使现场信息全面数字化，并实现现场物联网、远程传输网络和数据集成管理（包括数据筛选、质量控制、标准化和数据整合等）。例如，在堆场仓储管理过程中，可以通过视频监控、识别传感器等技术的运用，全面了解货物的重量以及装卸的状态，充分保证了港口发展的安全性。例如，上港集团目前利用物联网技术对设备进行智能化检测，通过大型装卸设备中预装的传感器收集设备数据，分析电机、主减速箱、同步齿箱、滚筒、齿条等部件的振动情况，并结合润滑油油质分析等手段，对大型装卸设备的养护与操作提出预测性建议，使时间不确定的维护保养变得可按时间表完成。同时互联互通的信息化平台为物流供应链的参与方提供商机和便利的商业环境，帮助物流供应链的参与方提升盈利能力，推动高附加值产业聚集。

2. 智能决策

智能决策是港口相关方在基础决策信息被感知收集的基础上，明确决策目标和约束条件，对复杂计划、生产调度、应急事件等问题快速做出有效决策，下达管理、操作指令并监控执行。一般来说，智能决策基于数据挖掘的知识发现，包括专家系统的知识库，智能优化的模型库。通过智能系统的应用实现港口快速、高效决策。例如，戴尔的智能应用通过建立"明察"（Clear View）系统，建立与地理数据系统的连接，帮助匹配服务派遣任务和零件储存位置，可以把暴风雨、零件运输中的航班延误、交通拥堵事件纳入考量，帮助客户及时制定应急处置预案。

3. 自主作业

自主作业是在智能决策基础上，港口相应设备自主识别确定作业对象、作业目的，并安全、高效、自动地完成作业任务。例如，在闸口控制上，智慧港口将箱号识别技术、RFID 车号识别技术以及 GIS 等技术有机结合，通过对港口集装箱车号、箱号的自动识别，实现过关卡不停车，从而提高港口检测的高效性；在码头装卸设备的管理控制方面，通过集成大型设备 PLC 的运行，可以实现设备系统的集中性监控，在一定程度上提高设备的安全性控制，并在网络管理的基础上实现港口远程监控以及故障的及时性排除。

以集装箱出口为例，当载运集装箱的卡车以规定速度驶入检查桥时，该处的感知设备自动读取集装箱和集卡的相关信息，并通过无线网络与港口信息管理平台进行信息验证，验证通过后，港口信息管理平台将调度信息发送给相关计划生产的机械，并将路线信息以图形化方式显示在集卡的信息屏上，同时检查桥的电子限行杆自动升起，集卡司机根据信息屏上的路线信息将车辆驶往指定地点。此过程无须人工干预，可实现不停车即通过检查桥的目的。当集卡到达堆场指定地点后，已经接到作业指令的场桥将集装箱吊离载运车辆。场桥感知设备自动读取集装箱信息，信息经验证通过后，计划箱位以图形化方式显示在场桥的信息屏上，场桥司机通过该界面获知集装箱的作业位置。集装箱落位后，感知设备自动读取集装箱和箱位信息，信息经验证通过后，集卡和场桥司机得到下一条作业指令。此外，载集卡之间可以实现物与物的信息交互，不需要人为参与，车辆之间可以互相给予安全距离的信息提示，能有效确保交叉路口的行车安全。

4. 全程参与

全程参与，即是通过云计算、移动互联网技术的应用，使港口相关方可以随时随地利用多种终端设备，全面融入统一云平台。通过广泛联系，深入交互，使港口综合信息平台能最大限度优化整合多方需求与供给，使各方需求得到即时响应。例如，通过全程参与，货主可以随时随地通过智能手机掌握货物运到哪里，状态如何，什么时候可以通关，什么时候能装船，装载船舶什么位置，什么时候能送到客户手上等。

5. 持续创新

港口可持续创新是通过港口相关方的广泛参与和深入交互，通过港口管理者与智能信息系统的人机交互，智能信息系统的自主学习，使得港口具备持续创新和自我完善的功能。持续创新是智慧港口最主要特征之一。智慧港口创新模式包括以用户创新、开放创新、协同创新为主的大众创新以及以自学习、自组织、人机交互为主的系统创新。

11.2 智慧港口的功能与结构

11.2.1 智慧港口的功能模块

智慧港口服务需求的主体是客户，按照实现"高效率、高安全性、高品质服务"的智慧港口运输模式要求，智慧港口系统必须最大限度地为客户提供港口物流信息服务。智慧港口功能模块如图 11-2 所示。

图 11-2 智慧港口功能模块

1）港口客户服务系统。港口客户服务系统通过互联网利用港口物流信息平台，实现与客户的联系和交流，提供港口基本信息资料、客户服务指南、港口业务流程介绍、业务手续申请办理等信息。

2）港口生产管理系统。港口生产管理系统通过内部网络与港口内部各业务管理软件业务数据信息交换，进行生产调度、组织和指挥，并通过视频监控技术对作业过程进行可视化监控。

3）港口运营管理系统。港口运营管理系统进行港口运营管理决策，主要功能包括市场管理、货运管理、配送管理、客户管理、安全管理、财务与结算管理、自动化办公等；对管理流程中的各个关键环节支持短信通知功能；系统支持与考勤系统、安防系统对接，通过电子标签、摄像机等设备为管理提供基础数据；可以通过人脸识别、轨迹跟踪智能分析、视频移动侦测等技术，配合广播、告警器等设备为安全管理提供保障。

4）港口电子商务系统。港口电子商务系统通过互联网方式实现客户开展与港口物流相关的商务活动及办理各项业务。该系统支持与其他电子商务平台、船舶信息系统、拖车信息系统、仓库及物流公司等相关系统对接，实现信息共享。企业通过电子商务系统实施发布和更新业务信息，客户和港口可以根据实际情况需要选取相关服务。

5）综合运输管理系统。综合运输管理系统通过与其他交通系统业务数据对接，解决水运与公路、铁路、航空等交通方式之间进行多式联运和水运中转的业务管理和决策，减少中转申办手续和环节，实现物流数据共享。

6）港口资源管理系统。港口资源管理系统通过港口内部信息网和港口/航道视频监控、船舶定位导航、GIS 地理信息系统等技术，建立港口企业资源管理基础数据库，实现资源智能管理。通过电子地图、视频等方式呈现港口、航道和船舶行驶情况。

7）港口口岸管理系统。港口口岸管理系统通过 GPS 技术、RFID 技术、人脸视频识别、视频移动侦测、轨迹跟踪等技术对进出港口车辆和人员进行管理，实现智能闸口功能。为海关提供统一的口岸物流信息，实现港口物流信息平台与海关通关 EDI 申报系统信息共享和"大通关"服务一体化，优化或减少港口与海关之间的业务流程手续，提高效率。

11.2.2 智慧港口的系统结构

智慧港口的系统组成要素包括智慧信息综合处理系统以及内陆集疏运、港域水路运输、港口码头作业、堆场仓储作业、货物服务、港口口岸监管服务等信息的感知、收集和整合处理。港口内陆集疏运信息系统负责整合公路、铁路及内河水运等信息；港域水路运输信息系统负责整合船舶、航道等信息；港口码头作业信息系统负责采集和整合港口泊位、生产计划、装卸情况等信息；堆场仓储作业信息系统负责采集和整合集装箱及进出卡口的车辆信息；货物服务信息系统负责采集和整合处理货物品类、特殊服务要求、运输目的地等信息；港口口岸监管服务信息系统负责采集和整合海关、国检、边防等口岸服务信息。信息经过分析处理后，通过专用平台发布，实现信息共享。同时，港口企业、航运公司、货主等可以借助经过整合和处理的综合信息，进行战略及营运决策分析（如图11-3所示）。

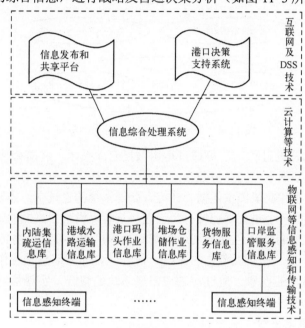

图11-3 智慧港口的系统结构

1. 信息感知终端

信息感知终端主要依靠物联网技术，由各种传感器以及传感器网关构成，负责识别物体、采集信息。RFID是目前信息感知主要且常用的技术，通过射频信号自动识别目标并获取所需数据，无须人工干预，可在各种恶劣环境下工作。RFID系统由一个阅读器及多个标签组成，利用无线射频的方式在阅读器和标签之间进行非接触式双向传输数据来识别目标和交换数据，并通过识别高速运动的物体和同时识别多个标签来控制、检测和跟踪物体。

信息感知终端分别安装在港口各个作业现场，诸如码头机械、堆场卡口、集疏运载运工具等设施上，负责自动感知和采集船舶、货物以及工作状态信息。各个感知终端采集的信息通过港口内联网共享和整合后，可通过互联网在专用的口岸管理信息平台和港口公共信息平台上发布（如图11-4所示）。

2. 信息综合处理系统

港口信息综合处理系统的目的是为了共享、发布和决策支持。鉴于港口信息的庞杂性，该信息综合处理系统的数据库采用分布式处理模式，在各个子信息库（内陆集疏运信息

213

库、港域水路运输信息库、港口码头作业信息库、堆场仓储作业信息库、货物服务信息库、口岸监管服务信息库等）进行信息分类处理，在综合处理系统中进行信息整合。分类处理的主要目的是进行数据统计和整理，整合处理的主要目的是数据对比、挖掘分析等。

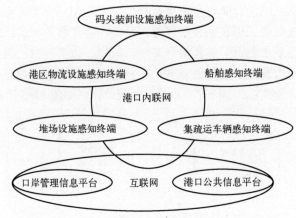

图 11-4　智慧港口感知系统分布示意图

在信息数据库的建设过程中，可通过运用数据仓库技术，将基础应用系统的数据由原来分散的、无规则或规则不强的业务数据，处理为按照标准化要求的统一数据，为上层进行业务查询、统计、分析和决策提供依据。在综合处理系统的建设中，需要加入决策支持基础分析系统，智慧港口的一个重要功能便是为管理决策者提供科学高效的辅助决策支持。

信息整合和处理的目的还包括利用信息基础数据，对港口的业务流程进行分析与优化重组。删除多余的环节，建立规范化的流程，使港口内部的信息系统作为一个整体进行运作，避免出现信息孤岛的现象。通过对港口信息系统的整合，实现信息共享，合理配置资源，提高效率，增加顾客满意度。

3．信息发布和共享平台

信息发布和共享平台包括口岸管理信息平台和港口公共信息平台。口岸管理信息平台连接口岸管理部门（如海关、税收、检验检疫、海事局、外汇管理、交通局、海事局等）和相关服务企业（如船公司、船代、货代、货主、码头、场站等），是港口口岸管理的操作平台；港口公共信息平台连接与港口相关的银行和保险金融服务机构、生产企业和贸易企业等。

另外，信息发布和共享平台可以提供信息转换、传递、存储等业务，实现高效的监管和服务，并方便开展标准化、电子化的国际贸易和电子商务，从而实现减少操作流程、提高通关效率、降低交易成本、增加贸易机会、增强港口服务能力的目的。

4．决策支持系统

港口决策支持系统是在数据处理的基础上，通过绩效分析等方法建立决策模型，为港口企业管理者提供经营分析和决策支持的工具，帮助港口企业实现经营分析和决策的数字化和科学化。该决策分析系统是智慧港口的核心功能之一，可以分为不同的决策层次，包括战略决策、经营决策、操作决策等。

通过该系统跟踪港口企业的经营过程，及时发现问题并发出警示信息，从而引起经营者的关注，以便采取措施，化解经营风险。决策支持系统还可以帮助企业管理者对关键业绩指标进行多维度、多层面的分析，从计划控制的角度来分析企业经营的状况等。

11.3 智慧港口的建设与发展

智慧港口是物联网、移动互联网、大数据、云计算、人工智能等信息技术与现代港口功能的完美结合，在新一轮信息技术革命的背景下，智慧港口将引领世界港口发展新的潮流。

11.3.1 智慧港口的探索与实践

近年来，面对全球经济复苏乏力、运营成本上升，以及船舶联盟化、大型化趋势，世界各大港口都已开始探寻向下一代港口转变。一些先进港口，如新加坡港、鹿特丹港、汉堡港、上海港等的积极探索与实践，总体代表了当前智慧港口建设与发展的最高水平。

1. 新加坡港

新加坡港作为亚太地区最大的转口港和世界最大的集装箱港之一，一直致力于打造智慧港口，持续推进模式创新，强化巩固其国际航运中心地位。早在 2012 年，新加坡港就投入巨资面向全球征集新一代集装箱港口的创新技术方案，以期在未来 10 年实现"表现力、生产力、可持续发展"三大目标提升，并从运营效率、可执行力、绿色环保等方面布局智慧港口。一是大力推进码头运营智能化，实现集装箱自动配载和跟踪、实时控制堆场上和船上的装卸作业，降低人工强度，保证安全生产和服务水平的稳定性。二是建立无缝衔接的网络化运输体系，优化多式联运网络，推动整合与集成港口物流链资源，强化港口物流价值链服务。三是积极创新业务模式，构建互联互通的信息平台（Port Net），打通港口上下游环节的数据流，实现港口与海关、海事、商检等口岸单位的信息一体化，提高"大通关"效率和口岸部门服务水平。四是提出大数据治港的概念，整合物流信息资源，开展基于大数据的基础建设、生产管理、客户服务、市场预测、应用创新等服务，优化港口物流流程并提高港口物流服务质量。五是大力打造良好的港口生态圈，与港口物流链相关方广泛建立战略合作伙伴关系，突出以人为本、生态绿色、环保节能、港城一体化和可持续发展，促进人文环境、城市发展与港口战略的有机融合，推动贸易便利化。

2. 鹿特丹港

作为欧洲最大的贸易港和世界级大港，素有"欧洲门户"之称的鹿特丹港，以打造全球性枢纽港和欧洲临港产业集聚区为战略目标，重点围绕港口物流"Flexibility（柔性）"和"Accessibility（可达）"，积极推进智慧港口建设。一是构建便捷、安全、高效、可靠的港口集疏运体系，强化腹地运输网络体系，优化内陆多式联运运输网络。二是大力推进码头运营智能化，在全球率先建立自动化码头系统，大幅提升港口运作效率与服务质量。三是围绕以港口为核心枢纽的综合物流体系，加强港口物流上下游资源整合与集成，促进港口全程物流链服务业务协同与高效衔接，推动国际贸易便利化。四是构建互联互通的国际运输信息系统（INTIS）平台，实现港口与港口、港口与相关机构以及港口所在物流链之间的信息通联与共享，提高港口物流链一体化服务水平。五是广泛与港口物流链相关方建立战略合作伙伴关系，加强政企合作。从政策环境、投资环境、土地资源利用、集疏运体系、生态环境、人文环境、区域经济发展等方面，推进港城深度融合发展，积极营造港口良好生态圈。

215

3. 汉堡港

汉堡港以打造安全、高效、协同、绿色、可持续发展的"智慧港口"为目标，于 2012 年 10 月出台了《港口发展规划 2025》。汉堡港改变了传统港口物流发展模式，提出了港口物流服务链理念，重点围绕码头运营智能化、物流价值链服务、港区服务升级、生态环境优化改造等方面推进智慧港口建设。一是充分利用易北河沿岸空间资源，加强港口物流基础设施建设，进一步优化和提升港口自动化生产能力。二是通过自动化码头、现代化堆场和物流服务基地的建设，大幅提高港口运营智能化水平与作业效率。三是优化与完善腹地多式联运网络服务体系，从陆路交通、水路交通和铁路交通等方面打造智能交通系统，强化亚欧大陆运输中转枢纽地位。四是构建现代化控制中心和港口大数据中心，搭建面向客户电子商务平台 PORT Log，为货主、仓储经营商、船公司、货代等物流链上的客户提供一体化服务。五是从创新政策服务、推动港产城和谐共处、加强港航合作、提升价值链服务、加强生态人文环境建设等方面，积极推进港口生态圈建设，如取消自贸区政策促进物流链运转效率提升、发起"港口联盟（Chain PORT）"行动实施全球战略布局、实施智慧能源计划推广应用清洁能源等。

4. 上海港

上海港以"成为全球卓越的码头运营商和港口物流服务商"为战略目标，借助新技术带来的新动能和开放式创新带来的新格局，积极打造"3E级"智慧港口，即在港口运营上卓越（Excel）、在可持续的创新业务上积极拓展（Explore）、在生态圈构建上保持开放（Extend）。一是通过设备操作自动化、港口调度智能化和信息数据交互可视化，进一步提升运营效率。建成的洋山深水港四期全自动化码头，码头作业自动化率 90%以上，并首创"边装边卸"工艺大幅提高码头效率。二是突破传统的"货物装卸"封闭运作模式，转向与供应链上下游高效协同化运作，推动港口物流链资源整合与集成。三是积极创新业态模式，拓展业务范围。结合"互联网+"应用，探寻从"线"上的竞争向"网络"的竞争转变，大幅提升港口物流运作效率与服务质量。四是加大信息化、精益化、系统化建设的力度，建立大数据云服务平台，打造联江系海的集疏运协同平台，为物流链的参与方提供便利的商业环境，推动高附加值产业聚集。五是打造紧密协作的港口生态圈，推动贸易便利化。实施长江战略、东北亚战略和国际化战略，以确立和巩固东北亚国际航运枢纽港地位。

11.3.2 智慧港口中的典型应用

近年来，我国沿海的大型枢纽港口已敏锐觉察到全球港口国际化、智慧化、绿色化发展的大趋势，特别在智慧港口的规划与建设方面，加快了步伐，取得了一系列建设成果。

1. 集装箱电子标签

近年来，集装箱运输不断发展，并发挥自身的优势成为世界货物运输最主要的方式。据统计，世界上 90%的货物由集装箱运输，在美国，差不多一半的进口货物（按价值计算）是使用集装箱船运抵的。每年约有 700 万 TEU 的集装箱货物在美国各港口卸货。但是，随着世界海运的发展，对货物运输的实时性、可控性和安全性的要求越来越高，现在集装箱运输系统存在的缺陷，如无法实现实时作业、无法随时获知货物的情况、无法实时确定集装箱在整条供应链中所处的位置等，也越来越多地制约了世界海运的发展。

所谓智能集装箱通常是在设备的外部和内部均使用或者加装多个主动 RFID 产品（主动

式电子标签，内部自带电池，工作可靠性高，信号传送距离远。在结合 GPS 技术后，能在集装箱状态发生变化时实时将状态变化发生的时间、地点以及周围的环境信息传输到货主或管理人员的机器上去，实现集装箱的实时跟踪），包括一张电子封条，一张传感器封条，这些标签可以贴在运输货物的集装箱上，而这些标签能够随时将集装箱的一些关键信息如位置、安全状况、灯光、温度和湿度的变化传给读取器网络，读取器网络收集、过滤获得RFID 的信息，并将有效信息输送到 TSS 系统（Transportation Security System，交通安全信息系统）。发货人通过 TSS 系统，就可以实现货物的追踪，了解货物的实时方位、状态和安全状况。

智能集装箱系统目前还没有真正广泛应用，如想在海运行业内推广，还要进行现有系统集装箱改造、新设备加装、技术网络构建等诸多步骤的努力。现在以门到门运输模式，对现有系统加装 RFID 设备的简单模式为例，说明智能集装箱系统的作业流程（如图 11-5 所示）。

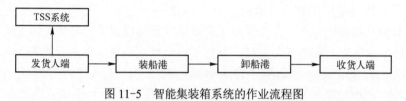

图 11-5　智能集装箱系统的作业流程图

- 发货人端。在发货人端，出口集装箱完成作业后，须在集装箱上加装 RFID 电子标签并以手持终端机启动 RFID 电子标签，再由集装箱运输公司将集装箱运往码头集装箱堆场。
- 集装箱装船港。待集装箱进入港口后，系统通过 RFID 读取器实时记录集装箱到达的时间与集装箱的安全状态，并适时将信息以 GPRS 传输方式传送至 TSS 系统。同时，必须通过网络登录事先预设的账户，并在 TSS 系统上维护测试集装箱的舱单资料。集装箱进场信息经过码头集装箱场的港口管理系统确认后，集装箱场的集装箱监控作业就开始由 RFID 监控读取器进行全程监控。当集装箱开始装船作业时，架设在船边的龙门起重机上的 RFID 读取器记载集装箱装船作业的时间，同时确认该集装箱的安全状态，确保装船的集装箱为安全状态，之后集装箱船即经海运路线驶往目的港。
- 集装箱卸船港。集装箱船进港停靠码头后，经由卸货龙门起重机将集装箱调至集装箱场后，由现场的安全作业人员用手持终端机取得集装箱到港的信息。
- 收货人端。在门到门运输模式下，集装箱被直接运送到收货人所在位置。收货人在收到集装箱之后，直接剪断电子标签的插拴，完成集装箱的安全旅程。

2．海关电子监管通道

海关电子监管通道是由广东省海关针对虎门港集装箱运输监管问题，应用物联网和云计算等技术而研发的一套集装箱在途运输监控系统。

虎门港五号和六号泊位之间相距较远，通过一条一公里长的市政公路连接，而并非专用的海关通道，所以非过关车辆也可以驶入公路，不能有效防止走私行为。如果要建设专门高架桥作为海关通道的话，需要投入 6000 万元，成本很高，这是当时海关遇到的一个难题。最终，广东省海关通过建设电子监管通道来解决了这一问题，既能节省了投资，也做到了有效监管。广东省海关在通道沿途设立了一定数量的基站，当贴有 RFID 标签的集装箱进入通道后，基站会实时采集 RFID 标签信息并传输给数据中心，从而使海关能够有效监管通道中运输的集装箱状态，包括集装箱是否被打开，货品是否因颠簸而损坏等。

物联网技术不仅降低了建设成本，同时还提高了过关效率。按照传统的过关程序，集装箱必须经过两次报关和两次查检，需要 2～3 天的时间，增加了集装箱的租赁成本和保管费用。而虎门港启用电子监管通道和智能卡口系统之后，过关的 RFID 感应只需要十几秒，第一次报关和查检过后，如果海关没有从数据中心监控到集装箱被打开的异常情况，就可以省略第二次查检的程序，几十分钟就能完成整个过程。

3. 无人集卡

珠海港集团在 2017 年 12 月 26 日的战略发布会上吹响了"智慧绿色战略"的号角。时隔不足一个月，珠海港集团和西井科技的合作成果——全球首辆港区作业无人集卡（无人驾驶集装箱卡车）首发珠海港，完美呈现了珠海港智慧港口首秀，宣告中国企业凭借人工智能技术在港口行业历史上实现重大突破，开启了港口行业创新发展的新征程。

根据事先的作业计划，这辆集卡自主启动行驶程序，无人操控方向盘，却如"老司机"一般识别着周围的集装箱物体、机械设备、灯塔等物体，精准驶入龙门吊作业指定位置。据悉，龙门吊下车道线宽 2.52 米，集卡车身宽度本身就达到了 2.5 米，即使是老司机在这条路上也要小心翼翼。这意味着车辆必须自主精准停到位，才能满足龙门吊的装卸作业需求。只见龙门吊司机将堆场的集装箱准确抓放在集卡车上，接到提箱成功的指令后，无人集卡自主驶出堆场区，选择最优路线转弯往岸桥方向驶去，最终精准地停在桥吊作业位置。随后，桥吊司机在约 40 米高空放下吊具，稳稳地抓起车上的集装箱至半空，再缓缓将集装箱放回车上。

4. 智慧理货系统

智慧理货系统即港口集装箱智慧理货可视化综合系统，能够针对集装箱岸桥生产业务，提供从前端视频图像采集/车牌识别、网络传输、后端智能化作业操作平台等全套解决方案，通过采用 PLC 联动技术、光学 OCR 字符识别技术，实现前端视频采集、图片采集、球机联动抓拍及字符自动识别功能，最终实现岸桥作业的智能化生产。可助力理货行业从劳动密集型产业向技术密集型转型，规避人工现场操作的安全隐患，节省理货成本，能有效促进港口行业的转型升级发展。

日益提升的航运需求也对港口理货质量提出了更高要求。由于人工作业数据无法及时规整、留存，导致数据追溯、查询较难。工作人员"酷暑头顶烈日，寒夜海风刺骨"，且长年 24 小时不间断作业，劳动强度大，存在工作效率不高和易发生安全事故的隐患。

从 2016 年开始，十几台高清摄像头在大连港外轮理货公司"上岗"，这些高科技"眼睛"通过嵌入集装箱岸桥的 OCR 识别服务器，自动识别集装箱箱号、箱型、残损等状况，实时将相关信息发送给客户。此系统的应用不仅使理货作业的信息智能化程度提高，并且大幅提升了理货操作的准确性、高效性和安全性。

同时，在大连港各生产作业区，"无人值守"的港区范围越来越大，部分生产作业完全由机器、设备完成，一线职工从作业现场后移到了办公区。传统的集装箱理货需要人工采集信息，手动录入，再通过对讲机等方式传送，而新系统对过磅汽车实现了自动拍照、录像和监控，全程经计算机管理门禁通行，计磅后直接统计数据，使车辆过磅称重的时间大大减少。目前，这一系统已广泛用于码头、仓储货运、物流运输以及堆场等单位。

一艘超大型集装箱船目前在全球的哪个港口靠泊？当地的天气状况如何？一艘即将出港的客船舱位还剩多少？要想弄清这些信息，只需轻点屏幕，都能一目了然。

通过整合全口岸数据资源，运用新型互联网技术，DPN（大连口岸物流网）设计、研发的"箱管家"系统在多家船公司的支持配合下，已经在大连口岸成功运行。用户可以通过"箱管家"系统在线进行进/出口提箱申请，审核通过后，码头自动接收电子放箱指令，实现电子放箱全流程信息化智能操作。不仅降低了等单、取单等流程的人工成本，也充分展示了"互联网+港口"的实际应用，持续助力大连智慧口岸的建设，成为大连港近年来"智慧港口"建设的又一个缩影。

11.3.3　智慧港口发展趋势

智慧港口的战略重点将从控制资源转为精心管理资源，从优化内部流程转向更多的与外部互动，从增加客户价值转为将生态系统价值最大化。智慧港口发展呈现以下六大趋势。

1. 港口运营更加智能化

运营智能化是智慧港口的核心与灵魂，其关键是基于数据驱动的港口智能化运营与管理。当前，随着现代科技快速发展，以及绿色环保、人文生态理念的逐步深入人心，实施港口自动化、智能化成为必然趋势。一方面，通过现代信息技术、自动化技术、人工智能技术的综合应用，建立自动智能感知体系，进一步提升港口运营效率与供应链服务水平。另一方面，通过广泛利用大数据智能分析技术、移动互联网、云计算等手段，整合港口物流链信息资源，充分挖掘数据背后所隐藏的潜在价值，打通物流供应链的"信息孤岛"，促进商业模式创新与业态创新，营造更智能化的运营环境。

2. 港口物流链服务更加注重协同化

跨行业、跨部门、跨区域的高效组织与物流链协作，是智慧港口的重要标志与外在体现。协同化的目的在于提升价值链的整体效率和服务质量以及客户体验，以满足市场多元化、个性化的需求。一是"可达"，建立港口之间的战略协作，优化内陆多式联运运输网络，构建全程物流服务体系，为港口物流链上下游客户提供多方协作及业务运营平台。二是"可知"，建立港口社区系统，打通港口物流上下游环节的数据流，汇聚各物流参与方的业务需求，优化港口物流业务流程。三是"智联"，借助数字化技术和人工智能技术，在物理和信息链上实现互联互通，打通港口物流上下游环节的数据流。四是"增值"，利用大数据技术为用户增值，提升用户服务体验。

3. 港口数据应用服务更加社会化

港口作为贸易门户，拥有深厚的数据积累、广阔的关系网络和巨大的物流价值。数字化潮流和开放式创新环境为传统港口注入新的活力。充分利用港口身处供应链中心的先天优势，通过对各方面信息的收集、分析和整合，获取行业信息并开发新的商业模式，确立新的价值增长点。通过大数据技术的应用，充分挖掘数据背后所隐藏的潜在价值，以促进商业模式创新与业态创新。借助云计算、大数据、移动互联网等手段，探索与扩大数据应用场景，为物流、商贸及相关利益方，提供更有价值的商业机会和决策支持，将提升港口数据应用的社会价值。

4. 港口国际贸易更加便利化

智慧港口建设的核心目标是要促进国际贸易便利化。借数字化、智能化创新技术，突破传统港口物流的界限，强化对物流链资源的整合与集成能力，在更高层面上优化资源配置，提高港口物流效率和服务品质，是未来港口发展的必然。首先，依靠一体化的信息平台建设，实现信息联通和数据共享，提高通关、退税和外汇结算等业务效率，促进港口服务链中的物流、信息流、资金流的高效运转。其次，借助现代信息技术促进港口服务便利化，降低货主时间成本，提供个性化的增值服务，提升便捷可靠的服务体验。第三，通过加强与政府、物流相关方的合作，寻求改进贸易便利化的机会，共同提升港口贸易便利化水平。

5. 港口业务模式创新更加开放化

围绕港口价值服务链，积极探寻业务变革与服务创新，提升港口综合软实力，形成差异化的核心竞争优势，是港口发展的必然。未来的智慧港口将具备更强的创新认知、创新吸收和创新应用能力。在"互联网+"时代，将数字化技术和港口产业高度融合，金融服务的融入成为贸易便利化、海运物流智能化的必要条件。同时，借助数字化和开放式创新，促进港口与金融、产业互联网结合，更高效地服务于实体经济，港口业务模式创新将更加开放。

本章小结

智慧港口是现代港口发展的高级阶段，在信息感知、处理、共享的基础上，运用现代港口的运作和管理模式，促进实施港口功能创新、技术创新和服务创新，进而提升港口的综合服务能力。与传统港口相比，智慧港口具有全面感知、智能决策、自主作业、全程参与和持续创新等特征。

传统港口一般提供物流服务功能、信息服务功能、商业功能和产业功能。智慧港口对传统港口的功能进行拓展，基于信息感知终端、信息数据库及综合处理系统、信息发布和共享平台和决策支持系统，提供生产管理、运营管理、电子商务、运输管理、资源管理和口岸管理等多项功能。

由于港口是一个国家或地区的门户，世界各国都非常重视智慧港口的建设，新加坡港、鹿特丹港、汉堡港、上海港等是当前智慧港口的典型，总体代表了当前智慧港口建设与发展的最高水平。随着智慧港口建设的不断深入，港口运营将更加智能化，港口物流链服务将更加注重协同化，港口数据应用服务将更加社会化，港口国际贸易将更加便利化，港口业务模式创新将更加开放化。

本章练习

一、思考题

1. 什么是智慧港口？具有哪些特征？
2. 智慧港口的主要功能是什么？
3. 智慧港口由哪些部分组成？
4. 智慧港口的典型应用有哪些？列举4种。
5. 智慧港口的发展趋势是什么？

二、讨论题

1. 发展智慧港口的根本原因是什么？
2. 如何理解智慧港口的持续创新特征？
3. 智慧港口与传统港口的本质区别是什么？请说明原因。

三、案例分析

作为珠江口西岸最大的港航物流企业，珠海港集团积极构建以港口物流为核心的发展引擎，旗下企业可提供专业仓储物流、水上运输、专业运输、物流软件开发与维护等服务，成功建立了以港口码头为中心的全程物流供应链服务体系。近年，珠海港集团通过实施全程物流战略、西江战略等措施，成功打造亿吨大港，并全力建设两亿吨大港，港口货物聚集能力全面提升，为促进传统物流向新型物流转型奠定了扎实的基础。目前珠海港集团正大力实施"新丝路战略"，积极打造以珠海港为核心物流节点的"川贵粤——南亚物流大通道"，进一步拓展珠海港的货源腹地，提升珠海港口物流的发展空间。为了提高港口物流发展水平，珠海港集团还加快建设"智慧港口"，精心打造珠海港综合电子物流平台。该平台充分发挥珠海港集团自身的整体战略资源优势与信息数据资源优势，助力珠海港多式联运业务快速发展，同时通过物联网贸易金融监管技术，促进珠海港全程物流业务实现可视化，大大降低贸易风险。

珠海港集团与国内首推物联网金融的大型商业银行平安银行、物流网领域知名企业感知科技开展战略合作，共同推动物联网金融监管在珠海港集团港口物流业务中的应用，为客户提供更加安全、便利的金融服务，促进珠海港集团大宗散货交易量与吞吐量的快速提升。

问题：

1. 结合案例，试分析珠海港智慧港口建设的重点是什么？请说明原因。
2. 你对珠海港智慧化建设有何建议？

第 12 章 智慧供应链

学习目标
- 了解智慧供应链的概念和特点;
- 理解智慧供应链的核心要素与能力;
- 明确智慧供应链构建的意义及途径;
- 掌握智慧供应链的发展与应用情况。

引例

美的供应链是如何做的?

美的集团针对自身产品覆盖范围广、品类多等特点,从 2013 年开始着手数字供应链建设。运用数字供应链来支撑全价值链运营,从计划物流、采购执行、到供方协同再到生产出货,通过数字供应链的支撑,从传统大规模的制造,向 T+3 小规模多批量制造转变,最终实现了 C2M 小规模小批量生产。(资料来源:搜狐科技,2017 年 12 月)

扫描二维码阅读全文

传统供应链存在管理观念陈旧、管理技术过时、管理工具落后等问题,已经不能适应现代企业发展的需要,因此需要加强智慧供应链建设,更新企业管理观念,学习全新管理技术,导入现代管理工具。

12.1 智慧供应链概述

12.1.1 智慧供应链的概念及特点

智慧供应链的概念由复旦大学罗钢博士在 2009 年上海市信息化与工业融合会议上首先提出。智慧供应链是结合物联网技术和现代供应链管理的理论、方法和技术,在企业中和企业间构建的,实现供应链的智能化、网络化和自动化的技术与管理综合集成系统。其核心是着眼于使供应链中的成员在信息流、物流、资金流等方面实现无缝对接,尽量消除信息不对称,最终从根本上解决供应链效率问题。与传统供应链相比,智慧供应链在信息化程度、协同程度、运作模式、管理特点等方面均具有明显优势,如图 12-1 所示。

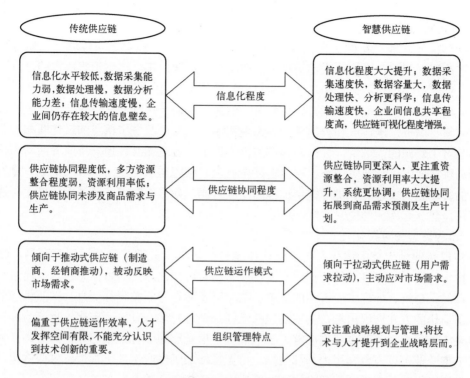

图 12-1 智慧供应链与传统供应链的对比

智慧供应链具有以下特点。

1）技术的渗透性更强。在智慧供应链的大环境下，供应链管理者和运营者会采取主动方式，系统地吸收包括物联网、互联网、人工智能等在内的各种现代技术，实现管理在技术变革中的革新。

2）可视化、移动化特征更加明显。智慧供应链更倾向于使用图片、视频等可视化的形式来表现数据，采用智能化和移动化的手段来访问数据。

3）信息整合性更强。借助于智能化信息网络，智慧供应链能有效打破供应链内部成员的信息系统的异构性问题，更好地实现无缝对接，整合和共享供应链内部的信息。

4）协作性更强。在高度整合的信息机制下，供应链内部企业能够更好地了解其他成员的信息，并及时掌握来自供应链内部和外部的信息，并针对变化，随时与上下游企业联系，做出适当调整，更好地协作，从而提高供应链的绩效。

5）可延展性更强。在基于智慧信息网络的智慧供应链下，借助先进信息集成，信息共享变得可以实现，企业可以随时沟通，供应链的绩效也不会因供应链层级的递增而明显下降，延展性会大大增强。

12.1.2 智慧供应链的核心要素

智慧供应链的实现在流程上有赖于"四化"，即供应链决策智能化、供应链运营可视化、供应链组织生态化、供应链要素集成化。这四个方面分别对应了供应管理的宏观战略决策层面和微观运营层面，以及供应链管理主体组织层面和客体要素层面。这四个层面能够有效地落地并产生绩效，同时能够很好地结合，相互作用、相互促进。

1. 供应链决策智能化

供应链决策智能化指的是在供应链规划和决策过程中，能够运用各类信息通过数据驱动供应链决策的制定，诸如从采购决策、制造决策、运送决策，再到销售决策的全过程。具体来讲，供应链决策智能化主要是通过大数据与模型工具进行结合，并通过智能化以及海量的数据分析，最大化地整合供应链信息和客户信息，有助于正确评估供应链运营中的成本、时间、质量、服务、碳排放和其他标准，实现物流、交易以及资金信息的最佳匹配，分析各业务环节对于资源的需求量，并结合客户的价值诉求，能更加合理地安排业务活动，使企业不但根据顾客要求进行业务创新，还能提高企业应对顾客需求变化所带来的挑战。显然，这一目标的实现就需要建立起供应链全过程的商务智能，并且能够将业务过程标准化、逻辑化和规范化，建立起相应的交易规则。

2. 供应链运营可视化

要实现企业供应链的优化，提高供应链运作的协调性关键是充分运用互联网、物联网等信息技术，实现供应链全程可视化。而供应链运营可视化就是利用信息技术，通过采集、传递、存储、分析、处理供应链中的订单、物流以及库存等相关指标信息，按照供应链的需求，以图形化的方式展现出来，其主要包括流程处理可视化、仓库可视化、物流追踪管理可视化以及应用可视化。通过将供应链上各节点进行信息连通，打破信息传输的瓶颈，使链条上的各节点企业可以充分利用内外部数据，这无疑增加了供应链的可视性。供应链运营的可视化不但可以提高整个供应链需求预测的精确度，还能提高整个链条的协同程度。

从实现的路径上看，要实现供应链运营可视化，就需要从以下五个步骤入手：第一，能及时感知真实的世界在发生什么，也就是在第一时间获得、掌握商业正在进行的过程、发生的信息，或者可能发生的状况。这一目标的实现就需要在供应链全过程运用传感器技术、RFID 技术、物联网技术手段捕捉信息和数据，并且这些技术的运用和获取的信息应当覆盖供应链全过程、各类组织，以保证信息不是片断的、分割的；第二，预先设定何时采取行动，即在分析供应链战略目标和运营规律的前提下，设定事件规则，以及例外原则；第三，分析正在发生什么状况，这需要分析者具备一定的能力，以有效地分析所获取的信息和数据。第四，确定需要做什么，在获得商业应用型的、图形化的分析结果之后，供应链各环节的管理者需要根据此前确立的商业规则、例外等原则，知晓需要运用什么样的资源、优化工具如何对供应链运营进行调整，形成良好的供应链方案；第五，采取什么样的应对措施，即为了实现上述调整优化目标，具体采用什么措施实现供应链资产、流程的调整与变革。

3. 供应链组织生态化

供应链组织生态化指的是供应链服务的网络结构形成了共同进化的多组织结合的商业生态体系。商业生态体系（Business Ecosystem）最早由 James Moore （1993）在《哈佛商业评论》上发表的文章《掠食者与猎物：新的竞争生态》中提出。他结合生态学理论，指出商业生态是以组织和个人的相互作用为基础的经济联合体，它是商业世界的有机体。一个商业生态系统包括消费者、主要生产者、竞争者以及其他的风险承担者。其中主要生产者是商业生态系统的"关键物种"，在协同进化过程中起着重要的作用。后来他进一步完善了商业生态系统的内涵，将其定义为"由相互支持的组织构成的延伸的系统，是消费者、供应商、主要生产者、其他的风险承担者、金融机构、贸易团体、工会、政府以及类似政府的组织等的集合。这些集群以特有的自发性、高度的自组织以及某种偶然的形式聚集到一起"。显然，商业生态系统理论认为众多的组织和个体都是价值创造的一部分，相互之间共同作用，有机地组织在一起，发挥不同的角色，推动商业网络的形成、发展、解构和自我更新。这种生态化的网络结构产生的结果便是供应链组织方式和行为方式发生改变，即从原有的双边结构（Dyadic），经三边结构（Triadic）向四边结构（Tetratic）转化。

双边结构是一种传统的供应链关系，即以产品交易为基础的供需买卖关系。而三边结构供应链运营的核心不再是产品，而是服务。三边关系是由 Li 和 Choi（2009）提出，他们认为在服务品牌创造的过程中存在着三种不同的主体间互动和价值协同行为：一是组织（或企业）与客户之间的互动，即做出承诺（Making Promise）；二是组织（或企业）与组织中的成员或网络中成员之间的互动，即促使或促进承诺（Enabling and Facilitating Promise）；三是组织中成员或网络成员与客户之产生互动，即保持或支持承诺（Keeping or Supporting Promise）。四边结构是在三边结构的基础的延伸，这一概念由 Chakkol 等学者提出（2014），在供应链服务化过程中，服务的品牌和价值不仅是由供需双方，或者三方（即企业、客户、企业网络中的成员）的相互行为所决定，同时也受到他们同时其他利益相关者的关系影响。这是因为利益相关者能够帮助企业（服务集成商）、需求方和微服务供应商带来合作中的合法性或者新的资源。因此，如何协调和整合四方关系和行为是生态化运营的核心。

4. 供应链要素集成化

供应链要素集成化是指在供应链运行中能有效地整合各种要素，使要素聚合的成本最低、价值最大。这种客体要素的整合管理不仅仅是通过交易、物流和资金流的结合，实现有效的供应链计划（即供应链运作的价值管理）、组织（供应链协同生产管理）、协调（供应链的知识管理）以及控制（供应链绩效和风险管理），而且更是通过多要素、多行为交互和集聚为企业和整个供应链带来新机遇，有助于供应链创新。

具体讲，智慧供应链下的要素集成主要表现为通过传统的商流、物流、信息流和资金流等诸多环节的整合，进一步向几个方面的集成：一是供应链与金融的结合与双重迭代，即将金融机构融入供应链运作环节，为供应链注入资金，解决了供应链中的资金瓶颈，降低了供应链的运作成本，提高了供应链的稳定性。而这一创新和产业供应链运营分不开，因为如今像物联网、云计算以及大数据分析等高新技术的广泛运用使金融机构能掌握供应链交易过程中产生的"大数据"物流、交易信息，将物流、交易管理系统产生的数据实时反映到供应链金融系统中，以达对交易过程进行动态监控，降低供应链金融运行风险。同时又通过产业供应链运营，创新和拓展金融产品和管理，使得金融的业务形态和金融活动的参与者日益多样化。二是消费活动、社交沟通与供应运行的集合。消费活动和社交沟通作为一种人际交流和沟通的方式，已经开始融入供应链运营过程中，这不仅是因为消费活动、社交沟通使得信息传播的方式和形态发生改变，从而使得供应链信息交流的途径多样化，而且社交沟通也改变了产业运营的环境和市场，使得供应链关系的建立和组织间信任产生的方式发生变革。三是互联网金融与供应链金融的结合，即将以依托于互联网产生的金融通道（如 P2P、众筹等）、第三方支付等金融业务创新，与产业供应链金融（如贸易金融、物流金融和供应链融资等）紧密结合，既通过互联网金融降低供应链金融运营中的融资成本，拓展资金来源渠道，又通过供应链金融来有效解决互联网金融产业基础不足、风险较大的问题。

案例 12-1　百世打造高度协同的智慧供应链平台

2018 年,百世构建的"端到端"的智慧供应链版图已颇具规模,能够利用大数据精准洞察消费趋势,辅助企业快速、准确做出商业决策,根据市场需求及时调整生产节奏,从而控制库存短缺或过剩带来的成本压力,为企业提供更加智能化的物流全链路服务。(资料来源:环球物流网,2018 年 11 月)

扫描二维码
阅读全文

12.1.3　智慧供应链的核心能力

从管理成分或要素的视角看,智慧供应链具有六个方面的能力。

1. 能确实因应供应链客户的真实价值诉求

了解供应链客户真实的价值诉求是智慧供应链的前提,而要能做到这一点就需要能真正洞察客户内心深处的经济和情感诉求,而不是外在的产品和业务需求。要实现这一目标就需要通过新兴技术和手段把握我们称之为"价值雷达"的能力。"价值雷达"指的是企业供应链实现的利益和客户得到的价值,有三个层面:第一层也是最基本的层次,从供应商的角度能实现最高性价比的产品和服务,而需求方得到的是使用价值。第二层是供应商能实现供应链所有权成本降低,而需求方得到的是情感价值。第三层也是最高的层次,是供应商不仅能够降低供应链所有权成本,而且还能帮助客户降低各种机会成本,而此时需求方得到的是发展的价值,即实现了客户自身很难实现的状态,获得了超额收益。如何运用互联网、物联网、大数据等各种信息技术辅助企业实现从第一层面向第三层面的发展,及时追踪和捕捉到客户的真实需求信息和状态,进而灵活地提供相应的服务,是智慧供应链需要形成的核心能力之一。

以淘宝商家韩都衣舍为例,作为一家与供应链企业合作的淘宝商家,韩都衣舍通过供应链的及时有效反馈,每当消费者在网站浏览并选择衣服添加购物车的时候,工厂便可以获取相关的数据,并以此为基础,就面料的选择以及其他材料的准备组织开展工作。与此同时,通过与韩都衣舍的设计部门进行对接,便可以实现即时性的柔性生产。而反观传统的供应链体系,企业只有在拿到订单之后,方可展开设计工作并衔接工厂生产,这种方式下不仅运转的周期较长,由于工厂对于订单的起始数目也有所限制,所以会产生工厂拒绝小批量生产的现象。在智慧供应链时代,客户的需求与材料的准备,设计师的作业与工厂的生产,这些看似十分遥远的环节在实际的工作开展中均具备较高的联动性。时间、成本、质量这三点之间的关系也得到了最大程度的优化。

2. 互联网使能下的供应链全程可视化

供应链全程可视化是指供应链参与各方能够及时了解供应链全过程,包括国内、国外市场的运行状态和运营状态,及时地反映并追踪物流、交易的状态和活动,做到对供应链运营过程的及时监测和操控。显然,这一目标在传统的产业供应链模式下较难实现,其原因在于供应链参与者复杂,信息系统不一致,人工干预较多,很难确定零部件需求和消费比率、监控和管理生产订单和处理,以及供应链运营的关键性能指标(KPI),其结果容易产生供应链低库存周转、高安全库存、资源配置失调而造成浪费,缺乏制造有效性和高效性,供应商质量无法保障,以及过多的产品召回。因此,如何实现供应链全程可视化成为智慧供应链的关键,而这一能力的形成,就需要借助互联网、物联网、RFID 等技术建立真正标准化、规范化、可视化的供应链网络。

以厦门和诚智达为例，该企业作为一家运输车队综合管理服务平台的服务提供商，针对运输企业的供应链建设颇有心得。就运输企业的发展而言，货主押账通常是一件较为棘手的问题，由于押账的期限很长，但是作为司机而言却无力承担如此漫长的资金周转。这对于企业资源的协调而言，无疑是最大的弊端。为了有效缓解这一局面，厦门和诚智达就柴油与货车的分期业务展开融资，在实际工作的开展过程中，所有的参与合作的运输公司，都需加入到一个智慧车管系统之中。在每一台运输车上，不仅要配备 GPS，还安装了智能车载终端，监控中心可以根据车辆行驶的实际情况，就车速、油耗以及车辆的实际驾驶状况予以监控与反馈。

3. 建立模块化的供应链运营构架

智慧供应链追求的是充分应对真实的价值诉求，及时、有效地设计、构建和运营供应链体系，也就是说运用模块化方式进行供应链集成，能迅速地运用自身、外部第三方等主体或机构的能力建立起独特的供应链竞争力，在不破坏原有体系的基础上实现供应链服务功能的快速定制，具有良好的智能反应和流程处理能力。随着相关技术的发展与应用，模块化方式在供应链集成中的应用可以有效地帮助企业完善自身的供应链体系，通过对各方资源的协调与应用，可以更为高效地实现供应链服务功能。在传统的供应链基础上，对于一个企业而言，建立起一个足以容纳、运转各方资源的生态系统无疑是天方夜谭。但是随着互联网技术的普及与应用，这种不可能的事情在今天已经变成了可能。

4. 供应链计划与执行实时连接

供应链计划是供应链执行的依据，而供应链执行情况也会导致计划的调整，因此供应链中的计划与执行之间的响应与反馈速度直接影响供应链的运行效率。传统供应链中，由于计划与执行不能实时连接，执行层面的情况向计划层面传递存在时延，使计划的制定只能基于对历史数据的分析，难以对现时情况作响应，从而导致供应链缺乏灵活性。智慧供应链环境下，计划层面与执行层面能够在数据和信息上实现同步，使计划的制定不仅可以基于对历史数据的分析，也能对供应链当前实际情况做出积极响应，甚至还可以基于对发展趋势的预测而做出有效调整；而对于供应链执行，也能够根据实际正在发生的状况和下一步需要执行的活动，及时配置资源和能力，使得供应链执行过程稳定、有效。

5. 完善的报告与绩效管理及良好的供应链预警

即能运用供应链分析工具比较预期与实效，实现统计性流程控制，防范因供应链运行超出预计范畴，导致供应链中断或产生其他风险。智慧供应链的核心是在实现高度智能化供应链运行的同时，实现有效、清晰的绩效测试和管理，建立贯穿供应链各环节、各主体、各层次的预警体系，能轻松实现供应链活动的持续进行、质量稳定、成本可控。

在企业的运转过程中，不可避免地要出现一系列的问题与麻烦。企业的决策者必须有效地掌握这些可能出现的问题，并加强对企业生产的优化与调整，继而降低企业生产的风险并提升企业的效益。

6. 建立运营精敏化供应链

供应链精敏化指的是供应链智能敏捷化（即快速响应和服务）与高效精益化（即总成本最优）相结合。精敏化（Le-agility）的概念最初由 Ben Naylor 提出，以往精益（Lean）和敏捷（Agile）被认为是供应链运营的两种状态，两者相互独立，各自对供应链价值的四大要素（即效率、成本、服务和速度）产生不同的影响作用。也就是说如果产品业务多样性程度较低、市场变动较小，则可以建立高效率、低成本的精益供应链。反之，如果品种变异较大、市场波动性较强，则可以建立追求速度和服务的精益供应链。Naylor 认为，在同一个供应链体系中精益和敏捷是可以同时实现，并不相互排斥，这里的关键在于如何根据市场的状况和产业运营的特点，设计和安排解耦点（Decoupling Point），也就是持有库存的缓冲点。智慧供应链的建立就是要运用互联网、物联网和云计算等现代技术实现解耦点的前移，使得所有供应链环节，特别是终端客户的行为变化能够及时得到反映、掌握和分析，使解耦点能够沿着供应链向上游推移，在保证服务质量和下游低库存成本的同时，也能实现上游生产运营有序、稳定和高效。

12.2 智慧供应链的构建

12.2.1 供应链管理的挑战

在供应链管理中，存在着成本控制、供应链可视性、风险管理、用户需求增加和全球化五个方面的挑战。有关部门统计分析，企业对这五方面挑战的关注度分别为 55%、70%、60%、56%和43%，如图 12-2 所示。

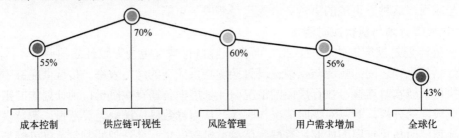

图 12-2　供应链管理的挑战

在成本控制方面，传统的成本降低方式对企业已经不再有效，增加供应链弹性也许能够帮助企业找到其他降低成本的方法。在可视性方面，信息量大增，供应链主管必须快速搜集信息并做出判断，并利用合适的信息采取行动。在风险管理方面，并不仅仅只是首席财务官们关注风险，风险管理已成为供应链管理的首要任务。在客户关系方面，尽管客户需求是公司发展的原动力，但公司与供应商的联系比客户更紧密。在全球化方面，全球化更能推动企业增加收入，而不仅仅是预想中的节省成本。

12.2.2 构建智慧供应链的意义

构建智慧供应链具有以下四个意义。

1. 高度整合供应链内部信息

传统供应链内部成员之间的信息交流存在于具有直接的供应和需求关系的企业之间。在实际的交流过程中，信息流往往会由于不同企业采用的不统一的信息标准系统而导致无法正常流通，使得供应链内部信息无法自由流通和共享。相比之下，智慧供应链依托智能化信息技术的集成，能够采用有效方式解决各系统之间的异构性问题，从而实现供应链内部企业之间的信息共享，保证信息流无障碍的流通提高信息流的运转效率和共享性。

2. 增强供应链流程的可视性、透明性

传统供应链环境下，上下游企业之间缺乏有效的信息共享机制和实现方式，整个供应链是不可视的。由于供应链的不可视性，供应链中上下游企业无法对产品的供产销过程实现全面的了解，只能从自身流程和业务角度出发，以比较单一的成本因素考虑如何选择供应商和销售商。这样就无法实现供应链内部企业的一致性和协作性，更不能形成良好稳定的合作关系，导致供应链竞争力低下。拥有良好可视化技术的智慧型供应链，能够实现企业之间的信息充分共享，对自身和外部环境增强反应的敏捷性，企业管理者能够依据掌握的全面产品信息和供应链运作信息，正确做出判断和决策，组织好切合市场需要的生产，实现有序生产管理。

3. 实现供应链全球化管理

智慧型供应链具有良好的延展性，它一方面能保证供应链在全球实现扩展，也能防止供应链在全球化扩展的情况下效率降低问题。信息交流和沟通方式在传统供应链下是点对点、1对1的，但随着供应链层级的增加和范围扩展，这种传递方式难以应对更加复杂的信息轰炸。智慧供应链依据自身对信息的整合和有效的可视化特点，可以打破各成员间的信息沟通障碍，不受传统信息交流方式的影响，能够高效处理来自供应链内部横向和纵向的信息，实现全球化管理。

4. 降低企业的运营风险

智慧型供应链所具有的信息整合性、可视性、可延展性等特点，使得供应链内部企业能够实时、准确地通过了解供应链中各环节企业的生产、销售、库存情况，保证和上下游企业的协作，避免传统供应链由于不合作导致的缺货问题。因此，智慧供应链能够从全局和整体角度将破坏合作的运营风险降到最低。

12.2.3 构建智慧供应链的途径

1. 持续改进

企业获得利润依靠的是产品的持续改进。然而，在智慧供应链的大环境下，企业要实现产品持续改进，必须借助产品生命周期管理（PLM）方面的信息化技术，来增强产品的数据集成性和协同性。企业应建立集成的产品研发、生产计划及执行的业务流程，实现产品研发管理集中化，并控制生产工艺，制定合理的生产标准，并在不同的生产基地实施生产，增强供应链成员在集成技术下的一致性和协同性。

2. 完善生产计划系统

作为供应链的成员，企业需要从整体出发，努力构建完整的生产计划管理系统，使不同产品能够与相适应的计划模式、物料需求及配送模式进行匹配，从而拉动物料需求计划。实现 ERP 系统与 SCM 系统完美对接，增强销售过程的可视化和规范化，营造涵盖客户交易执行流程与监控的平台，动态控制过程，及时掌握相关重要信息，以便对可能出现的问题进行预测。

3. 实现财务管理体系标准化和一体化

在现代企业管理制度中，标准化管理是提升企业核心竞争力的重要手段之一。财务管理工作历来是企业管理的核心，更需要标准化。处于供应链中的成员，迫切需要建立标准化的财务管理。在日常工作中，供应链中的企业可以通过查看财务数据来及时了解企业的运营信息。在具体实现过程中，企业需要利用 ERP 系统来实现企业的财务业务的一体化，从传统记账财务业务分析转向价值创造财务分析。在成功实施 ERP 后，可以构建基于数据仓库平台数据分析及商业智能应用。通过财务管理的标准化和统一化，增强供应链的可视性和共享性。

4. 定制化的供应链可靠性设计

供应链管理也被称为需求管理，要面对的一大难题是不断扩大的客户需求。在智慧供应链管理下，企业能够与客户保持紧密关系，形成良好的互动机制，客户将被视为供应链系统难以分割的一部分。供应链管理人员，以客户需求为根本，设身处地地站在客户角度来思考问题，融入供应链管理；客户可以参与供应链系统设计、运行和管理。智慧供应链着眼在整个产品生命周期都与客户保持紧密联系，通过大量的信息交互，智慧供应链对客户进行细分，为客户提供定制化服务。

5. 可以借助标尺竞争，提升供应链可靠性

所谓标尺竞争，是指在存在多家独立性企业（代理人）的受管制产业中，管制者（委托人）以其他企业的表现作为衡量每一个企业表现的标准或标尺，来促进每一个企业同"影子企业"展开竞争，从而提高企业的生产效率并抽取企业的信息租金。在满足一定的条件下，标尺竞争能够有效缓解委托人和代理人之间的信息不对称并对代理人形成有效激励。

智慧供应链通过合理引入标尺竞争，供应链管理者就不用了解各成员企业的成本与投入具体信息。这样可以有效地减少监管机构对被监管成员企业的信息依赖问题，也解决了信息不对称情况下的监管问题。对价格实行价格上限监管方式，服务可靠性监管可从供应可靠度与产品合格率两方面进行控制，促使成员企业依据"标尺"提高各自的服务可靠性，提升供应链整体可靠性。

案例 12-2　海外仓转型更需智慧供应链支撑

跨境电商设立海外仓是市场竞争下的必然需求，但多数新增海外仓给投资企业带来的运营成本却远高于收益。从供应链体系和产业链生态来看，海外仓运营的成功与否，取决于其在整个供应链和产业链中所处的位置和所起的作用，取决于运营管理的成本与收益的效率对比，取决于仓储商品类型与供应链类型的匹配度，取决于互联网及信息技术、智能技术等对仓储智慧决策的支撑程度。（资料来源：东方新闻网，2019 年 5 月）

扫描二维码
阅读全文

12.3　智慧供应链图谱

在"2017 智慧供应链高峰论坛"上，罗戈研究院院长潘永刚发布了《2017 智慧供应链图谱》，如图 12-3 所示，将智慧供应链划分为决策层、管理层和作业层三个层次，系统反映了智慧供应链的发展与应用情况。由于管理层和作业层的内容已经在前面章节中进行了详细介绍，本节仅对智慧供应链决策层的发展与应用情况进行分析。

12.3.1　预测与计划类产品

供应链计划是指一个组织计划执行和衡量企业全面物流活动的系统。它包括预测、库存计划以及分销需求计划等,它通常运行在基于许多大型主机系统的集成应用系统之上。以下通过欧睿数据的 oIBP 全渠道智能 AI 商品管理系统(FMDS)为例进行介绍。

图 12-3　智慧供应链图谱

欧睿数据是一家专注于时尚品商品大数据挖掘和应用的公司。欧睿数据自成立以来,先后为多家国内外知名的时尚企业提供数据、算法、智能商品管理等解决方案。欧睿数据坚持以"需求驱动时尚业供应链数据智能服务"为核心,围绕"经营计划""需求预测""分货销补""供应链计划"等多个领域为时尚企业打造 oIBP 全渠道智能 AI 商品管理系统(FMDS)。

FMDS 紧抓时尚品企业的销售瓶颈无法突破、成本增长大于销售增长两大基本痛点,以消费者需求为核心,在商品数据中台的基础上,对时尚品零售企业线上线下的订单行数据、销售数据、CRM 数据、电商平台数据、行业大数据、天气数据、地理数据、竞争对手数据、区域消费群大数据等进行分析和挖掘,对经营计划制定、品类结构安排、未来销售预测、季中补货追单、大促活动优化、生产采购计划等实现决策指导,进而实现活动智能选款、动态定价优化、精准商品推荐,构造商品数据分析的微服务,最终对实现商品体系、营销体系和供应体系的完美匹配。FMDS 产品架构如图 12-4 所示。

图 12-4　FMDS 产品架构

12.3.2　供应链协同产品

供应链协同是指供应链中各节点企业实现协同运作的活动。包括树立"共赢"思想,为实现共同目标而努力,建立公平公正的利益共享与风险分担的机制,在信任、承诺和弹性协议的基础上深入合作，搭建电子信息技术共享平台及时沟通，进行面向客户和协同运作的业务流程再造。在供应链协同方面，部分全球性公司推出了 JDA 和支出宝这样的一体化的供应链产品，覆盖原材料采购、制造、零售、消费的全流程。

JDA 软件集团公司是全球供应链管理领域的领导者，提供全面的供应链、零售运营、门店运作和全渠道商务解决方案，帮助公司管理从原材料、成品，到最终交付顾客的完整货物流。如图 12-5 所示，JDA 由消费者视角，将全供应链构建成单一业务模型，从终端消费做预测，然后利用全供应链一体化计算，由生产计划套件（Manufacturing Planning Suite）、分布-中心式供应链（Distribution-Centric Supply Chain）、协同式品类管理（Collaborative Category Management）、零售端店面运营（Retail Store Operation）、零售计划套件（Retail Planning Suite）和延流法（Flowcasting）等组成。生产计划套件是生产制造业的端到端计划套件，从战略层的供应链网络设计规划，直到中长期主计划以及细到天或者分钟的生产排程排序；分布-中心式供应链着眼于整个配送供应链条的计划到执行套件，涵盖需求预测、补货/库存计划、分布式订单管理、运输计划/执行（TMS）、仓储管理（WMS）；协同式品类管理服务那些重视零售端体验及以客户为中心的 B2C 客户，主要解决如何在正确的时间正确的地点销售正确的商品组合从而获取最大利润的问题；零售端店面运营管理从 POS 到店面库存管理、劳动力管理等业务流程；零售计划套件针对零售业的端到端计划套件，从企业财务计划，一直到商品组合计划；延流法是对 CPFR 理念的扩展、延伸，强调上下游企业间的协作协同，实现货架驱动的供应链管理。

图 12-5　JDA 一体化供应链运行模型

支出宝为国内领先的新兴智能化采购管理 SaaS 服务提供商，努力为中国企业量身打造最懂中国企业需求的一站式采购支出管理 SaaS 解决方案，如图 12-6 所示。支出宝凭借其理念领先的 BizDiscovery 采购寻源系统以及 Spendinsight 采购支出管理系统，获得了众多企业的肯定。包括美丽田园、ofo、滴滴、壹米滴答、如风达、信汇等。一方面，通过简洁的目录采购、非目录采购实现企业的一站式间接采购管理，实现预算前置管控、移动审批、供应链协同、BI 智能报表等提升支出管理的可控、可视；另一方面，通过电子询价、反向竞拍、招投标、供应商管理、供应商协同、绩效管理等功能模块，支出宝可以更好地满足企业供需匹配、降低成本、提升效率以及采购绩效管理的诉求。支出宝还对接了携程与京东企业购，为企业提供更全面的支出管控功能。

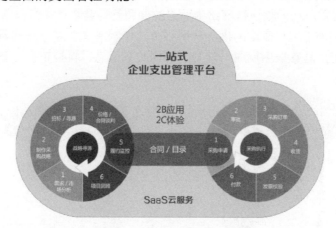

图 12-6　支出宝 SaaS 解决方案

12.3.3　供应链控制塔

控制塔（Control Tower）最初的概念是指机场的控制塔台，用于控制飞机和地面车辆，指挥飞机起飞和落地。一些供应链管理专家和跨国大型货运公司借用了这个概念，推出了供应链控制塔产品，它由一系列的供应链管理流程和工具组成，通过互联网技术，规划物流仓储网络、监控订单履行状态、实时追踪货物，为企业提供端到端的、可视化的供应链服务。在智慧供应链中，供应链控制塔担任了采集供应链各环节信息、实时分享及集成管理的角色，是一个由系统所支持的"数据中心"，以实现需求驱动供应链的端到端的控制。

供应链控制塔有三大特点：一是灵活性，可对不同部门根据市场反馈业务需求进行即时调配以优化资源分配；二是可视性，能够将人工流程信息化、数据化；三是透明性，在供应链每个环节都实时记录，标准一目了然。企业的订单管理往往涉及以下几个部门：商品生产、库存物流、电子商务、付款处理、财务会计、商务智能和客户服务。供应链控制塔的出现，让订单管理的各个环节都更加标准化，因而提升效率和效益。

供应链控制塔的主要功能包括：一是规划物流仓储网络，即通过收集现有的运输路线和仓库位置等信息，汇总出"AS-IS"的现状，在专业的软件帮助下，根据现有线路的货量，优化物流运输和仓储配送网络；二是跟踪订单履行状态，即从订单确认开始，跟踪订单履行（Order Fulfillment）状况，定期回顾未交付订单（Back Order），确保在到货期之内把货物交付给客户；三是物流运输管理系统，用于管理物流运输的活动，保障供应链的可视化，实时监控货物所处位置和到达各个运输节点的精确时间；四是管理第三方供应商，即通过设定标准的 KPI 考核指标，对于货运、卡车、仓库、报关等物流第三方供应商进行定期考核，优胜劣汰。

目前供应链控制塔产品的典型代表是 One Network 的控制塔 4.0 和京东与雀巢联合打造的智慧供应链全链路控制塔。

如图 12-7 所示，One Network 的供应链控制塔经历了四代演进，目前是基于人工智能的 4.0 版本。供应链控制塔 1.0 和 2.0 是传统方式的控制塔，都是以单个企业为中心，贸易伙伴是外部的，能见度有限，信息共享程度低。控制塔 3.0 与控制塔 1.0 和 2.0 有本质的区别，它是在客户驱动的供应链网络中并且控制和管理整个供应链网络。控制塔 4.0 和控制塔 3.0 一样都处于客户驱动的供应链网络中。控制塔 4.0 是下一代具有人工智能的数字化供应链控制塔，具有自主反应与学习、协同共享信息、自校正供应链、机器学习和认知分析等特点。

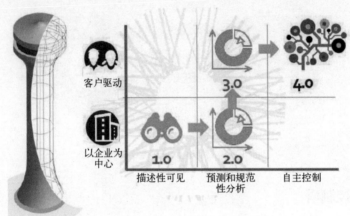

图 12-7 One Network 的供应链控制塔产品

京东的智慧供应链全链路控制塔以实现品牌商全链路、全渠道的供应链计划和供应链运营监控为目标，利用数据化、精准化、可视化的平台管理模式，帮助雀巢实现销售监控、补货预测、库存管理、订单管理以及物流管理功能五大需求，并强化零供双方间的供应链智能化无缝链接。

12.3.4 算法与优化产品

算法与优化产品在智慧供应链中发挥着重要作用。目前，国内已经有相关的供应链产品运用运筹、服务、人工智能、启发式、机器学习等理论，构建智能的调度方案。典型代表有知藏、菜鸟与百度外卖。

知藏科技是一家旨在利用先进的机器学习与运筹学算法帮助传统物流企业实现降低成本、提高盈利能力的初创公司，定位于为物流行业提供基于机器学习与运筹学算法的物流智能解决方案。知藏针对"干支线整车""零担"和"城市配送"三个典型物流场景中的配载、路径规划、车辆调度等问题，提供多重融合算法、机器学习以及运筹学支撑的智慧物流解决方案。知藏智慧物流解决方案以最优化利润模型为出发点，在不改变物流企业现有运作方式的条件下，帮助实现智能规划和调度的同时，大幅优化运作效率。以长途干线整车物流企业为例，在应用了知藏的智能调度算法后，对比企业之前的传统人工运营模式下，车辆有效行驶里程提升 48%，自有车盈利能力翻倍。

在菜鸟供应链网络中，从库存、揽收、履行决策、仓内作业、干线运输一直到末端派送，均通过机器学习来解决各种问题，如图 12-8 所示。

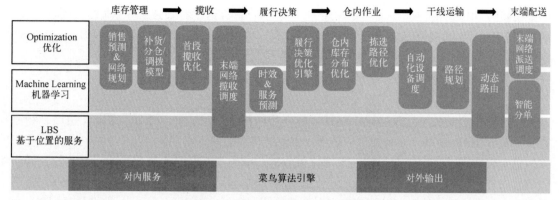

图 12-8 算法在菜鸟网络中的应用

百度外卖物流调度系统始于 2014 年，从 1.0 版本辅助人工派单，到目前的 4.0 版本引入深度学习算法，平均订单配送时长由 60 分钟降低到 30 分钟。如图 12-9 所示，智能调度系统通过数学建模将问题抽象为多目标动态优化问题，依托配送场景下相关数据指标的统计、挖掘和建模，通过分布式大容量计算资源，承载海量实时的计算需求。

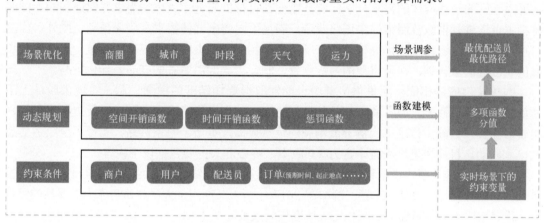

图 12-9 百度外卖智能调度系统模型

12.3.5 大数据产品

大数据相关产品中典型代表是顺丰数据灯塔。顺丰作为国内物流行业的龙头，在 2016 年 5 月就推出了顺丰数据灯塔计划，这是国内物流行业第一款大数据产品。它是顺丰在快递服务之外推出的首款数据增值服务，愿景定位为智慧物流和智慧商业（即"灯塔物流+"与"灯塔商业+"），充分运用大数据计算与分析技术，为客户提供物流仓储、市场开发、精准营销、电商运营管理等方面的决策支持，助力客户优化物流和拓展业务。

顺丰数据灯塔融合了顺丰内部自有的 20 余年物流领域持续积累的海量大数据（30 多万收派员、5 亿多个人用户、150 多万企业客户、300 多万楼盘/社区信息、10 亿多电商数据以及 10 亿多社交网络等海量数据、覆盖全国 3000 个城市和地区）和外部公开平台数据，基于此大数据进行多维度深层次高精度的专业分析，以及通过快递实时直播、快件状态监控、预警分析、仓储分析、消费者画像研究、行业对比分析、供应链分析、促销作战室等数据清洗、整合、洞察与分析，为商户提供分行业分场景的一站式咨询、分析、营销和运营服务的专业解决方案，目前已经覆盖生鲜、食品、3C、服装等多个行业。顺丰数据灯塔拥有一流的算法团队，在自然语言处理、物流路径规划、智能推荐引擎等领域有着核心算法技术优势。

12.3.6 供应链中台

供应链中台是数字化供应链中最核心的产品。传统供应链中，计划、采购、生产、物流等主要基于 ERP 串联，而智慧供应链中，供应链整体的信息化、系统化、互联网化主要基于供应链中台实现。采用中台架构的数字化供应链，应用了互联网思维和技术，企业的数据能做到实时在线、统一、互联互通，赋予企业在库存共享、全渠道订单交付、价格管理、分销体系及客户需求管理等供应链运营带来全新的体验。在供应链中台方面，最典型的是阿里。

如图 12-10 所示，阿里供应链中台从不同的工作台的视角，把整个业务从商品到计划、采购、履约、库存、结算都包含进来。在数据应用架构上，设置不同的规则、应用模型和算法模型。在底层，根据实际将供应商、商品、订单、库存、结算、会员和模式等进行数字化，形成底层数据架构，支撑上层业务的运行。供应链中台帮助零售产业链上各个角色解决面对不同的消费群体的需求分层问题，以使其自身供应链适应市场需求并保证利润，同时可根据市场进行供应链网络的渠道化改造，满足不同商家群体需求及确保盈利。此外，商家可通过中台的全链路可视化分析了解市场动态，实时跟踪供应链的成本和效益，及时调整自身的供应链需求计划，保证资源的最优配置，制定更靠近消费者的产品差异化策略。

与传统供应链相比，阿里供应链中台能够取得更加精准的销量预测，实现供应链上下游的各个企业、商家、服务商更高效的计划协同，更加平稳的库存管理，以及更加优化的网络资源配置，打破了传统供应链分散割裂的信息孤岛，重塑了整条链路，实现了全渠道信息共享和联动。目前阿里供应链中台为 2.0 版本，核心能力主要包括以下内容。

1）智能预测备货。供应链中台能帮助业务通过历史成绩、活动促销、节假日、商品特性等数据预测备货，有效减少库存。例如在 2017 年情人节期间，天猫超市巧克力类商品的销量预测准确率比人工预测提升 20% 以上，库存周转天数降低 17%；在 2016 年端午节期间，天猫超市的粽子类商品的预测准确度比人工预测提升 30% 以上，库存周转天数降低 20%。

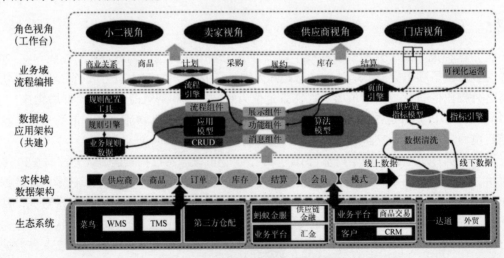

图 12-10 阿里供应链中台体系架构

2）智能选品。供应链中台可以智能化诊断当前品类结构，优化品类资源配置，实现了商品角色自动划分、新品挖掘、老品淘汰等全生命周期智能化管理。例如天猫西选作为全球精致商品汇集的新锐店铺，通过智慧供应链在 2016 年初提前于市场预测出日本专业级瘦脸仪 Refa 的销售潜力，提前进行了商品的备货和物流准备，有效地支持了 Refa 在 2016 年火爆销售；天猫电器城接入智慧供应链之后对黑电品类商品进行了商品生命周期调整、潜力新品挖掘并快速引爆以及老品汰换等品类结构优化，使得黑电成交额有 3 倍以上增长。

3）智能分仓调拨。供应链中台将需求匹配到距消费者最近的仓库，尽量减少区域间的调拨和区域内部仓库之间的调拨，同时优化调拨时的仓配方案，最大化降低调拨成本。天猫超市使用中台智能调拨策略后，使得前置仓库存周转天数降低 15%以上，在架率提升 10%以上。

案例 12-3　京东智慧供应链

2016 年 11 月，京东着手打造智慧供应链。通过数据挖掘、人工智能、流程再造和技术驱动四个原动力，形成覆盖"商品、价格、计划、库存、协同"五大领域的京东智慧供应链解决方案。使用信息化平台汇聚大数据蓝海，应用人工智能支持商品筛选分类，使用智能算法模型支撑科学定价，运用预测技术驱动库存管理优化，最终通过供应链深度协同实现双赢、多赢。（资料来源：观察者网，2018 年 6 月）

扫描二维码
阅读全文

本章小结

智慧供应链是结合物联网技术和现代供应链管理的理论、方法和技术，在企业中和企业间构建的、实现供应链的智能化、网络化和自动化的技术与管理综合集成系统。与传统供应链相比，智慧供应链在信息化程度、协同程度、运作模式、管理特点等方面均具有明显优势，技术的渗透性更强，可视化、移动化特征更加明显，信息整合性更强，协作性更强，可延展性更强。构建智慧供应链能够高度整合供应链内部信息，增强供应链流程的可视性、透明性，实现供应链全球化管理，同时降低企业的运营风险。

智慧供应链的实现在流程上有赖于供应链决策智能化管理、供应链运营可视化管理、供应链组织生态化管理和供应链要素集成化管理。

本章练习

一、思考题

1. 什么是智慧供应链？
2. 智慧供应链有何特点？
3. 智慧供应链的核心要素是什么？
4. 智慧供应链的核心能力有哪些？
5. 构建智慧供应链有何意义？

二、讨论题

1. 很多人认为智慧供应链就是物流自动化，对此你持何种观点，请说明理由。
2. 有人认为供应链控制塔与物流信息平台属一类事物，对此你持何种观点，请说明理由。

三、案例分析
依托智能化供应链弯道超车

高密度布局是苏宁小店的一大优势。据《中国物流与采购》杂志记者了解，截至目前，苏宁小店已覆盖全国 71 座城市、25000 个社区、7500 万用户。其中，北京和上海都已达到单城超过 500 家店。苏宁小店有社区店、CBD 店、大客流店三种店面类别，在选址方面，苏宁小店主要根据具体店面类型来选定合适的区位。

记者发现，苏宁小店通过对移动支付数据的采集，记录到店用户的消费行为数据，从而推动供应链的智能化，制定更有针对性的销售和采购策略，提高店铺的运营效率和服务体验。

苏宁小店的背后，有着实力强大的产品供应链和物流体系作为支撑。以生鲜为例，苏宁在上游采购链条上拥有 100 多个海外直采基地，买手团队遍布全球 147 个国家和地区，同时在国内也有着许多苏宁小店直采原产地、苏宁拼基地等。此外，苏宁小店也会利用"金矿"等大数据工具来针对不同的区位及用户群体画像，来遴选符合用户需求的 SKU。

除此之外，像"苏小团"等社区团购方式的下沉，苏宁推客借助小店的下沉等，也是苏宁小店提升运营效率和用户体验的重要手段，更是区别于其他连锁便利店的特色。

看似依托苏宁整个供应链的苏宁小店，实则也是苏宁整个生态系统的社区入口和流量平台。通过苏宁小店的实体门店，小店店长可以通过"苏宁推客"推广整个苏宁易购主站上的商品，包括家电、3C、母婴、百货等。小店是一个有限的空间，而背后连接的是无限的场景，苏宁小店的社群运营，通过前置仓的落地和苏小团的拼团模式，实现用户需求的高效满足，尤其是日常生活相关的生鲜类产品，打造出"共享冰箱""共享厨房"的概念。

除此之外，苏宁小店不仅提供优质和丰富的生鲜产品供消费者选择，且作为苏宁"两大两小多专"中的一"小"，通过苏宁小店 APP 和线下实体店面，苏宁智慧零售的产业生态资源，诸如苏宁帮客、苏宁邮局、苏宁金融等得以承载和落地。

问题：
1. 苏宁小店的智慧供应链重点解决了苏宁小店运营中的哪些问题？
2. 苏宁小店的智慧供应链中使用了哪些技术？

参 考 文 献

[1] 韩东亚, 余玉刚. 智慧物流[M]. 北京: 中国财富出版社, 2018.

[2] 王喜富, 崔忠付. 智慧物流与供应链信息平台[M]. 北京: 中国财富出版社, 2019.

[3] 王先庆. 智慧物流——打造智能高效的物流生态系统[M]. 北京: 电子工业出版社, 2019.

[4] 张翼英, 张茜, 西莎, 等. 智能物流[M]. 北京: 电子工业出版社, 2016.

[5] 李汉卿, 姜彩良. 大数据时代的智慧物流[M]. 北京: 人民交通出版社, 2018.

[6] 王喜富. 大数据与智慧物流[M]. 北京: 清华大学出版社, 2016.

[7] 张宇. 智慧物流与供应链[M]. 北京: 中国水利水电出版社, 2012.

[8] 应琳芝, 俞海宏, 章合杰. 宁波市智慧物流建设策略研究[J]. 商场现代化, 2011, (17): 94-96.

[9] 王之泰. 城镇化需要"智慧物流"[J]. 中国流通经济, 2014, 28 (3): 4-8.

[10] 章合杰. 智慧物流的基本内涵和实施框架研究[J]. 商场现代化, 2011 (21): 30-32.

[11] 何黎明. 我国智慧物流发展现状及趋势[J]. 中国国情与国力, 2017 (12): 9-12.

[12] 邵广利. 宁波市智慧物流发展对策研究[J]. 物流科技, 2012 (11): 80-82.

[13] 肖红, 杨飞, 王孝昆. 智能物流系统的关键技术研究[C]. 第三届中国智能交通年会论文集, 南京, 2007.

[14] 戴定一. 物联网与智能物流. 中国物流与采购[J], 2010 (8): 34-36.

[15] 闻学伟, 汝宜红. 智能物流系统设计与应用[J]. 交通运输系统工程与信息, 2002, 2 (1): 16-19.

[16] 王万平. ILS 中配送模型算法及原型系统设计[D]. 北京: 北京交通大学, 2003.

[17] 马良, 姚俭, 范炳全. 蚂蚁算法在交通物流中的应用[J]. 科技通报, 2003, 19 (5): 377-380.

[18] 诸蕾蕾, 陈绥阳, 周梦. 计算智能的数学基础[M]. 北京: 科学出版社, 2002.

[19] 马海晶. 物联网感知计算探讨[J]. 制造自动化, 2011, 3 (11): 76-78.

[20] 李中伟, 朱永涛. 物联网中的智能感知[J]. 价值工程, 2011, 20: 124-125.

[21] 中国物品编码中心中国自动识别技术协会. 自动识别技术导论[M]. 武昌: 武汉大学出版社, 2007.

[22] 李建. 物联网关键技术和标准化分析[J]. 通信管理与技术, 2010, 3: 17-20.

[23] 谭雪清, 付瑞平, 高倩. 物联网识别基础[J]. 中国自动识别技术, 2009, 6: 29-34.

[24] 沈苏彬, 范曲立, 宗平. 物联网的体系结构与相关技术研究[J]. 南京邮电大学学报, 2009, 29 (6): 1-11.

[25] 张全升, 龚六堂. 基于物联网技术的智能物流的发展模式研究[J]. 公路交通科技, 2011, 75 (3): 251-253.

[26] 王瑾. 物流公共信息平台运营模式研究[D]. 西安: 长安大学, 2013.

[27] 王升. 凝聚交通智慧, 助力经济发展——记国家交通运输物流公共信息平台[J]. 浙江经济, 2017 (22): 22-25.

[28] 朱艳. 物流信息平台商业模式的国外经验借鉴[J]. 商业经济研究, 2015 (20): 26-28.

[29] 陶德馨. 智慧港口发展现状与展望[J]. 港口装卸, 2017 (1): 1-3.

[30] 包雄关. 智慧港口的内涵及系统结构[J]. 中国航海, 2013, 36 (2): 120-123.

[31] 魏世桥, 田维, 孙峻峰, 张煜. 智慧港口内涵及其对航运企业的影响[J]. 港口装卸, 2017 (01): 4-6.

[32] 刘兴鹏, 张澍宁. 智慧港口内涵及其关键技术[J]. 世界海运, 2016, 39 (01): 1-6.

[33] 罗本成. 智慧港口: 探索实践与发展趋势[J]. 中国远洋海运, 2018 (06): 33-36.

[34] 申爱萍. 智慧港口: 港口未来的发展方向[J]. 人民交通, 2018 (07): 40-42.

[35] 张明香. 打造智慧港口, 加快港口服务模式创新的思考[J]. 交通与港航, 2017.

[36] 赵然, 安刚, 周永圣. 浅谈智慧供应链的发展与构建[J]. 中国市场, 2015 (10): 93-94.

[37] 黄敦高, 吴雨婷. 浅谈智慧供应链的构建[J]. 中国市场, 2014 (10): 20-21.

[38] 宋华. 智慧供应链的核心要素与实现路径[J]. 物流技术与应用, 2015, 20 (12): 58-59.

[39] 宋华. 新兴技术与"产业供应链+"——"互联网+"下的智慧供应链创新[J]. 人民论坛·学术前沿, 2015 (22): 21-34.

[40] 智睿. 现代供应链、造智慧供应链是未来发展方向探究[J]. 智库时代, 2018, 142 (26): 226-227.

[41] 李亚婷, 王霄. 京东智慧供应链发展探究[J]. 河北企业, 2018 (5): 85-86.

[42] 朱蕊. 百世: 让供应链更"聪明"[J]. 中国物流与采购, 2018 (23): 36-37.

[43] 周伟. 以智慧交通引领新时代交通运输高质量发展[N]. 中国交通报, 2018-10-25 (005).

[44] 王升. 凝聚交通智慧助力经济发展——记国家交通运输物流公共信息平台[J]. 浙江经济, 2017 (22): 20-23.

[45] 韩直, 陈成, 贺姣姣, 等. 智慧交通的起源、文化与发展[J]. 中国交通信息化, 2018 (12): 27-29.

[46] 郑文超, 贲伟, 汪德生. 智慧交通现状与发展[J]. 指挥信息系统与技术, 2018, 9 (04): 8-16.

[47] 集约化运输智慧化发展[N]. 中国交通报, 2016-10-31 (008).

[48] 郭丁源. "无车承运人"的中国实践[N]. 中国经济导报, 2017-12-20 (B02).

[49] 刘康康. 无车承运人开启物流新模式[N]. 通信信息报, 2018-11-28 (A14).

[50] 李元丽. "无车承运人"为物流产业带来新机遇[N]. 人民政协报, 2018-09-25 (007).

[51] 彭朝勇. 试点"无车承运"理解和把握这三条是关键[N]. 现代物流报, 2016-11-11 (A06).

[52] 黄涛. 物流业兴起无车承运人模式[N]. 中华工商时报, 2016-09-26 (002).

[53] 本刊编辑部. 互联网+: 货运物流业转型发展的新机遇[J]. 交通与港航, 2015 (2): 1-1.

[54] 纪红青. 公路货运行业供给侧改革之"互联网+"车货匹配[J]. 中国物流与采购, 2016 (18): 44-45.

[55] 丰瑞. O2O 环境下同城配送发展模式的新突破——对我国现阶段众包物流业发展的剖析[J]. 江苏商论, 2016 (11): 23-25.

[56] 潘永刚. 借势"互联网+", 物流运输管理加速向社区型平台进化[J]. 交通与港航, 2015 (2): 14-17.

[57] 胡雯. 智慧仓储让物流仓储智能化——物流仓储的智慧性研究[J]. 运输经理世界, 2012 (08): 79-81.

[58] 任芳. 无人仓技术及其进展[J]. 物流技术与应用, 2018, 23 (10): 124-125.

[59] 张可薇, 王亚臣, 范红岩, 等. 智慧仓储研究与应用进展[J]. 中国市场, 2017 (08): 166-169.

[60] 杨松. Y 物流公司智慧仓储实施研究[D]. 北京: 北京交通大学, 2018.

[61] 高康, 黄倩. 智能包装应用现状研究[J]. 绿色包装, 2019 (03): 52-55.

[62] 陈克复, 陈广学. 智能包装——发展现状、关键技术及应用前景[J]. 包装学报, 2019, 11 (01): 1-17+105.

[63] 陈广学, 陈琳轶, 俞朝晖. 智能包装技术的探索与应用[J]. 今日印刷, 2018 (05): 25-27.

[64] 王艳娟, 王桂英, 王艺萌. 食品类智能包装技术研究进展[J]. 包装工程, 2018, 39 (11): 6-12.

[65] 柯胜海，庞传远．材料智能型包装的分类及设计应用[J]．包装工程，2018，39（21）：6-10．

[66] 张改梅．智能包装技术及其应用领域[J]．印刷技术，2007（29）：19-22．

[67] 王志伟．智能包装技术及应用[J]．包装学报，2018，10（01）：27-33．

[68] 前瞻产业研究院．中国智能包装行业发展前景预测与投资战略规划分析报告[R]．2019．

[69] 刘桐妤．仓储 AGV 机器人商业开发平台设计规划研究[D]．上海：东华大学，2018．

[70] 张宇欣．洋山深水港四期自动化码头 AGV 项目风险管理研究[D]．华东理工大学，2018．

[71] 尹军琪．"货到人"拣选技术及其应用[J]．物流技术与应用，2015，20（10）：137-140．

[72] 吴雄喜．AGV 自主导引机器人应用现状及发展趋势[J]．机器人技术与应用，2012（03）：16-17．

[73] 李晓刚，刘晋浩．码垛机器人的研究与应用现状、问题及对策[J]．包装工程，2011，32（03）：96-102．

[74] 纪寿文，李克强．智能化的物流搬运机器人——AGV[J]．中国物流与采购，2004（02）：56-57．

[75] 郭小鱼．AGV 的应用现状与发展趋势[C]．2018 重庆市铸造年会论文集，2018．

[76] 朱一青．城市智慧配送体系研究[D]．武汉理工大学，2017．

[77] 胡雯．智慧配送让物流更高效——关于物流智慧配送的研究[J]．运输经理世界，2012（07）：86-88．

[78] 朱一青，朱占峰，朱耿．智能配送体系子系统剖析[J]．物流技术，2014，33（21）：4-7．

[79] 吴爱萍，刘香进，谢媛媛．解决物流最后一公里之智能快递柜[J]．物流工程与管理，2018，40（06）：82-84．

[80] 朱一青，朱占峰，朱耿．发达国家智能配送体系管理研究[J]．长沙大学学报，2015，29（04）：28-31．

[81] 于明涛．智慧物流体系中的无人配送技术——"大数据与智慧物流"连载之八[J]．物流技术与应用，2017，22（11）：134-136．

[82] 朱新富．小型无人机在快件收派服务中的应用及系统构建研究[D]．上海：东华大学，2016．

[83] 王继祥．城市地下的智慧物流配送系统技术与应用[C]．第一届中国国际地下物流学术论坛．2017．

[84] 林振强．智慧物流园区规划与建设[J]．物流技术与应用，2017，22（05）：60-63．

[85] 石荣丽．基于大数据的智慧物流园区信息平台建设[J]．企业经济，2016（03）：134-138．

[86] 马良．面向产业集群的智慧物流园区设计[J]．物流技术与应用，2014，19（11）：144-146．

[87] 郭代伟．盖世智慧物流园区信息平台规划研究[D]．山东：济南大学，2017．

[88] 徐跃东．菜鸟智慧园区理论与实践[J]．中国物流与采购，2016（23）：44．